Eröffnungsreihe STARTING OUT
Englische Geheimnisse

NEIL MCDONALD

EVERYMAN CHESS

www.everymanchess.com

Erste deutschsprachige Auflage 2007

Erstveröffentlichung 2003 durch Gloucester Publishers plc (früher Everyman Publishers plc), Northburgh House, 10 Northburgh Street, London EC1V 0AT.

Copyright © 2003 Neil McDonald
Aus dem Englischen übertragen von Johannes Fischer

British Library Cataloguing-in-Publication Data
Die englische Originalausgabe dieses Buches ist unter dem Titel „Starting Out: The English" im Katalog der British Library eingetragen

ISBN: 978-3-942383-11-0

Distribution
Schach E. Niggemann, Industriestraße 10, DE-46359 Heiden
www.schachversand.de

Weitere Anfragen richten Sie bitte an Everyman Chess, Northburgh House, 10 Northburgh Street, London EC1V 0AT.
Telefon 020 7253 7887; Telefax 020 7490 3708; Email: info@everymanchess.com

Everyman ist ein eingetragenes Warenzeichen von Random House Inc. und wird in diesem Werk unter Lizenz von Random House Inc. Verwandt.

Everyman Chess Series
Chefredakteur: Byron Jacobs
Beratender Herausgeber: John Emms
Mitherausgeber: Richard Palliser
Titelbildgestaltung: Horatio Monteverde
Druck: GGP Media GmbH, Pößneck

Inhaltsverzeichnis

Bibliographie

Bücher

Learn from the Grandmasters, Raymond Keene [Batsford 1975]

Flank Openings, Raymond Keene [B.C.M. Quarterly 1979]

English: Four Knights, Nigel Povah [Batsford 1981]

Chess at the Top, Anatoly Karpov [Pergamon Chess 1984]

How to play the English Opening, Nigel Povah [Batsford 1986]

Dynamic Chess Strategy, Mihai Suba [Pergamon Chess 1991]

Winning with the English, Zoltan Ribli and Gabor Kallai [Batsford 1992]

The Dutch for the Attacking Player, Steffen Pedersen [Batsford 1996]

Easy Guide to the Réti Opening, Angus Dunnington [Cadogan 1998]

The Dynamic English, T.Kosten [Gambit 1999]

Periodika

Informator

The Week In Chess

Webseiten

Chesspublishing.com – English Opening pages von Tony Kosten

Einleitung

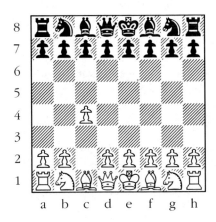

Diagramm 1
Die Englische Eröffnung

Die Englische Eröffnung wird von ihren Kritikern manchmal als eine negative Eröffnung beschrieben: Das heißt, anstatt mit 1.e4 oder 1.d4 Farbe zu bekennen und zu kämpfen, ist Weiß damit zufrieden, seine Bauern im Zentrum zurückzuhalten, um eine undurchdringliche Barriere zu errichten, und er hofft, dass sich sein Gegner daran durch zu starken Druck selbst zerstören wird. Mit anderen Worten, sie glauben, dass Weiß solide steht und Schwarz die dynamischen Möglichkeiten hat.

Und doch heißt solch ein Denken die Natur des weißen Aufbaus missverstehen. Indem Weiß sein Zentrum stärkt, verzichtet er nicht auf die Möglichkeit aktiv zu spielen – es ist genau diese Festigkeit, die ein dynamisches Vorgehen möglich macht!

Eine der goldenen Regeln der Schachstrategie lautet, dass man keinen Angriff am Flügel starten soll, wenn das Zentrum nicht gesichert ist.

In der Englischen Eröffnung hat Weiß die Freiheit, Flügelangriffe zu unternehmen, die zu riskant wären, wenn er 1.e4 oder 1.d4 gespielt hätte. In diesem Buch werden Sie viele Beispiele sehen, wie Weiß einen unternehmungslustigen Angriff am Königsflügel starten kann – häufig beginnt er dabei mit g2-g4. Weiß kann auch einen kühnen Angriff am Damenflügel starten und all seine Bauern nach vorne ziehen – und wieder ist dies nur möglich, weil die Lage im Zentrum stabil ist.

Weiß behält beachtliche Dynamik und Flexibilität, indem er seine Zentrumsbauern zurückhält. Außerdem kann es nach 1.d4 oder 1.e4 ein sofortiges Blutbad geben, bei dem alle Figuren getauscht werden, was zum Remis führt. Die Englische Eröffnung lässt alle Figuren auf dem Brett – Schwarz kann die Spannung nicht verringern, indem er sofort abwickelt.

Das heißt, dass dies eine gute Eröffnung ist, wenn man unbedingt gewinnen muss. Vielleicht erinnern Sie sich daran, dass Kasparow sich gegen Karpow in der letzten Partie ihres Wettkampfes in Sevilla 1987, die Kasparow gewinnen musste, um den Wettkampf unentschieden zu halten und seinen Titel zu behalten, für Englisch entschied. In dieser Partie erwies sich der langfristige Druck als zuviel für Karpow.

Dieses Buch versucht alle grundlegenden Ideen des Weißen und des Schwarzen in der Englischen Eröffnung zu erläutern. Jedes Angriffs- und Verteidigungssystem wird untersucht und wenn nötig habe ich Analysen taktischer Varianten hinzugefügt. Ich habe versucht diese Analysen auf ein Minimum zu beschränken, aber manchmal müssen allgemeine Prinzipien einer detaillierten Untersuchung dessen, was in der Vergangen funktioniert hat und was nicht, den Vortritt lassen.

Ich wünsche Ihnen viel Glück, ob Sie die Englische Eröffnung nun mit Weiß ausprobieren oder mit Schwarz schlagen!

Neil McDonald,
Gravesend
Mai 2003.

Zugfolgen in der Englischen Eröffnung

Englisch ist eine sehr flexible Eröffnung. Deshalb müssen Sie vor allem mit Schwarz auf Möglichkeiten achten, mit Zugumstellung in andere Eröffnungen überzugehen.

WARNUNG: Seien Sie mit Schwarz vorsichtig, nicht in eine 1.d4-Eröffnung gelockt zu werden, die Sie überhaupt nicht kennen!

Weißspieler, die normalerweise 1.d4 spielen, streuen manchmal eine Partie mit 1.c4 ein, und sind oft froh, in die Hauptvarianten von 1.d4 überzuleiten. Wenn Sie zum Beispiel 1.c4 mit 1...c6 beantworten, müssen Sie für 2.d4 gerüstet sein, wonach 2...d5 (was sonst?) zum Slawen führt. Oder nach 1.c4 e6, wenn 2.d4 Ihre Möglichkeiten auf ein Damengambit nach 2...d5, einen Holländer nach 2...f5 oder einen Nimzo-/Dameninder nach 2...Sf6 3.Sc3 Lb4 oder 3.Sf3 b6 einschränkt. Ich hoffe, Sie spielen diese Eröffnungen!

Hier ist ein nützlicher Trick für Weiß, wenn Sie gerne gegen den Königsinder, aber ungern gegen Grünfeld spielen. Sie sollten wie folgt spielen: 1.c4 Sf6 2.Sc3 g6 3.e4! **(Diagramm 2)** Jetzt kommen wir nach 3...d6 4.d4 zur Hauptvariante des Königsinders. Hätte Schwarz eine Grünfeld-Stellung gewollt, dann hätte er nach 1.c4 Sf6 2.Sc3 2...d5 spielen müssen.

TIPP: 1...e5 oder 1...c5 zu spielen hindert Weiß daran, direkt in eine 1.d4 Eröffnung überzuleiten.

Wenn Sie 1...e5 spielen, dann bleibt die Partie eine Englische Eröffnung, obwohl, je nachdem wie Schwarz antwortet, sie entweder die Züge des Königsinders, des Nimzo-Inders oder der Grünfeld-Verteidigung trägt. Das gleiche kann man über 1...c5 sagen – die einzige bemerkenswerte Zugumstellung führt hier zu Igel-

Varianten, die typischerweise vor allem aus den Hauptvarianten des Sizilianers entstehen. Diese Varianten tendieren dazu, zu positionellen Kämpfen zu führen, in denen Weiß versucht, seinen Raumvorteil zu nutzen: sie sind gänzlich anders als der Drachen, wo man eine Menge Theorie kennen muss.

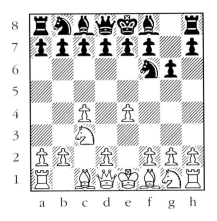

Diagramm 2
Ein Anti-Grünfeld Trick

Wie wir sehen werden, kann es für Weiß das Beste sein, 2.Sc3, 2.Sf3 oder sogar 2.g3 als Antwort auf den ersten schwarzen Zug zu spielen. Allgemein gesagt ist 2.Sc3 der flexibelste Zug, da der Springer auf c3 fast immer am Besten steht, da er dort die weiße Kontrolle über das Feld d5 erhöht. Im Gegensatz dazu und abhängig von den Umständen könnte sich Weiß entscheiden, Sf3 oder vielleicht e2-e3 zu spielen, um den Königsspringer dann nach e2 zu entwickeln. Ebenso könnte der Läufer auf f1 sowohl nach e2 als auch nach g2 gehen.

Die Launen der Zugfolgen in der Englischen Eröffnung können verwirrend sein, was ein Grund mehr ist, weshalb Sie die Ideen hinter den Zügen verstehen müssen.

Kapitel Eins

Symmetrievariante 1: Schwarz fianchettiert den Lf8

- Einleitung
- Schwarz gewinnt Raum im Zentrum
- Schwarz verteidigt das Feld d5
- Schwarz kopiert mit 5...Sf6
- Weiß vermeidet Sf3

Einleitung

Die Symmetrievariante beginnt mit 1.c4 c5. Schwarz hindert Weiß daran 2.d4 zu spielen und stellt so sicher, dass die Partie im Bereich der Englischen Eröffnung bleibt.

In diesem Kapitel schauen wir uns Varianten an, in denen Schwarz auf g7 fianchettiert. In Kapitel Zwei vermeidet Schwarz ...Lg7 zugunsten sofortiger Handlungen im Zentrum und in Kapitel Drei analysieren wir den so genannten Igel, der sich dadurch auszeichnet, dass Schwarz mit seinen Bauern auf d6 und e6 ein Minizentrum errichtet.

 HINWEIS: Die Analysen in diesem Kapitel gehen vor allem von der Stellung aus, die nach 1.c4 c5 2.Sf3 Sc6 3.g3 g6 4.Lg2 Lg7 5.Sc3 erreicht wird. Varianten, in denen es Weiß vorzieht Sf3 zu verzögern oder Sge2 zu spielen, werden am Ende des Kapitels betrachtet. Alle frühen Versuche des Weißen oder des Schwarzen die Symmetrie zu durchbrechen, wie 1.c4 c5 2.Sf3 Sc6 3.d4, werden im nächsten Kapitel betrachtet.

1.c4 c5 2.Sf3

Die Wahl des Weißen, was er im zweiten Zug der Englischen Eröffnung spielt, kann von entscheidender Wichtigkeit sein. Es lohnt daran zu denken, dass viele Partien mit der Reti-Zugfolge 1.Sf3 beginnen, was bedeutet, dass Weiß seinen Springer bereits festgelegt hat. Der Grund für 1.Sf3 ist, dass Weiß die Vierspringervariante, die mit 1.c4 e5 beginnt, verhindern möchte. Andererseits nimmt 1.Sf3 dem weißen Aufbau etwas Flexibilität.

Den Großteil dieses Kapitels gehen wir davon aus, dass die Partie mit 1.c4 c5 2.Sf3 begonnen hat, aber im Schlussabschnitt schauen wir uns andere Möglichkeiten für Weiß an. An anderer Stelle im Buch wird manchmal 2.Sc3 vorgezogen, zum Beispiel gegen den königsindischen Aufbau und die Vierspringervariante. Und 2.g3!? hat auch seine Vorzüge und ist die Zugfolge, die gegen 1...c6 vorgeschlagen wird – siehe Kapitel Acht.

2...Sc6

Schwarz verstärkt konsequent seinen Einfluss auf das wichtige Feld d4.

3.g3

Unterdessen zielt Weiß mit seinen Figuren auf das Feld d5.

3...g6

Es gibt eine endlose Zahl von unterschiedlichen Zugfolgen in der Englischen Eröffnung. Wenn Schwarz zum Beispiel hier einen schnellen Angriff mit ...d7-

d5 einleiten möchte, dann könnte er hier 3...Sf6 4.Sc3 d5 5.cxd5 Sxd5 spielen, was bald zur Variante 5...Sf6 6.0-0 d5 führen sollte, die später in diesem Kapitel erörtert wird.

4.Lg2 Lg7 5.Sc3 (Diagramm 1)

Schwarz kann damit fortfahren, die weißen Züge mit 5...Sf6 zu kopieren oder er kann die Symmetrie entweder mit 5...e6 oder 5...e5 brechen. In diesem Kapitel schauen wir uns alle drei Vorgehensweisen in umgekehrter Reihenfolge an.

Diagramm 1

Zeit für eine Entscheidung

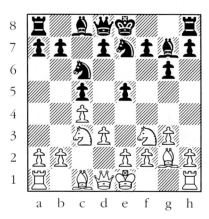

Diagramm 2

Der Kampf um das Feld d5

Schwarz gewinnt Raum im Zentrum

5...e5!?

Das Erste, was wir bei diesem Zug feststellen, ist, dass er auf d5 ein Loch in der schwarzen Bauernstruktur hinterlässt.

 HINWEIS: In der Schachterminologie ist ein Loch ein Feld von strategischer Bedeutung in der Bauernstruktur eines Spielers, das nicht mehr länger durch einen Bauern gedeckt werden kann.

Hier hat Schwarz ein Loch auf d5, da er das Feld nicht mehr länger mit ...c7-c6 oder ...e7-e6 decken kann. Da sich dieses Loch genau im Zentrum des Bretts und auf der Diagonale des Läufers auf g2 befindet, scheint dies ein ernsthaftes Zugeständnis zu sein. Für einen weißen Springer wäre es ein traumhafter Vorposten, während ein Läufer aus der Ferne Druck ausüben kann – zum Beispiel kann der Läufer b7 angreifen ob er nun auf g2 oder d5 steht, während ein Springer in kürzerem Abstand agiert und deshalb besonders wirkungsvoll auf einem Zentrumsfeld steht, auf dem er von gegnerischen Bauern nicht angegriffen werden kann.

Weshalb also schafft Schwarz eine Schwäche auf d5? Trotz des Lochs auf d5 meint Schwarz, dass sein Zentrum nach 5...e5 über mehr Stabilität verfügt. Er verstärkt seinen Griff auf das Feld d4 und verhindert einen weißen Gegenangriff mit d2-d4, ein Zug, der nach dem alternativen 5...e6 auch unter Bauernopfer folgen könnte. Und wenn Weiß es zulässt, wird Schwarz mit ...d6-d5 vorrücken, um Raum im Zentrum zu erobern und das Loch zu beseitigen.

Was die Schwäche auf d5 betrifft, so erinnere ich mich hier an eine paradoxe Bemerkung von Aaron Nimzowitsch, einem der großen Schachdenker des 20. Jahrhunderts. In seinem Buch *Mein System* spricht er über das Konzept der Überdeckung – das heißt, man deckt ein Schlüsselfeld im Zentrum mit sehr viel mehr Figuren als nötig, und, wenn man das tut, so stehen die Figuren 'zufällig' gut platziert, wenn später in der Partie der Moment gekommen ist, sich für einen Plan zu entscheiden. Nimzowitsch erweiterte diese Idee, indem er behauptete, dass eine Schwäche in seiner Zentrumsbauernstruktur zu haben, es erleichtern würde, die besten Felder für die Figuren zu finden – da man nichts Besseres tun kann, als ein schwaches Zentrumsfeld zu verstärken. Hier hat sich Schwarz selbst ein Loch auf d5 verschafft, und das deutet an, dass er ...d7-d6 und dann ...Le6 spielen sollte – der Läufer steht auf dem für alle möglichen Pläne besten Feld und all das im Namen der Deckung von d5!

 TIPP: Wenn Schwarz ...d6-d5 unbeschadet durchsetzen kann, dann wird er seine Stellung befreien.

6.d3

Hier lassen sich auch überzeugende Argumente für das sofortige 6.a3!? finden. Die Erfahrung hat gezeigt, dass 6...d6 7.0-0 Sge7 8.b4! cxb4 9.axb4 Sxb4 10.La3 dem Weißen eine gefährliche Initiative für den Bauern gibt. Er verfügt über benköartigen Druck gegen den schwarzen Damenflügel mit potenziellen Bauernangriffszielen auf a7, b7 und d6. Deshalb sollte Schwarz wahrscheinlich 6...a5 spielen, um die Expansion b2-b4 zu verhindern. So könnte man in gewissem Sinne argumentieren, dass Weiß ein Tempo gewonnen hat, da er in der Hauptvariante ...a7-a5 mit a2-a3 und Tb1 provoziert, wohingegen hier nur a2-a3 nötig war. Allerdings ist nicht klar, welchen Plan Weiß verfolgen sollte, wenn er nicht dabei bleibt, seinen Turm nach b1 zu stellen. Auf diesem nützlichen Feld könnte er zukünftiges b2-b4 unterstützen, eventuell mit Hilfe eines Springers nach dem Manöver Se1 und Sc2.

Schließlich sollte noch eine wilde Möglichkeit für Weiß nach 6...a5 erwähnt werden, nämlich 7.d4!? – ein 'unmöglicher' Zug, da d4 zwei Mal gedeckt ist, aber die Idee ist 7...cxd4 8.Sb5 d6 9.e3, was den Weg für einen Angriff auf d6 frei räumt. Die beste Antwort des Schwarzen ist das kaltblütige 9...Le6 10.exd4 Lxc4, was einen Großteil der weißen Initiative zu zerstören scheint.

6...Sge7! (Diagramm 2)

Nach dem natürlichen 6...Sf6 erhält Weiß die Chance, den Springer mit 7.Lg5 zu fesseln. Er freut sich dann Lxf6 zu spielen, obwohl er damit einen Läufer gegen einen Springer tauscht, da ihm das gestattet, die Kontrolle über das Feld d5 zu behalten, zum Beispiel 7...d6 8.0-0 h6 (sonst ist die Fesselung unangenehm) 9.Lxf6 Lxf6 10.Sd2 und Weiß, der die weißen Felder im Zentrum schön unter Kontrolle hat, steht bereit 11.Sd5 zu spielen. Sie sehen, dass der Läufer auf f6 eine schlechtere Figur ist als die weißen Springer, da er nicht um die Kontrolle von d5 kämpfen kann und von dem Bauern e5 blockiert wird. Wenn Bauern rückwärts ziehen könnten, würde Schwarz hier liebend gern 10...e6 spielen, wonach das Feld d5 gedeckt und die Diagonale für seinen Läufer geöffnet ist!

 WARNUNG: Bauern können nie rückwärts ziehen, also hüten Sie sich vor gedankenlosen Bauernzügen!

7.Tb1 0-0 8.a3 a5!

Schwarz schafft ein zweites Loch auf d5, aber Weiß hat keine Möglichkeit, das auszunutzen. Es ist viel wichtiger für Schwarz, zu verhindern, dass Weiß das Feld c5 mit b2-b4 unterminiert.

 TIPP: Ein Loch oder jeder andere strukturelle Fehler ist nur eine Schwäche, wenn sie angegriffen werden kann.

9.Lg5!

Weiß hofft immer noch, dass er seinen Läufer mit Lxe7 gegen den Springer tauschen kann.

9...f6!

Erneut ist Schwarz bereit, eine Lockerung seiner Bauernstellung hinzunehmen, um Zugriff auf das Feld zu behalten, das wirklich zählt – d5. Die Hauptidee des Weißen ist verhindert worden, aber er kann den Läufer zurückziehen, zufrieden darüber, dass er...f7-f6 erzwungen hat, einen Zug, den Schwarz ohne ein wichtigeres positionelles Motiv nicht freiwillig gespielt hätte.

10.Le3! (Diagramm 3)

Wer sagt, dass ein schwarzfeldriger Läufer nicht um ein weißes Feld kämpfen kann? Hier verhindert der Läufer durch den Angriff auf c5 ...d6-d5. Nach 10.Ld2 d6 11.0-0 Le6 12.Se1 d5 13.cxd5 Sxd5 hätte Schwarz sein Ziel erreicht.

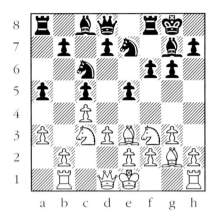

Diagramm 3
Der Läufer verhindert ...d7-d5

Theoretisch?

Nicht wirklich; die Varianten nach 5...e5 können mit beiden Farben geradlinig, mit klaren strategischen Ideen, gespielt werden. Sie brauchen nicht viele Varianten zu kennen.

Schauen wir uns ein paar Partien an. Die erste gewinnt Weiß in feinem, positionellem Stil, während er in der zweiten auf viel härteren Widerstand stößt.

Partie 1
□ Andersson ■ Seirawan
Linares 1983

1.c4 c5 2.Sf3 Sc6 3.g3 g6 4.Lg2 Lg7 5.Sc3 e5

Wiederholt habe ich mit diesem Zug die Zugfolge der Beispielpartien 'bereinigt', damit sie alle mit 1.c4 beginnen. Die tatsächliche Zugfolge in der Partie war 1.Sf3 c5 2.c4 Sc6 3.g3 g6 4.Lg2 Lg7 5.Sc3 e5. Aber passen Sie auf, wenn Sie dies mit Schwarz probieren, denn 2.e4! würde bedeuten, dass Sie das falsche Buch in Händen halten. Natürlich war sich Seirawan bewusst, dass Ulf Andersson, einer der größten Anhänger der Flankeneröffnungen, niemals einen riskanten Zug wie 2.e4 spielen würde.

6.0-0 d6

Auch hier weichen die Spieler mit ihrem sechsten Zug leicht von der oben angegebenen Variante ab. Allerdings ändert sich die Natur der Stellung nicht und die Ideen bleiben die gleichen.

7.a3 Sge7 8.Tb1 a5 9.d3 0-0 10.Lg5 f6 11.Le3 Le6 12.Se1

Weiß plant Sc2 zu spielen, um den Vorstoß b2-b4 zu unterstützen.

12...Dd7?!

In der nächsten Partie wird 12...b6!? untersucht. Der von Seirawan gewählte Plan gibt Weiß die besseren Chancen. Tatsächlich lässt Anderssons phänomenales Spiel diese Stellung beinahe wie einen forcierten Gewinn für Weiß aussehen!

13.Sc2 (Diagramm 4)

Diagramm 4

Weiß bereitet b2-b4 vor

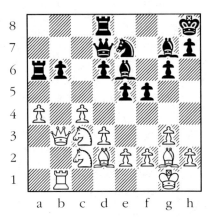

Diagramm 5

Der Springer kehrt nach c2 zurück

13...a4

Das ist die Idee: Weiß kann nicht zulassen, dass der Damenflügel festgelegt wird, also muss er einen isolierten Bauern auf a3 akzeptieren. Allerdings zeigt sich, dass diesem Bauer eine glorreiche Karriere bevorsteht. Im Gegensatz dazu erweist sich der schwarze Bauer auf b7 als sehr viel anfälligeres Angriffsziel.

14.b3 axb3 15.Txb3 Tfb8 16.Db1 Ta6

Weiß würde seinen Turm lieber auf b2 als auf b3 haben, da er sich dort außerhalb der Reichweite eines schwarzen ...Sd4 oder des Läufers auf e6 befinden würde, wenn Schwarz mit ...d6-d5 vorrückt. Hier nun, wie Andersson das zustande bringt:

17.Tb6! Dc7 18.Tb2

So wurde die schwarze Dame überredet d7 zu verlassen, wo sie einen Vorstoß mit ...d6-d5 unterstützen würde. Weiß ist mit dem Tausch des Zuges Tb2 gegen ...Dc7 zufrieden.

18...b6?

Ein natürlicher Zug, aber im Nachhinein betrachtet scheint er ein Fehler zu sein. Der Bauer erweist sich auf b6 als sehr viel anfälligeres Angriffsziel als er es auf b7 gewesen wäre. Der Bauer erfüllt auf b7 auch die Rolle, den Springer auf c6 zu verteidigen, was das schwarze Zentrum solider macht. Vielleicht sollte Schwarz mit 18...Dd7 abwarten.

19.Ld2!

Ein ausgezeichneter kleiner Zug, der den Weg für Se3 freimacht.

19...Dd8 20.a4!

Natürlich nicht 20.Se3? Txa3. Der Bauer ist nicht nach a4 gegangen, nur um Se3 möglich zu machen: Er wird als Rammbock gegen b6 eingesetzt werden.

20...f5

Vielleicht hatte Seirawan bei seinen vorherigen Berechnungen 20...d5 geplant, den typischen Befreiungszug. Doch nach dem mehrfachen Abtausch 21.cxd5 Sxd5 22.Sxd5 Lxd5 23.Lxd5+ Dxd5 hat Weiß 24.a5! Sxa5 25.Lxa5 Txa5 26.Txb6 mit einer ausgezeichneten Stellung: seine Bauern sind kompakter, sein König steht sicherer und sein Springer ist besser als der auf g7 begrabene Läufer.

 WARNUNG: Ein natürlicher Zug kann in einer bestimmten Stellung ein schlechter Zug sein. In der oben stehenden Einleitung habe ich die Vorzüge des Vorstoßes ...d6-d5 gepriesen, aber hier wäre das ein scheußlicher Zug. Es gibt im Schach keine unumstößlichen Regeln: nur Ideen, die funktionieren können oder auch nicht.

21.Se3 Sb4

Blockiert die b-Linie und deckt noch einmal d5. Hat Schwarz schließlich doch eine ausgezeichnete Stellung? Das folgende Opfer klärt die Dinge.

22.Txb4! cxb4 23.Dxb4

Weiß hat einen sicheren König und eine uneinnehmbare Bauernstruktur. Türme blühen auf offenen Linien auf, aber hier gibt es keine, die den schwarzen Türmen zur Verfügung stehen. Unterdessen können die weißen Figuren den Bauern sowohl frontal als auch mit Sd5 und Le3 usw. vom Zentrum aus belagern.

Das einzig mögliche Gegenspiel des Schwarzen liegt auf der f-Linie. Der Nachteil dabei ist, dass Weiß, sobald Schwarz ...f5-f4 spielt, Se4 entgegnen kann, was den Bauern d6 angreift. Außerdem sind die schwarzen Türme weit davon entfernt, einen Angriff am Königsflügel zu unterstützen.

23...Dd7 24.Tb1 Td8 25.Db3!

Ein weiterer wundervoll unscheinbarer Zug, hinter dem sich eine tiefe Idee verbirgt. Es scheint, als ob Weiß lediglich seinen Druck auf d5 erhöht, aber tatsächlich bereitet er den Weg für ein starkes Manöver.

25...Kh8 26.Sc2! (Diagramm 5) 26...h6 27.Sb4

Das ist der Punkt: Der Springer vertreibt den Turm von seinen Verteidigungsaufgaben auf a6.

27...Ta5 28.h4!

Weiß hat keine Eile, den Gewinn des Bauern b6 zu forcieren. Zunächst nimmt er sich Zeit, die schwarzen Bauern am Königsflügel zu hemmen. Der einzige Zug, den er zulassen wird, ist ...f5-f4, da ihm dies das Feld e4 gibt.

28...f4 29.Kh2!

Erlaubt Schwarz keinerlei Freiheit mit 29...Lh3.

29...Kh7 30.Sbd5

Erst jetzt richtet Andersson seine Aufmerksamkeit auf den Bauern b6. Man kann seine Geduld nur bewundern.

30...Sxd5 31.cxd5 Lf5 32.Dxb6 Tc5 33.a5 Tdc8 34.Tb3 fxg3+ 35.fxg3 e4

Ein Verzweiflungszug, da der a-Bauer sich zu einem Durchmarsch anschickte.

36.Sxe4 Tc2 37.De3 Da4 38.Tb7

Erstickt den Gegenspielwirbel durch die Drohung 39.Dxh6+.

38...T8c7 39.Txc7 Txc7 40.Sxd6 Tc2 41.Sxf5 1-0

Weiß hat vier Bauern für die Qualität. Weiß gewinnt leicht, zum Beispiel 41...gxf5 42.d6.

Partie 2
□ **O.Bjarnason** ■ **De Firmian**
Reykjavik 2000

1.c4 c5 2.Sf3 Sc6 3.g3 g6 4.Lg2 Lg7 5.Sc3 e5

Hier war die Zugfolge tatsächlich 1.Sf3 c5 2.g3 Sc6 3.Lg2 g6 4.c4 Lg7 5.Sc3 e5

6.d3 Sge7 7.Tb1 0-0 8.a3 a5 9.Lg5 f6 10.Le3 d6 11.0-0 Le6 12.Se1 b6!?
(Diagramm 6)

Dies deckt c5 erneut und erneuert so die positionelle Idee ...d6-d5. Weiß fühlt sich verpflichtet das zu verhindern.

13.Sd5 Tc8

Taktik! Weiß drohte 14.Sxe7+ mit Qualitätsgewinn.

14.Sc2 Sd4!

Bereitet eine Abtauschserie vor, die die schwarze Stellung befreit.

15.Lxd4 Lxd5!

Besser als 15...cxd4 16.Sxe7+Dxe7 17.b4.

16.Lxd5+

Nach 16.cxd5 cxd4 ist der Bauer auf d5 von seinen Gefährten abgeschnitten.

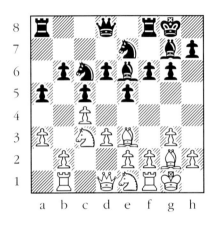

Diagramm 6

Schwarz bereitet ...d6-d5 vor

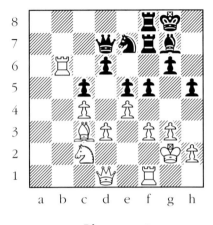

Diagramm 7

Schwarz greift an

16...Sxd5 17.Lc3 Se7

Ein schrecklicher positioneller Fehler wäre 17...Sxc3 18.bxc3, wonach der Turm auf b1 plötzlich die offene b-Linie bekommt und Weiß über die positionelle Drohung 18.Se3 und Sd5 verfügt. Beachten Sie, dass, wenn Schwarz so patzen würde, 18...Lh6! der beste Verteidigungszug wäre, um 18.Se3?! mit 18...Lxe3 zu beantworten.

18.e4

Um ...d6-d5 zu stoppen. Der Abtausch der weißfeldrigen Läufer hat allen Druck vom schwarzen Zentrum genommen. Deshalb kann Schwarz jetzt anfangen aggressiv am Königsflügel zu spielen.

18...f5 19.f3 Dd7 20.b4 axb4 21.axb4 Tf7 22.bxc5 bxc5 23.Kg2 Tcf8 24.Tb6?

Weiß weigert sich zuzugeben, dass er die Initiative verloren hat, und fährt fort, aktiv am Damenflügel zu spielen. Stattdessen würde ein Verteidigungszug wie 24.De2 oder 24.Se3 gefolgt von 25.Sd5 das Gleichgewicht halten. Schließlich sind die schwarzen Leichtfiguren auch nichts Besonderes.

 WARNUNG: Ein sicherer Weg in die Niederlage besteht darin, weiter anzugreifen, wenn man daran denken sollte zu verteidigen!

24...h5! (Diagramm 7)

Ein typischer Zug in solchen Situationen. Schwarz benutzt seinen h-Bauern als Rammbock.

25.Db1?

Die logische Fortsetzung seines Plans, am Damenflügel durchzubrechen. Nichtsdestotrotz bleibt das Feld f3 schwach. Es war noch nicht zu spät, um 25.Se3 oder 25.De2 zu spielen.

25...fxe4 26.dxe4 h4

Jetzt ist 27...h3+ mit Gewinn des Bauern f3 eine gewaltige Drohung. Weiß glaubt, er hat die Antwort gefunden, aber das erlaubt Schwarz einen taktischen Trick, der gewinnt. Weiß hat die Gefahr so lange unterschätzt, bis er aufgeben musste.

27.g4? Txf3! 0-1

Schwarz gewinnt leicht nach 28.Txf3 Dxg4+.

Schwarz verteidigt das Feld d5

1.c4 c5 2.Sf3 Sc6 3.g3 g6 4.Lg2 Lg7 5.Sc3 e6 (Diagramm 8)

Schwarz verteidigt das Feld d5 und plant reibungslose Entwicklung mit ...Sge7, ...0-0 und dann ...d7-d5. Sobald Schwarz diese Züge einmal gespielt hat, wird er eine sehr solide Stellung haben. Deshalb hat Weiß mit einem kühnen Opfer experimentiert, um den zeitweiligen Nachteil von 5...e6 auszunutzen: er besteht darin, dass Schwarz das Feld d6 geschwächt und es versäumt hat, den Königsspringer zu entwickeln.

Diagramm 8

Schwarz bereitet ...Sge7 vor

Theoretisch?

Sie müssen sich die scharfe Antwort 6.d4 anschauen: die Kenntnis konkreter Theorie ist hier notwendig. Aber vorausgesetzt Sie lernen diese Variante, dann haben Sie als Schwarzer nicht viel zu fürchten.

Partie 3
□ **T.Markowski** ■ **B.Macieja**
Warschau 1998

1.c4 c5 2.Sf3 Sc6 3.g3 g6 4.Lg2 Lg7 5.Sc3 e6 6.d4!? (Diagramm 9)

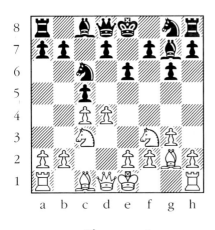

Diagramm 9

Weiß opfert einen Bauern

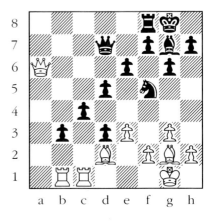

Diagramm 10

Bauernpower!

Weiß kann nach dem soliden 6.0-0 Sge7 7.d3 0-0 8.Lg5 h6! (lässt den Abtausch der Läufer nach Dc1 und Lh6, wonach die schwarzen Felder des Schwarzen schwach werden könnten, nicht zu) 9.Ld2 d5 kaum (wenn überhaupt) auf Vorteil rechnen und Schwarz hat nichts zu befürchten.

Im Gegensatz dazu ist das Gambit in der Partie sehr verzwickt.

6...Sxd4 7.Sxd4 cxd4 8.Sb5 Db6

Deckt d4 und d6, aber stellt die Dame auf ein potenziell exponiertes Feld – siehe die nächste Anmerkung.

9.Da4

Das sofortige 9.e3 gibt Weiß nichts nach 9...Se7 10.Sxd4 0-0 11.0-0 d5 12.cxd5 Sxd5.

9...a6

Geradlinige Entwicklung mit 9...Se7? scheitert an 10.Lf4 e5 11.c5! Dd8 (oder 11...Dxc5 12.Tc1 und das Schach auf c7 wird tödlich sein) 12.Sd6+ Kf8 13.Dc4 und Schwarz hat keine gute Möglichkeit, um f7 zu verteidigen.

10.e3 d3

Schwarz hält die Stellung geschlossen. Vollkommen falsch wäre 10...dxe3? 11.Lxe3 Dd8 12.Sd6+.

11.0-0 Se7 12.Td1

Weiß hofft, den Bauern mit 13.Txd3 zurück zu gewinnen und dank seines Drucks auf der d-Linie und des passiven schwarzen Läufers auf c8 eine gute Stellung zu erhalten. Aber jetzt ist Schwarz an der Reihe zu opfern...

12...axb5! 13.Dxa8 bxc4

Der dem Untergang geweihte Bauer auf d3 ist plötzlich ein gedeckter Freibauer geworden. Schwarz hat großartige Kompensation für die Qualität.

14.Tb1 0-0 15.Ld2 d5 16.Tdc1 Dc7 17.Da3 Dd7?

Schwarz hatte Angst vor 18.Dxd3, aber eine bessere Antwort auf diese Drohung war 17...Sc6, wonach Macieja im Informator 74 eine Menge Analysen anführt, um zu zeigen, dass Schwarz nach 18.b3 b5 19.Dc5 Ld7 20.e4 Tb8! usw. klaren Vorteil hat.

18.b3 b5 19.Dc5 Sf5 20.a4 La6 21.Db6?

Jetzt ist Weiß an der Reihe fehl zu greifen. Er musste die Bauern mit 21.axb5 aufbrechen.

21...bxa4!!

Ein brillantes positionelles Opfer. Die Freibauernmasse wird mehr als einen Turm wert sein!

22.Dxa6 axb3 (Diagramm 10) 23.Da5 Tb8 24.Lc3 Db5!

 TIPP: Damen sind trickreiche Figuren, wenn Sie also über einen langfristigen Vorteil verfügen, dann ist der Damentausch oft die beste Möglichkeit, um jedes Gegenspiel zu ersticken.

25.Dxb5 Txb5 26.Lxg7 Kxg7 27.Lf1

Die einzige Hoffnung des Weißen ist jetzt, seinen Königsläufer auf d3 zu opfern, um die Bauern zu beseitigen. Wenn Schwarz genau gespielt hätte, dann hätte er diese Verteidigung verhindern können.

27...Sd6 28.f3 Tb4?

Schwarz begreift nicht ganz, wie stark seine Freibauern sind. Hier übersah er das brillante 28...d2 29.Td1 c3! 30.Lxb5 Sxb5 wonach der Turm und die drei verbundenen Freibauern die Türme überwältigen (zum Beispiel 31.Txb3 c2 32.Tbb1 Sc3!).

29.Tb2 Sb5

Hier hätte es 29...e5 Weiß schwerer gemacht.

30.Lxd3! cxd3 31.Td1 Sa3 32.Txd3 Sc4 33.Tdxb3 Txb3 34.Txb3 Sd2 35.Tb4 Sxf3+ 36.Kf2 Se5 37.Ke2

Das Ergebnis all dieser Aufregungen ist ein Endspiel mit sehr geringen Gewinnaussichten für Schwarz, aber die Partie endete nach 64 Zügen mit Remis. Eine höchst ereignisreiche Partie.

Schwarz kopiert mit 5...Sf6

Theoretisch?

Ja. Bobby Fischer hat diese Variante mit beiden Farben gespielt, während sie Garry Kasparow einige Male mit Schwarz angewandt hat. Muss ich mehr über die Tiefe der Forschung sagen, die dieser Variante gewidmet wurde?

Um die Dinge klarer zu halten, gehen wir von folgender, 'kopierender' Zugfolge in der Eröffnung aus: **1.c4 c5 2.Sf3 Sc6 3.g3 g6 4.Lg2 Lg7 5.Sc3 Sf6 (Diagramm 11)**

Diagramm 11

Eine Nachahmerstellung

Doch in Wirklichkeit fragen sich beide Spieler, was der beste Moment ist, um die Symmetrie zu durchbrechen, sobald Schwarz 1...c5 spielt. Vielleicht kopieren sie ihre jeweiligen Züge eine gewisse Zeit, aber früher oder später wird einer versuchen, Raum im Zentrum zu gewinnen. So könnte Weiß bereits im dritten Zug 1.c4 c5 2.Sf3 Sc6 3.d4 versuchen oder Schwarz könnte sich für 1.c4 c5 2.Sf3 Sf6 3.Sc3 d5 entscheiden. Solch frühe Abweichungen werden in Kapitel Zwei betrachtet. Dennoch kommt es trotz der frühen Unterschiede in der Zugfolge in den meisten Fällen nach neun Zügen zu einem der folgenden Szenarien.

Ausgehend vom oben abgebildeten Diagramm:

Szenario 1

6.d4 cxd4 7.Sxd4 0-0 8.0-0 Sxd4 9.Dxd4 d6 (Diagramm 12)

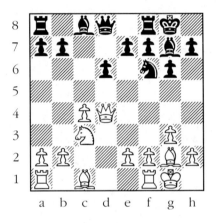
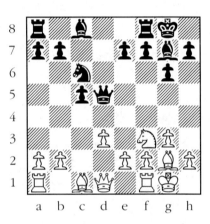

Diagramm 12
Szenario 1

Diagramm 13
Szenario 2

Szenario 2

6.0-0 d5 7.cxd5 Sxd5 8.Sxd5 Dxd5 9.d3 0-0 (Diagramm 13)

In beiden Szenarien sehen wir eine Dame, die im Zentrum steht, eine Reihe von Feldern kontrolliert, aber auch der Gefahr eines Abzugsangriffs des gegnerischen Königsläufers ausgesetzt ist, der natürlich entzückt darüber ist, eine so mächtige Figur im Visier zu haben und seinen Blick auch über die Dame hinaus auf einen Angriff auf andere Figuren entlang der Diagonalen richtet. Das weiße Mehrtempo in Szenario 2 erhöht den Druck des Läufers.

Der Bauer auf c4 in Szenario 1 gibt dem Weißen Raumvorteil, aber ist auch etwas anfällig; das gleiche könnte über den Bauern c5 in Szenario 2 gesagt werden, abgesehen davon, dass er noch viel leichter zum Angriffsziel werden kann, da Weiß den Vorteil eines Extrazuges hat, um einen Angriff gegen ihn zu starten. Nichtsdestotrotz, wenn den Bauern c4 oder c5 nichts Schlimmes widerfährt und es der Dame gelingt, die Gefahrendiagonale zu evakuieren ohne eine Schwächung der Bauernstruktur in Kauf nehmen zu müssen, dann kann der Spieler, der d2-d4 oder ...d7-d5 gespielt hat, einer Partie entgegensehen, in der alle seine Figuren aktiv stehen und er Raumvorteil hat.

 TIPP: Wenn Sie mit Weiß gerne Raumvorteil haben, rücken Sie mit d2-d4 vor. Wenn Sie es vorziehen, das Zentrum von den Flügeln aus anzugreifen, warten Sie, bis Schwarz ...d7-d5 spielt.

Jetzt schauen wir uns die Entwicklung in beiden Szenarien an.

Szenario Eins: Schwarz opfert den Bauer b7

Die unten stehende Diagrammstellung wird nach folgenden Zügen erreicht:
1.c4 c5 2.Sf3 Sf6 3.Sc3 Sc6 4.g3 g6 5.Lg2 Lg7 6.d4 cxd4 7.Sxd4 0-0 8.0-0 (Diagramm 14)

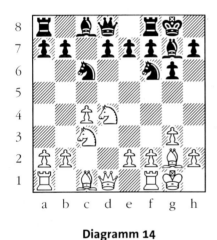

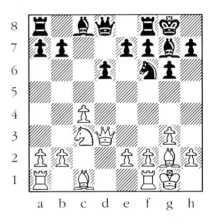

Diagramm 14	Diagramm 15
Schwarz bietet einen Bauern an	Die weiße Dame ist beschäftigt

Jetzt ist 8...Sxd4 der übliche Zug, wie in der Zugfolge aus Szenario Eins unten angegeben, aber gelegentlich hat Schwarz einen Bauern aufgegeben, um die Initiative am Damenflügel an sich zu reißen und seine Entwicklung durch Linienöffnung zu erleichtern: 8...d6!? 9.Sxc6 bxc6 10.Lxc6 Tb8. Für den Bauern hat er die offene b-Linie für seinen Turm, dessen Druck auf b2 die sofortige Entwicklung des weißen Damenläufers verhindert. Außerdem kann der Bauer c4 mit ...Le6 oder ...Dc7 einem raschen Angriff ausgesetzt werden – im letzteren Fall nutzt Schwarz den anfällig stehenden Läufer auf c6 aus. Topalow hat die schwarze Stellung erfolgreich gegen keine geringeren Spieler als Karpow und Kramnik verteidigt. Zum Beispiel 11.Da4 Lb7 12.Lxb7 Txb7 13.Tb1 Dc8 14.Ld2 Dh3! (die Drohung 15...Sg4 zwingt Weiß, sein Zentrum zu schwächen) 15.f3 Sh5 16.Tf2 De6 17.Kg2 Tc8 18.b3 Ld4 19.e3 Lxc3 20.Lxc3 Dxe3 und Schwarz hat den Bauern mit unklarem Spiel zurück gewonnen, Karpow-Topalov, 6. Amber Rapid-Turnier, Monte Carlo 1997.

Um zu Szenario Eins des ursprünglichen Diagramms zurückzukehren, so könnte das Spiel wie folgt weiter gehen: **8...Sxd4 9.Dxd4 d6 10.Dd3 (Diagramm 15)**

Die weiße Dame hat sich umsichtig aus der Reichweite des Läufers zurückgezogen. Sie wählt ein Feld, auf dem sie c4 gedeckt hält, und hilft so beim Kampf um das Feld b5.

Es stellt sich die Frage, ob Schwarz mit dem Plan ...a7-a6, ...Tb8 und ...b7-b5 Gegenspiel entwickeln kann, oder ob er einfach einen schwachen Bauern auf b5 schafft und den weißen Figuren offene Linien gibt?

In der Beispielpartie unten ist es Kasparow, der Schwarz spielt, weshalb es keine große Überraschung ist, dass der schwarze Vorstoß am Damenflügel in dynamischen Stil triumphiert! Aber weniger große Spieler stellen oft fest, dass sich der von ihnen geschaffene isolierte Bauer einfach als krank und als Angriffsziel für die weißen Figuren erweist.

Tatsächlich erklärt sich Schwarz oft damit einverstanden, den b-Bauern im Tausch für Aktivität los zu sein. Wenn er Weiß zum Beispiel Lxb7 spielen lässt, dann wird er die offene b-Linie und Entwicklungsvorsprung haben. Schauen wir uns Kasparow in Aktion an:

10...a6 11.Lf4 (Diagramm 16)

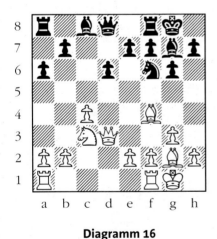 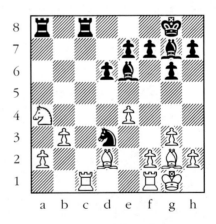

Diagramm 16	Diagramm 17
Kasparow erzeugt Gegenspiel	Eine ausgeglichene Stellung

Schwarz kann damit fortfahren, die weiße Dame mit **11...Lf5** zu belästigen. Es könnte so aussehen, als ob Schwarz mit diesem Zug Zeit verliert, da die scheinbar starke Antwort **12.e4** den Läufer angreift. Nach **12...Le6** stellt Weiß jedoch fest, dass er nicht mehr länger Lxb7 spielen kann, da das Vorziehen des e-Bauern den Läufer blockiert hat! Jetzt lässt **13.Tac1 Sd7!** den schwarzfeldrigen Läufer von der Leine und droht 14...Se5 mit zweifachem Angriff auf c4, was Weiß zu einem ungünstigen Tausch des Läufers gegen den Springer auf e5 zwingen würde. **14.b3 Se5 15.Dd2 b5!** (der thematische Befreiungszug des Schwarzen) **16.cxb5 axb5 17.Sxb5 Da5 18.Sc3 Tfc8 19.Sa4 Dxd2 20.Lxd2 Sd3 (Diagramm 17)**

Weiß verfügt über großen statischen Vorteil (verbundene Freibauern!), aber Schwarz hat intensiven dynamischen Druck – der wunderschöne Springer auf d3 bedeutet, dass Schwarz die Kontrolle über die c-Linie erhalten wird, ob Weiß auf c8 tauscht oder nicht, wonach ...Tc2 eine Drohung sein wird. Die statischen und dynamischen Vorteile gleichen einander aus, was dies zu einer sehr unklaren Stellung macht, Spassky-Kasparow, Belfort 1988.

In der folgenden Beispielpartie sehen wir Kasparow wieder in Aktion.

Partie 4
☐ **Hjartarson** ■ **Kasparow**
Tilburg 1989

1.c4 c5

Die Möglichkeiten zur Zugumstellung sind enorm. Diese Partie begann tatsächlich als g3-Königsinder: 1.d4 Sf6 2.c4 g6 3.Sf3 Lg7 4.g3 c5 5.Lg2 cxd4 6.Sxd4 0-0 7.Sc3 Sc6 8.0-0

2.Sf3 Sf6 3.Sc3 Sc6 4.g3 g6

Überlässt es Weiß, das Tempo im Zentrum zu bestimmen.

5.Lg2 Lg7 6.d4 cxd4 7.Sxd4 0-0 8.0-0 Sxd4

Oder 8...Sg4!? 9.e3 Sxd4 10.exd4 Sh6 mit der Absicht ...Sf5, um Druck auf d4 auszuüben. Hier verfügt Weiß über einen sehr guten Zug, der aber schwer zu sehen ist, da wir normalerweise nur ungern einen Läufer für einen Randspringer hergeben: 11.Lxh6! Lxh6 12.c5! und dank seines Drucks auf das Zentrum steht Weiß besser.

Wenn es Schwarz gestattet worden wäre, ...Sf5 zu spielen, dann hätte der Springer nur durch das schrecklich schwächende g3-g4 vertrieben werden können. Damit hätte der Springer praktisch auf einem unangreifbaren Feld im Zentrum gestanden.

 TIPP: Springer lieben Zentrumsfelder, auf denen sie nicht von Bauern vertrieben werden können.

Eine bessere Herangehensweise für Schwarz ist 9...d6, was einen Bauern anbietet. Wenn Weiß mit 10.Sxc6 bxc6 11.Lxc6 Tb8 annimmt, dann gleicht das Spiel sehr der Variante mit 8...d6, die oben im Opfer-Abschnitt erörtert wurde, wobei jedoch die Züge e2-e3 und ...Sg4 eingeschaltet sind – ein Unterschied, der sicher günstig für Schwarz ist. Stattdessen kann Weiß all dies vermeiden und mit 10.b3 einen leichten Vorteil behalten. Dann kann Schwarz auf den Plan mit ...b7-b5 zurückgreifen, z.B. 10...a6 11.Lb2 Sxd4 12.exd4 Tb8 usw. Aber ist es fair zu fragen, was der Springer auf g4 macht?

9.Dxd4 d6 10.Dd3 a6 11.h3

11.Lf4 haben wir bereits erörtert. Hier ist eine Falle, die Schwarz vermeiden muss: 11.Le3 Sg4 12.Ld4 Se5 13.Dd1. Jetzt sollte Schwarz mit 13...Tb8 fortsetzen, da auf c4 zu nehmen nach dem Abtausch auf g7, anschließendem Dd4+ und, wenn nötig, f2-f4 eine Figur verlieren würde – 13...Sxc4?? 14.Lxg7 Kxg7 15.Dd4+ Se5 16.f4.

> **TIPP: Man kann nicht darauf hoffen, gutes positionelles Schach zu spielen, wenn man keine taktischen Tricks sieht.**

Eine andere Möglichkeit ist 11.Ld2 Tb8, wonach Schwarz zu ...b7-b5 bereit steht. Wenn Weiß jetzt ruhig mit 12.Tac1 fortsetzt, kommt Schwarz zu seinem Befreiungszug: 12...b5! 13.cxb5 axb5 14.Sxb5 Lf5 15.e4 Sxe4! 16.Lxe4 Lxe4 17.Dxe4 Txb5 mit einer schwer zu beurteilenden Stellung, da Weiß über Freibauern am Damenflügel verfügt, während Schwarz ein hübsches Zentrum hat. Weiß kann diese Vereinfachung mit 12.c5!? vermeiden, was den c-Bauern anbietet. Die Idee ist, dass Weiß nach 12...dxc5 13.Dxd8 Txd8 14.Lf4 Ta8 15.Sa4! die Doppeldrohung 16.Sxc5 und 16.Sb6 Ta7 17.Lb8 hat. Weiß gewinnt seinen Bauern mit gewisser Initiative zurück. Wenn Schwarz stattdessen den Zug einfach ignoriert, beispielsweise mit 12...Le6?, dann verbleibt er nach 13.cxd6 exd6 mit einem isolierten Bauern. Die beste Antwort ist 12...Lf5!, womit Schwarz wieder den Druck von b7 nimmt, indem er Weiß dazu bringt 13.e4 zu spielen, wonach 13...Le6 14.cxd6 Sd8! vermeidet, mit einem isolierten Bauern dazustehen. Weiß könnte 15.Lf4 Sxd6 16.Lxd6 Dxd6 17.Dxd6 exd6 spielen, aber der Preis wäre sein schöner schwarzfeldriger Läufer – das ist es nicht wert. Stattdessen gibt es die Möglichkeit 15.Sd5 Sxd6 16.Lf4 Lxd5 17.Dxd5 Lxb2 18.Tad1 Dc8! und Schwarz gibt den Bauern zurück, vermeidet die Fesselung auf der d-Linie und erhält gleiche Chancen, Tal-Neverow, Moskau 1990.

Hjartarsons Zug in der Partie ist ebenfalls ziemlich geschickt. Weiß wartet, bis Schwarz das natürliche 11...Tb8 gespielt hat, wonach er ihn mit einem vertrauten Bauernopfer in der Form von 12.c5! anfallen kann, was Schwarz nach 12...dxc5 13.Dxd8 Txd8 14.Lf4 Ta8 15.Tfd1! in ernste Schwierigkeiten bringt. Er kann seinen Läufer auf c8 nicht entwickeln ohne b7 aufzugeben, aber wenn er den Läufer nicht entwickelt, dann verliert er die Kontrolle über die d-Linie. Der Mehrbauer ist ohne Bedeutung, da Weiß ihn jederzeit mit Sa4 und, wenn nötig, Tac1 zurückgewinnen kann.

Diese Analyse und die folgenden Anmerkungen beruhen auf Analysen von Kasparow im Informator 48.

11...Sd7!

Kasparow kennt eine enorme Menge an Theorie, aber das hat seine taktische Aufmerksamkeit oder seine Fähigkeit seine Pläne, wenn nötig, anzupassen, nicht abgestumpft. Viele Spieler (selbst Großmeister) würden angesichts von 11.h3 denken 'dies ist ein langsamer, unbedeutender Zug, der nichts dagegen tut, meinen Plan einer Expansion am Damenflügel zu stoppen – 11...Tb8 muss der richtige Zug sein'. Nicht so jedoch Kasparow. Er ist einer der größten Eröffnungsexperten aller Zeiten, weil er Wissen mit Flexibilität und Originalität perfekt miteinander verbindet. Der Textzug räumt die lange Diagonale für den Königsläufer und unterbindet c4-c5.

12.b3

Und so wollte Kasparow den weißen Druck am Damenflügel nach 12.Ld2 neutralisieren: 12...Se5 13.De4 Ld7!, was den b-Bauern anbietet, wonach 14.Dxb7 Tb8 15.Dxa6 Txb2 dem Schwarzen gewaltiges Spiel für den Bauern gibt, und wenn Weiß das Angebot ablehnt, dann spielt Schwarz 14...Lc6 und tauscht die weißfeldrigen Läufer ab.

 TIPP: Halten Sie (mit Schwarz) immer nach Möglichkeiten Ausschau, den Bauern b7 zu opfern.

12...Tb8

Aber jetzt ist es richtig, zum Plan der Vorbereitung von ...b7-b5 zurückzukehren.

13.Le3 b5!? (Diagramm 18)

Bietet die Qualität an.

14.cxb5?!

Nach 14.La7 b4 15.Lxb8? Sc5! 16.De3 Lxc3 hat Schwarz Kompensation für die Qualität, aber nach 15.Sd5! hätte Weiß gewissen Vorteil bewahrt (Kasparow).

14...axb5 15.Tac1

Es ist zu spät für 15.La7 angesichts von 15...Da5! 16.Lxb8? (16.Ld4) 16...Lxc3 17.Tac1 b4 und Weiß steckt in großen Schwierigkeiten, da sein Läufer auf b8 begraben ist.

15...b4 16.Sa4 Da5 17.Dd2

In dieser Partie geht es mit der weißen Stellung allmählich abwärts. Hier war der Moment gekommen, mit dem Zug 17.Dd5!, der den Damentausch anbietet, die Notbremse zu ziehen. Das würde Schwarz daran hindern, einen Angriff gegen den weißen König aufzubauen.

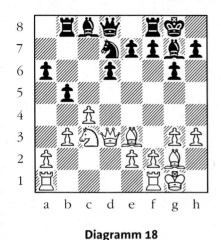

Diagramm 18

Schwarz lädt zu 14.La7 ein

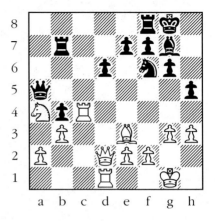

Diagramm 19

Ein nützlicher Vorstoß am Königsflügel

17...Lb7

Der Abtausch der weißfeldrigen Läufer ist unangenehm für Weiß, der es mittlerweile bedauern muss, seine Königsstellung mit 11.h3 geschwächt zu haben.

18.Lxb7 Txb7 19.Tfd1 Sf6 20.Tc4 h5! (Diagramm 19) 21.Dc2 Tfb8 22.f3 De5 23.Lf2 De6 24.g4

Solider war 24.Kg2.

24...hxg4 25.hxg4 Tb5 26.Tc1 Lh6 27.Tc8+

Jetzt gibt der Turm die Deckung von g4 auf, wonach ein Kasparowsches Opfer unausweichlich wird.

27...Kg7 28.Txb8 Txb8 29.Td1 Sxg4! 30.Ld4+

Im Falle von 30.fxg4 Dxg4+ 31.Kf1 Dh3+ 32.Kg1 Tb5 ist der weiße König ohne Verteidigung.

30...Sf6 31.Kg2 Tb5 0-1

Szenario Zwei: Weiß bietet den Bauern b2 an

1.c4 c5 2.Sf3 Sf6 3.Sc3 Sc6 4.g3 d5 5.cxd5 Sxd5 6.Lg2 g6 7.0-0 Lg7 8.Sxd5 Dxd5 9.d3 0-0 10.Le3! (Diagramm 20)

Ein ausgezeichnetes Angebot eines Bauern. Jetzt hat Schwarz nach 10...Lxb2 11.Tb1 Lg7 12.Sd4 Dd6 (12...Dxa2 13.Sxc6 bxc6 14.Lxc6 gewinnt die Qualität für Weiß) 13.Sxc6 bxc6 14.Dc2 zeitweilig einen Bauern mehr, aber die beiden verdoppelten c-Bauern werden wahrscheinlich fallen.

Eine natürliche Antwort wäre 10...Dd6, was die Dame aus dem Abzugsangriff entfernt, aber wenn Schwarz eine Figur sicher entwickeln kann, dann sollte er das tun! Schauen wir, was in der folgenden Weltklassepartie geschah.

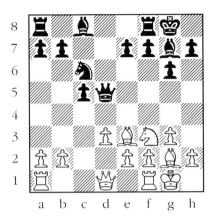

Diagramm 20
Weiß bietet den b-Bauern an

Partie 5
☐ **Karpow** ■ **Ribli**
IBM Amsterdam 1980

1.c4
Karpow brannte in dieser Partie auf Revanche, da ihn Ribli in der ersten Runde dieses doppelrundigen Turniers geschlagen hatte. Gegen einen soliden Verteidigungsspieler wie Ribli scheint Karpow beschlossen zu haben, nach einem bescheidenen positionellen Vorteil zu streben, um dann weiter zu sehen.

1...c5 2.Sf3 Sf6 3.Sc3 Sc6 4.g3 d5 5.cxd5 Sxd5 6.Lg2 g6 7.0-0 Lg7 8.Sxd5 Dxd5 9.d3 0-0 10.Le3 Ld7! (Diagramm 21)

Der Schlüsselzug. Schwarz gestattet Weiß einen Abzugsangriff auf seine Dame, aber stärkt den Springer auf c6 und vermeidet so Doppelbauern. Währenddessen ist als Antwort auf 11.Sd2 mit der Absicht 12.Se4 das Feld h5 sicher für Dame, während 11.Sg5 De5 mit Angriff auf b2 gut für Schwarz ist.

11.Sd4 Dd6 12.Sxc6 Lxc6 13.Lxc6 Dxc6 14.Tc1

Es scheint als hätte Weiß am Ende doch Vorteil angesichts von 14...b6 15.b4 oder 14...Lxb2 15.Txc5, was die Initiative behält (15...De6 16.Da4 usw.).

14...De6!

Also trachtet Schwarz nach dem Bauern a2.

15.Txc5 Dxa2 16.Tb5!

Karpow findet den einzigen Weg, um den Druck aufrecht zu erhalten. Wenn es Schwarz gelingen würde, der Einschnürung zu entkommen, dann könnte er dank seiner Mehrheit am Damenflügel um Vorteil kämpfen.

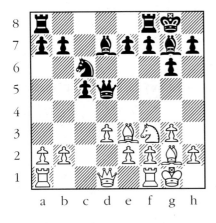

Diagramm 21	**Diagramm 22**
Schwarz stützt c6	Entscheidende Einschnürung

16...b6 17.Da1! Dxa1?

Erklärt sich damit einverstanden in ein armseliges Endspiel überzugehen. Hier ist eine dynamische Verteidigung der schwarzen Stellung: 17...De6! 18.Da4 Tfc8 19.Tb4 Dd5 (die Dame strebt nach h5, um den Bauern e2 zu terrorisieren) 20.Ta1 Dh5 21.Dd1 Dd5 22.Taa4 b5! und Schwarz gibt einen Bauern, um seine Stellung zu aktivieren und Gegenspiel auf der c-Linie zu bekommen. C.Hansen-Sutovsky, Esbjerg 2001 ging weiter mit 23.Txa7 Txa7 24.Lxa7 Lh6! (droht 25...Tc1+) 25.Le3! Lxe3 26.fxe3 Tc5 27.Df1 Dc6 28.Df3 Tc1+ 29.Kg2 Dc2 30.Tf4 Te1 31.Kf2 Dd1 32.Da8+ Kg7 33.Txf7+! (erzwingt ein Remis durch Zugwiederholung) 33...Kxf7 34.Dd5+ Kf6 35.Dd4+ Kf7 36.Dd5+ Kf6 37.Dd4+ e5 38.Dd6+ Kf7 39.Dd7+ Kf6 40.Dd6+ Kf7 41.Dd7+ Kf6 ½-½.

18.Txa1 Tfb8 19.Ta6!

Legt die Damenflügelbauern fest. Das Problem des Schwarzen ist, dass der Turm auf a8 passiv ist. Wie Karpow anmerkt, wäre Schwarz okay, wenn der Turm auf der zweiten Reihe stünde.

19...Kf8 20.Tb4 Le5 21.Tba4 b5?

Ein lehrreicher Fehler. Schwarz musste sicherstellen, dass alle Damenflügelbauern vom Brett gehen und zwar mit 21...Lxb2 22.Lxb6 Tb7 23.Lxa7 Tc8 wonach, wie

Karpow in seinem Buch *Chess at the Top* schreibt, das Endspiel mit fünf gegen vier Bauern für ihn sehr schwer zu gewinnen wesen wäre.

TIPP: Partien werden oft durch das Schaffen eines entfernten Freibauern gewonnen. Wenn Sie einen Bauern weniger haben, dann versuchen Sie alle Bauern auf dem Flügel zu tauschen, der der Königsstellung entgegengesetzt ist.

22.Ta2! Tb7 23.b3 Lb8 24.Lc5

Schwarz wurde vollkommen überspielt. Jetzt erhöht Karpow den Druck, indem er einen gedeckten Freibauern im Zentrum bildet.

24...Ke8 25.d4 Kd7 26.e4 e6 27.b4 Kc8 28.d5 exd5 29.exd5 Td7 30.d6 (Diagramm 22)

Jetzt sind der Damenturm und der Damenläufer des Schwarzen vollständig begraben.

30...Td8 31.Kg2 Kd7 32.Te2 Kc8 33.Te7 Td7 34.Ta2!

Ein entscheidender Wechsel des Kampfgebiets. Schwarz verliert eine Figur nach 34...Lxd6 35.Txd7 Kxd7 36.Td2.

34...a5 35.Tc2 1-0

Ein Meisterwerk, das gegen einen der am schwersten zu schlagenden Spieler gewonnen wurde.

Schließlich schauen wir uns Varianten an, in denen Weiß Sf3 verzögert oder vermeidet.

Weiß vermeidet Sf3

Nach **1.c4 c5 2.Sc3 Sc6 3.g3 g6 4.Lg2 Lg7** verfügt Weiß über etliche interessante Alternativen zu 5.Sf3.

Theoretisch?

Diese Varianten bieten eine gute Möglichkeit, um die Komplikationen der oben aufgeführten Abspiele zu vermeiden.

Sofortige Aktion am Damenflügel

5.a3!? (Diagramm 23)

Weiß verzögert die Entwicklung seines Königsflügels zugunsten sofortiger Aktion am Damenflügel. Schwarz muss sich jetzt entscheiden, wie er der positionellen Drohung 6.Tb1 und 7.b4, wonach Weiß Raum gewinnt und das Zentrum unterminiert, entgegen tritt. Die solideste Methode ist wahrscheinlich 5...d6 6.Tb1 a5, was b2-b4 in absehbarer Zeit Einhalt gebietet. Nichtsdestotrotz kann sich Weiß darüber freuen, die Schaffung einer Schwäche auf b5 provoziert zu haben. Sie können in der Beispielspartie sehen, wie es Weiß in einer ähnlichen Stellung, in der 5...Sh6 statt 5...d6 geschah, gelang dieses Loch auszunutzen.

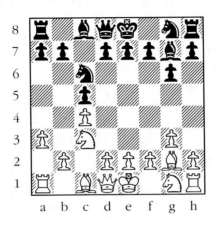

Diagramm 23
Weiß bereitet b2-b4 vor

Beachtenswert bei dieser Zugfolge ist auch, dass 5...e5?! stark mit dem Bauernopfer 6.b4! beantwortet werden kann, wonach 6...cxb4 7.axb4 Sxb4 8.La3 dem Weißen ausgezeichnetes Spiel gibt. Schwarz hat ein zerrüttetes Zentrum und sein Damenflügel kann auf den offenen Linien durch die weißen Türme und die weiße Dame angegriffen werden, die von dem Läufer auf g2 nach Kräften unterstützt werden.

Im Stile des Botwinnik-Systems

Mit **5.e4** entscheidet sich Weiß seine Bauern und Figuren im Stile des Botwinnik-Systems aufzustellen – siehe Kapitel Sieben. Eine mögliche Variante ist 5...Sf6 6.Sge2 0-0 7.0-0 d6 8.d3, wonach Schwarz am Besten daran tut, ein eigenes Vorgehen am Damenflügel mit 8...a6, mit der Absicht ...Tb8 usw., vorzubereiten. Dann muss Weiß einen Zug auf 9.h3 verwenden, bevor er seinen Läufer nach e3 stellen kann, da 9.Le3 Sg4 lästig ist. Falls stattdessen 8...Se8, dann droht 9.Le3 mit 10.d4 Raum zu gewinnen, und 9...Sd4 10.Tb1 a5 11.Lxd4 cxd4 12.Sb5 sieht angenehm für Weiß aus, der wieder über das Feld b5 verfügt.

Vorgehen im Zentrum mit Sge2 und d2-d4

Die natürliche Folge ist **5.e3 e6 6.Sge2 Sge7**. Dann sollte 7.0-0 0-0 8.d4 cxd4 9.Sxd4 d5! für Schwarz ausgleichen. Stattdessen kann Weiß versuchen, mit 7.Sf4, was das befreiende ...d7-d5 verhindert, ein bisschen Leben in der Stellung zu bewahren, aber Schwarz kann dann mit 7...a6 8.Tb1 b5! am Damenflügel expandieren, wonach 9.cxb5 axb5 10.Sxd6 0-0! gute Kompensation für den Bauern gibt, da Schwarz Wolga-Gambit-artigen Druck am Damenflügel und nach ...d7-d5 auch ein starkes Zentrum hat.

Partie 6
☐ Miles ■ W.Arencibia
Cienfuegos 1996

1.c4 c5 2.Sc3 Sc6 3.g3 g6 4.Lg2 Lg7 5.a3 Sh6

Ein ehrgeiziger Zug. Schwarz bereitet die Überführung seines Springers nach f5 vor, um die Kontrolle über das Feld d4 zu gewinnen. Zugleich lässt er in dem Versuch, b2-b4 zu erschweren, die Diagonale des Läufers auf g7 offen. Doch alle seine Hoffnungen werden durch das ausgezeichnete Spiel von Tony Miles zunichte gemacht. Das solide Vorgehen war 5...Sf6 oder 5...d6.

6.Tb1 a5

Er tut gut daran, 7.b4 zu stoppen, aber dies schafft ein Loch auf b5.

7.e3 Sf5 8.Sge2 d6 9.b3

Weiß bereitet Lb2 mit anschließendem Abtausch des wichtigen schwarzen Läufers auf g7 vor. Die schwarzen Leichtfiguren wirken aktiv platziert, aber sie werden durch keinerlei Bauernvorstöße unterstützt. Als Konsequenz daraus steht kein konstruktiver Plan zur Verfügung.

9...0-0 10.Lb2 Ld7 11.0-0 Tb8 12.Sb5! (Diagramm 24)

Nach diesem Zug verschwindet auch der Hauch einer Hoffnung auf einen Durchbruch mit ...b7-b5. Der Textzug macht auch den Weg für einen Läufertausch frei, wonach Schwarz keine gute Möglichkeit hat, zukünftiges d2-d4 zu stoppen. Dies zeigt, dass der schwarze Plan, der mit 5...Sh6 begann, ein Fehlschlag war.

12...Lxb2 13.Txb2 Se5 14.Sec3 Lxb5 15.Sxb5 a4

Ein Versuch Gegenspiel zu bekommen, der zeigt, dass Schwarz ruiniert ist, da Weiß jetzt die beiden Bauernvorstöße spielt, auf deren Verhinderung die gesamte Strategie des Schwarzen ausgerichtet war!

16.d4 Sc6 17.b4 cxd4 18.exd4 Db6 19.Td2 Tfd8 20.Te1 d5 21.c5!

Eine entscheidende Verstärkung der weißen Bauernstellung am Damenflügel. Als Antwort auf 21...Dxb5 fängt Weiß die Dame mit 22.Lf1.

21...Da6 22.Lf1 Da8 23.Sc7 Da7 24.Sb5 Da8 25.g4! (Diagramm 25)

Viele Spieler würden in dieser Situation daran denken, einen Durchbruch am Damenflügel vorzubereiten, wo die eindrucksvollen weißen Bauern durch die

Figuren unterstützt werden können. Aber warum der schwarzen Dame gestatten, beim Ergebnis der Partie ein Wörtchen mitzusprechen? Sie ist eine kraftvolle Figur, die am Besten in ihrem Grab auf a8 in Ruhe gelassen wird. Stattdessen ist es für Weiß sinnvoll, am Königsflügel anzugreifen.

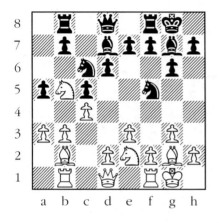

Diagramm 24	Diagramm 25
Weiß steht besser	Weiß wechselt die Flügel

HINWEIS: Wenn Sie die Wahl haben, dann sollten Sie einen Angriff immer so weit wie möglich von der gegnerischen Hauptstreitmacht entfernt beginnen.

25...Sg7 26.Sc7 Da7 27.Sb5 Da8 28.Td3

Die weißen Figuren streben alle zum gegnerischen König hin.

28...Se6 29.Txe6! fxe6 30.Sc7 Da7 31.Sxe6 Te8 32.Th3 Sd8 33.De1 b5 34.De5 Sxe6 35.Dxe6+ Kg7 36.Ld3 1-0

Es handelt sich um einen Fall von Dame, Turm und Läufer gegen einen König. Schwarz gab auf, da es keine gute Verteidigung gegen 37.Txh7+! Kxh7 38.Dxg6+ und Matt auf h7 gibt.

Symmetrievariante 2: Frühe Aktion im Zentrum

Einleitung

In diesem Kapitel schauen wir uns Varianten an, in denen Weiß oder Schwarz die Symmetrie zu einem frühen Zeitpunkt – im dritten oder vierten Zug – durchbricht, um sofortige Operationen im Zentrum zu beginnen. Die einzige Ausnahme besteht darin, dass wir uns nach 1.c4 c5 2.Sf3 Sf6 3.d4 cxd4 4.Sxd4 nicht mit dem schwarzen Fianchetto auf g7 beschäftigen. Und zwar deshalb, weil wir nach 4...g6 5.Sc3 Lg7 6.e4 eine Maroczy-Formation des Sizilianers erreichen würden, die, wenngleich spielbar für Schwarz, außerhalb des Bereichs dieses Buches liegt. Stattdessen schauen wir uns Spielweisen an, die den Charakter einer Englischen Eröffnung mit 4...e6 oder sogar 4...e5 bewahren. Der Rest des Kapitels beschäftigt sich mit Varianten, in denen Schwarz als Erster die Symmetrie durchbricht. Die wichtigste dabei ist die Rubinstein-Variante 2.Sf3 Sf6 3.g3 d5 4.cxd5 Sxd5 5.Lg2 Sc7.

1.c4 c5 2.Sf3 Sf6 3.d4 cxd4 4.Sxd4 e5!?

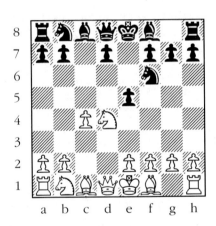

Diagramm 1

Schwarz spielt auf Gewinn – oder Verlust!

Schwarz versetzt dem weißen Springer einen kühnen Bauernstoß, um Zeit für die Entwicklung zu gewinnen, aber das ist nicht ohne Risiko. In der Beispielpartie sehen wir, wie der junge Kasparow so spielt – offensichtlich ging er zu dieser Zeit bereitwilliger Risiken ein als danach, nachdem er Weltmeister geworden war.

5.Sb5

Der Springer wurde aus dem Zentrum vertrieben, aber er entdeckt ein großartiges Feld auf d6. Wir haben das Thema der Löcher bereits in Kapitel Eins erwähnt, aber das ist ein solch wichtiges Motiv in einer positionellen Eröffnung wie der Englischen Eröffnung, dass es die Mühe lohnt, die Diskussion hier fortzusetzen. Ein Loch auf einem Zentrumsfeld ist oft eine ernsthafte strukturelle Schwäche und sollte vermieden werden, es sei denn, man erhält dafür klare Kompensation wie Material oder aktive Entwicklung seiner Figuren. In vorliegenden Fall plant Weiß das Loch mit 6.Sd6+ Lxd6 7.Dxd6 auszunutzen, wonach er das Läuferpaar und die Kontrolle über die schwarzen Felder hat.

Nach 5...d6 6.Lg5! Sc6 7.Lxf6 gxf6 8.S1c3 ist ein anderes Loch in der schwarzen Stellung aufgetaucht, diesmal auf d5. Ein weißer Springer kann solch ein Feld nutzen, um das Brett zu beherrschen.

Die schlimmsten Löcher sind die, die sich vor den eigenen Bauern des Verteidigers befinden, da der Bauer im Weg steht, wenn man das schwache Feld mit einem Turm oder der Dame stützen möchte. Andererseits verschwindet ein Loch gewöhnlich, wenn dieser Bauer vorgerückt werden kann. Mit diesen Überlegungen im Kopf sollte Schwarz wie folgt spielen:

5...d5! 6.cxd5 Lc5

Schwarz konnte auf d5 nicht wiedernehmen, da er nach 6...Sxd5?? 7.Dxd5 Dxd5 8.Sc7+ mit einer Figur weniger verbleibt. So setzt er seinen Plan fort, sich so schnell wie möglich zu entwickeln.

7.S5c3

Dem Springer wurde seine Zeit des Vergnügens auf d6 verweigert und dieser Rückzug verweigert dem anderen Springer sein natürliches Feld. Weiß könnte überlegen, ob er 7.d6 spielt, was auf 8.Sc7 mit Gewinn des Eckturmes abzielt, und auf 7...Lb6 kann er im geeigneten Moment immer noch Sc7 spielen, was den Mehrbauern nach Lxc7 usw. zurück gibt, aber sich das Läuferpaar sichert.

7...0-0 8.e3

Pariert den Angriff auf f2. Stattdessen wäre 8.e4? Sg4 extrem unangenehm für Weiß – wie deckt er das Feld f2? All dies geht von der Annahme aus, dass Weiß kurz rochieren wird. Schwarz stellt seine Figuren in der Erwartung auf, dass er in der Lage sein wird, einen Angriff gegen einen König zu beginnen, der auf g1 steht. Aber tatsächlich stand Weiß ein dynamischeres Vorgehen zur Verfügung. Zum Beispiel sieht 8.h3 (verhindert ...Sg4 und droht deshalb 9.e4) 8...e4 9.g4!? bizarr aus, aber Weiß plant Lg2 kombiniert mit g4-g5 zu spielen, was den Springer vertreibt, um den Bauern e4 zu gewinnen. Schwarz kann 9...e3 versuchen, um die Dinge weiter zu verwirren, aber das ist nicht überzeugend.

8...e4!

Schwarz stellt sicher, dass Weiß nie in der Lage sein wird, den Bauern auf d5 mit zukünftigem e3-e4 zu unterstützen. Außerdem nimmt Schwarz dem weißen Läufer das Feld d3, und, wenn man noch weiter voraus schaut, einem weißen Springer auch f3 und e4. Ein harter Kampf steht bevor. Schauen wir uns an, wie das in der Praxis aussehen kann.

Partie 7
☐ Michalschitschin ■ Kasparow
Frunze 1981

1.d4 Sf6 2.c4 c5 3.Sf3 cxd4 4.Sxd4 e5 5.Sb5 d5 6.cxd5 Lc5 7.S5c3 0-0 8.e3 e4 (Diagramm 2)

Manchmal haben wir es mit irreführenden Namen für unsere Eröffnungen zu tun. Wie Sie sehen begann die Partie tatsächlich mit einer Benoni-Zugfolge, in der Weiß 3.d5 vermieden hat. Aus diesem Grunde wird die Variante manchmal Benoni-Englisch genannt, trotz des Umstands, dass die Bauernstruktur absolut keine Ähnlichkeit zu Benoni hat.

9.Le2 De7 10.Sd2

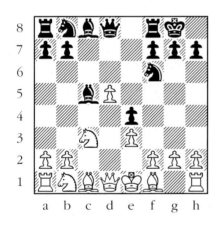

Diagramm 2

Schwarz hat mehr Raum

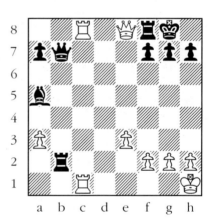

Diagramm 3

Wer gewinnt?

Ein solider Zug. Stattdessen hatte 10.g4!?, mit der Absicht, die Deckung von e4 mit g4-g5 zu unterminieren, ebenfalls seine Vorzüge.

10...Td8 11.a3

Weiß gibt den Bauern zurück, aber kann dafür seine Entwicklung vollenden und versuchen, die leichte Schwäche des Bauern e4 auszunutzen.

11...Sxd5 12.Sxd5 Txd5 13.Dc2 Lf5 14.b4 Lb6 15.Lb2 Sc6 16.0-0 Dg5 17.Kh1 Td6!?

Nach 17...Te8 18.Sc4 hat Weiß einen kleinen, aber lästigen, positionellen Vorteil, weshalb Kasparow alles auf die Komplikationen setzt, die diesem Opfer folgen. Weiß muss es annehmen, da sonst der Angriff mit ...Th6 oder ...Tg6 überwältigend wird.

18.Sxe4 Lxe4 19.Dxe4 Td2 20.b5?

Weiß gerät über die Aussicht, einen Freibauern auf der siebten Reihe zu schaffen, in Aufregung, aber dieser Plan scheitert am taktischen Einfallsreichtum Kasparows. Tatsächlich übersah Weiß die Möglichkeit, den Vorteil mit dem unerwarteten 20.La6! zu konsolidieren, wonach 20...Txb2? 21.Lxb7 schlecht ist, und Schwarz nach 20...bxa6 21.Dxc6 Tad8 22.Ld4 zwar weiter aktiv steht, aber immer noch einen Bauern weniger hat.

20...Txe2! 21.bxc6 Txb2 22.cxb7 Tf8 23.Tac1 La5!

Weiß könnte die Stärke dieser Verteidigung bei seinen vorhergehenden Berechnungen übersehen haben.

24.Tc8 Db5 25.Tfc1 Dxb7 26.De8!? (Diagramm 3)

Sieht entscheidend aus, aber...

26...Dxc8!

Die weiße Grundreihe erweist sich als schwächer als die des Schwarzen.

27.Dxc8 Ld2!

Die Pointe. Kasparow muss diesen ruhigen Zug bereits vor sieben Zügen gesehen haben. Kein Wunder, dass er Weltmeister wurde!

28.h3

Weiß hat keine Möglichkeit, ein Endspiel Dame gegen zwei Türme zu vermeiden, in dem der Bauer f2 auch noch fällt.

28...h6 29.Dc4 Lxc1 30.Dxc1 Txf2 31.Dc7 a6 32.Da7 Tf6 33.a4 Td8 34.a5 Td1+ 35.Kh2 Td2 36.Db8+ Kh7 37.Db4 Tff2 0-1

1.c4 c5 2.Sf3 Sf6 3.d4 cxd4 4.Sxd4 e6

Schwarz bereitet die Entwicklung seines Läufers vor und, wenn möglich, auch den Vorstoß ...d7-d5. Dies ist eine für Schwarz sehr beliebte Variante, weshalb wir sie mit Hilfe praktischer Beispiele genau anschauen sollten. Nach 5.Sc3 kann Schwarz ...Dc7 mit 5...a6 vorbereiten oder nach 5...Sc6 6.g3 sowohl mit 6...Lc5 oder 6...Db6 zum Gegenangriff übergehen, in beiden Fällen mit der Absicht, den weißen Springer aus dem Zentrum zu vertreiben. Alternativ könnte Weiß 5...Sc6 mit 6.a3 beantworten, um eine Fesselung mit ...Lb4 zu verhindern.

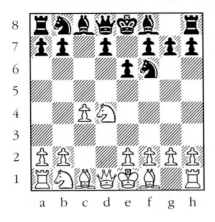

Diagramm 4
Eine beliebte Variante

Theoretisch?

Sehr. Mit Weiß und mit Schwarz müssen Sie einige konkrete Varianten kennen.

Partie 8
□ Adianto ■ Espinosa
Istanbul 2000

1.c4 c5 2.Sf3 Sf6 3.d4 cxd4 4.Sxd4 e6 5.Sc3 a6
Schwarz verteidigt das Feld b5, damit er ...Dc7 spielen kann ohne durch Sdb5 belästigt zu werden.
6.g3 Dc7 (Diagramm 5) 7.Lg2!?
Weiß gibt den c-Bauern im Tausch für Entwicklungsvorsprung. Stattdessen erlaubte das defensive 7.Dd3 nach 7...Sc6 8.Sxc6 dxc6 9.Lg2 e5 10.0-0 Le6 11.Sa4, wonach die Partie Remis gegeben wurde, dem Schwarzen leichten Ausgleich zu erzielen, Kasparow-Kramnik, London Match 2000. Dies fade Remis unterscheidet sich doch sehr vom Feuer des Kasparowschen Angriffsspiel gegen Michalschitschin!

> **HINWEIS: In sizilianischartigen Stellung mit kleinem schwarzen Zentrum, das aus Bauern auf d7 und e6 besteht, ist das beste Feld für die schwarze Dame fast immer c7. Hier kann sie sowohl auf der c-Linie als auch auf der Diagonale b8-h2 Einfluss**

ausüben. **Deshalb ist Schwarz in der Kan-Variante des Sizilianers so oft bereit, seine Dame auf c7 festzulegen, noch bevor er irgendwelche anderen Figuren entwickelt (1.e4 c5 2.Sf3 e6 3.d4 cxd4 4.Sxd4 a6 5.Ld3 Dc7).**

7...Dxc4 8.Lf4 Sc6 9.Sb3

Weiß entzieht den Springer der möglichen Gabel ...e6-e5. Jetzt besteht keine unmittelbare Gefahr für die schwarze Dame, aber ihre Stellung ist sicherlich unbequem, da Weiß die Idee 10.Tc1 gefolgt von 11.Sd5 hat. Vielleicht hätte Schwarz das mit 9...Db4 antizipieren sollen.

Diagramm 5

Schwarz greift c4 an

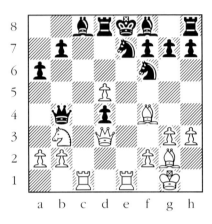

Diagramm 6

Schwarz steht unter Druck

9...d5?

Durch jahrzehntelange Erfahrung in Meisterpartien mit dem Sizilianer ist bekannt, dass das schwarze Bauernzentrum d7-e6-f7 extrem widerstandsfähig ist. Es kann alle Arten von Druck überstehen. Deshalb ist das Letzte, was Schwarz tun sollte, nachdem er sich einen Bauern geschnappt hat, dieses Zentrum aufzulösen. Dieser Zug gibt Weiß auch einen 'Haken' auf d5, den er nutzen kann, um die Öffnung des Zentrums zu erzwingen.

 WARNUNG: Wenn Sie in der Entwicklung zurück liegen, dann sollten Sie versuchen, die Stellung geschlossen zu halten.

10.0-0 Db4 11.e4!

Hiernach hat Weiß zwei große Angriffsziele: die schwarze Dame und den schwarzen König!

11...d4

Schwarz versucht die d-Linie geschlossen zu halten, da 11...dxe4 12.Te1 den Bauern auf e4 mit starker Initiative zurückgewinnt.

12.Sd5!!

Ein spritziger Zug. Weiß gibt eine Figur, um Linien zu öffnen und die schwarze Entwicklung zu behindern, was den König daran hindert, aus dem Zentrum zu fliehen.

12...exd5 13.exd5 Se7 14.Te1

Mit der schrecklichen Drohung 15.d6. Vor langer Zeit spielte ich einmal gegen Karpow in einer Simultanvorstellung, als er Weltmeister und ich ein junger Amateur war. Ich machte einen spekulativen Opferzug in der Hoffnung, ihn zu verwirren, da ich gehört hatte, dies sei das Richtige in einer Simultanvorstellung. Karpows Reaktion auf diese Überraschung war es, innezuhalten und einen Schritt vom Brett zurück zu gehen. Dann, nach einer kurzen Pause des Nachdenkens, fand er die Antwort, die mein törichtes Unterfangen vollständig widerlegte. In einer aufregenden Stellung wie dieser kann es die Mühe wert sein, einen metaphorischen 'Schritt zurück' von der fieberhaften Variantenberechnung zu treten und stattdessen allgemeine Prinzipien in Betracht zu ziehen. Zum Beispiel lohnt es, den Turm a1 mit dem Turm auf h8 zu vergleichen, die beide im Moment nicht am Kampf beteiligt sind. Der Turm auf h8 kann nie ins Spiel gebracht werden; währenddessen kann der weiße Turm a1 leicht auf der offenen c-Linie eingesetzt werden. Deshalb hat Weiß trotz des Umstands, dass er technisch gesehen eine Figur weniger hat, in Wirklichkeit einen großen Vorteil an Feuerkraft. Solch eine einfache Beobachtung kann Ihnen mehr über den Wert eines Opfers verraten als eine halbe Stunde Variantenberechnung.

 TIPP: Wenn Ihr Gegner seine Figuren nicht entwickeln kann, dann gibt es keinen Grund zur Eile – auch wenn Sie eine Figur geopfert haben.

14...Lg4 15.Dd3 Td8 16.h3 Lc8 17.Tac1 (Diagramm 6)

Der schwarze Königsturm und Königsläufer bleiben begraben und es droht 18.d6 Txd6 19.Txc8+. Der hängende Läufer auf c8 bedeutet, dass Schwarz auch nach 17...Sxd5 18.Lxd5 ruiniert ist.

17...g5 18.Ld2 Dd6 19.Dxd4

Jetzt gibt es keine Verteidigung gegen 20.Lb4.

19...Sfxd5 20.Dxh8 h6 21.Lxd5!

Weiß sollte einen solchen Zug nur dann spielen, wenn er zu einem forcierten Gewinn führt.

21...Dxd5

Wenn er auch nur die kleinste Atempause erhält, dann würde Schwarz ...Lxh3 spielen, was Matt auf g2 droht. Aber Weiß hat berechnet, dass er bis zum Schluss Schach bieten kann.

22.Txe7+! Kxe7 23.Lb4+ 1-0

Partie 9
☐ Karpow ■ Topalow
Linares 1994

1.c4 c5 2.Sf3 Sf6 3.d4 cxd4 4.Sxd4 e6 5.Sc3 Sc6 6.g3 Lc5

Bevor er seinen Läufer nach e7 stellt, nimmt sich Schwarz Zeit, um den Springer vom Feld d4 zu vertreiben. Nichtsdestotrotz glaube ich, dass 6...Db6 der bessere Weg war, um dem Springer entgegen zu treten – siehe die nächste Partie.

7.Sb3 Le7 8.Lg2 0-0 9.0-0 d6 (Diagramm 7)

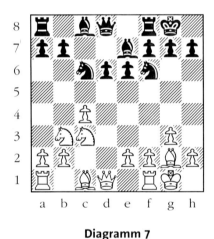 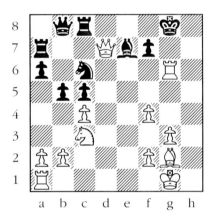

Diagramm 7	Diagramm 8
Das kleine Zentrum des Schwarzen	Die schwarze Verteidigung bröckelt

Schwarz errichtet das bekannte kleine Zentrum. Eine interessante Alternative war 9...b6 mit der Absicht ...La6, um den Damenläufer zu entwickeln und c4 anzugreifen.

10.Lf4!

Dies übt ärgerlichen Druck auf d6 aus und scheint anzudeuten, dass 9...b6 vorzuziehen gewesen wäre, was Weiß kein Angriffsziel auf d6 gegeben hätte.

10...Sh5

Falls Topalow geglaubt hatte, dass dies den Läufer zwingen würde, wegzuziehen, dann wartete eine Überraschung auf ihn.

11.e3!

Ein extrem lehrreicher positioneller Zug. Schwarz muss jetzt auf f4 nehmen – sonst war sein letzter Zug Zeitverschwendung.

11...Sxf4 12.exf4

Weshalb ließ Karpow den Tausch seines schwarzfeldrigen Läufers gegen einen Springer zu, wobei dabei noch seine Bauern verdoppelt wurden? Hier dreht sich alles um den Bauern e6. Wenn dieser Bauer irgendwie dazu gebracht werden könnte, nach e5 vorzurücken, dann könnte Weiß Sd5 mit einem wunderbaren Vorposten im Zentrum spielen. Solch ein Springer wäre wertvoller als jeder der beiden schwarzen Läufer. Jetzt sehen wir, dass Weiß nach 12.exf4 mit Te1 und dem Vorstoß f4-f5 den Bauern e6 angreifen kann. In manchen Fällen wäre Weiß sogar bereit, seinen Bauern unter Opfer nach vorne zu stoßen. Falls nötig, könnte Weiß nach Te1 und f4-f5 mit f5xe6 schlagen und nach ...f7xe6 den Druck auf e6 weiter mit Lh3! usw. erhöhen. Falls es Weiß gestattet wird, diesen Plan auszuführen, dann ist es unvermeidlich, dass Schwarz zu einem gewissen Zeitpunkt ...e6-e5 spielen muss, wonach seine weißen Felder schwach werden und das gefürchtete Sd5 kommt. So war die Änderung der Bauernstruktur günstig für Weiß – der geschmähte Doppelbauer ist die treibende Kraft der weißen Strategie. Der einzige Weg, wie Schwarz f4-f5 stoppen kann, ist ...g7-g6, wonach der Aufbau g3-g4? – um den Vorstoß f4-f5 zu erzwingen - den weißen Königsflügel lockern würde. In der Partie vertraut Topalow auf ...g7-g6, aber Karpow hat bereits einen alternativen und tödlichen Plan.

Schließlich ist bei all dem entscheidend, dass Schwarz kein Gegenspiel hat. Was soll er tun? Er kann kaum an ...d6-d5 denken, während der Läufer auf g2 so viel Druck ausübt, dass es schwierig ist, den Vorstoß ...b7-b5 durchzusetzen. In der Partie bereitet er ...b7-b5 auf umständliche Art und Weise vor, aber der Zug kommt zu spät, um mehr als Beiprogramm zu sein.

12...Ld7 13.Dd2 Db8 14.Tfe1

Jetzt steht Weiß zu 15.f5 bereit, wonach 15...exf5 16.Lxc6 eine Figur gewinnen würde.

14...g6

Der Zug, auf den sich Schwarz verlassen hatte, aber nach...

15.h4!

entfaltete Weiß mit bemerkenswerter Geschwindigkeit entscheidenden Angriff.

15...a6 16.h5 b5 17.hxg6 hxg6 18.Sc5!

Ohne Zweifel hatte Schwarz diesen Zug vorhergesehen, aber geglaubt, dass er mit taktischen Tricks entkommen könnte.

18...dxc5 19.Dxd7 Tc8

Es scheint, als ob Schwarz überlebt, da 20.Lxc6 Ta7 die Dame zwingt, sich auf der d-Linie zurück zu ziehen, wonach Schwarz die Figur zurückgewinnt. Doch die weiße Antwort vereitelt diese Verteidigung.

20.Txe6!

Das Ziel dieses Zuges ist es, das Feld e6 für die Dame zugänglich zu machen und dies mit der Zerstörung der schwarzen Bauernstruktur am Königsflügel zu verbinden.

20...Ta7 21.Txg6+! (Diagramm 8) 21...fxg6

21...Kf8 22.Dh3 fxg6 23.Dh8+ Kf7 24.Ld5 matt.

22.De6+ Kg7 23.Lxc6

Die schwarze Verteidigungstaktik ist nicht aufgegangen und er verbleibt mit einem ruinierten Königsflügel.

23...Td8 24.cxb5 Lf6 25.Se4 Ld4 26.bxa6 Db6 27.Td1 Dxa6 28.Txd4!

Ein schöne Abschlusskombination, durch die Schwarz praktisch all seine Figuren verliert.

28...Txd4 29.Df6+ Kg8 30.Dxg6+ Kf8 31.De8+ Kg7 32.De5+ Kg8 33.Sf6+ Kf7 34.Le8+ Kf8 35.Dxc5+ Dd6 36.Dxa7 Dxf6

Es wäre höchst ungerecht gewesen, wenn Schwarz nach dem brillanten Spiel des Weißen mit 36...Td1+ 37.Kg2 Tg1+ 38.Kxg1?? Dd1+ 39.Kg2 Dh1+, was Patt erzwingt, entkommen wäre. Aber stattdessen gewinnt 38.Kh3! – 38...Th1+ 39.Kg4 und der weiße König entkommt.

37.Lh5 Td2 38.b3 Tb2 39.Kg2 1-0

Partie 10
☐ Marin ■ Z.Almasi
Bled 2002

1.c4 c5 2.Sf3 Sf6 3.d4 cxd4 4.Sxd4 e6 5.Sc3 Sc6 6.g3

Hier ist eine Variante, die einiger Umsicht bedarf: 6.Sdb5 d5! (Schwarz muss 7.Sd6+ verhindern) 7.Lf4 e5 (und jetzt muss der Angriff auf c7 blockiert werden) 8.cxd5!? exf4 9.dxc6 bxc6 10.Dxd8+ Kxd8 11.Td1+ Ld7 12.Sd6 Tb8 und der scharfe Angriff des Weißen hat zu einem unklaren Endspiel geführt.

6...Db6

Schwarz hat das gleiche Ziel wie in der vorherigen Partie, nämlich den Springer auf d4 auf ein schlechteres Feld zu treiben, aber dies scheint der bessere Weg zu sein, dies zu erreichen. Obwohl die ganze Variante extrem kompliziert ist, scheint die Dame auf b6 eher ein Aktivposten als ein Angriffsziel zu sein.

7.Sb3

7.Sdb5!? ist eine scharfe Alternative.

7...Se5!? (Diagramm 9)

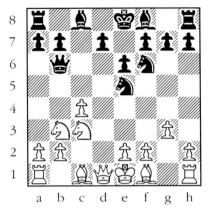

Diagramm 9
Eine unangenehme Drohung

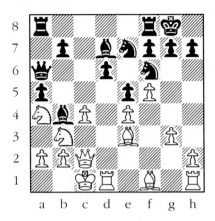

Diagramm 10
Ist c4-c5 gefährlich?

Dies ist der schwarze Schlüsselzug in dieser Variante. Es sieht seltsam aus, den Springer erneut zu ziehen, wenn Schwarz doch eine weitere Figur entwickeln könnte, aber der Zug erweist sich als sehr lästig für Weiß, der gehofft hatte, sich in Frieden mit Lg2 und 0-0 entwickeln zu können, aber nun feststellt, dass er einige Lockerungszüge machen muss, um den Bauern c4 zu verteidigen. Natürlich können sich diese so genannten 'Lockerungszüge' als stark erweisen, solange Weiß die Störung mit intakter Stellung überlebt.

8.e4
Kein thematischer Zug, wenn man Lg2 plant, aber wie sonst kann Weiß das Schlagen auf c4 verhindern?

8...Lb4
Und jetzt muss sich Weiß um die Drohung 9...Sxe4 kümmern. So könnte man dem 'Vorwurf', dass 7...Se5 Zeit verloren hat, entgegen halten, dass dieser starke Entwicklungszug zugleich eine Drohung aufstellt.

9.De2 d6
Stattdessen könnte Schwarz dem Weißen mit 9...Lxc3+ 10.bxc3 d6 Doppelbauern verschaffen. Allerdings wäre der schwarzfeldrige Läufer des Weißen dann eine starke Figur. Schwarz zieht es deshalb vor, den Druck aufrecht zu erhalten.

10.Ld2
Weiß bereitet die lange Rochade vor.

10...0-0 11.0-0-0 a5!

Nun ist die Frage, ob der weiße Druck im Zentrum die schwarzen Angriffschancen gegen seinen König aufwiegt. Persönlich gesprochen würde ich viel lieber auf der schwarzen Seite sitzen, und das Ergebnis der Partie bekräftigt diese Meinung. Und wenn auch nur, weil es leichter ist Angriffszüge zu machen, als raffinierte positionelle Züge zu finden, vor allem, wenn sich der eigene König in der Schusslinie befindet.

12.f4 Sc6 13.Le3 Da6 14.Sa4

Weiß blockiert den Vorstoß des Turmbauern und plant, die schwarze Dame in Verlegenheit zu bringen, die dank der Möglichkeit Dc2 gefolgt von einem Abzugsangriff des Läufers mit c4-c5 sehr wenige Felder zur Verfügung hat. Nach 14...Sxe4 öffnet sich das Zentrum jetzt nach 15.a3 Lc5 16.Saxc5 Sxc5 17.Sxc5 dxc5 18.Lxc5 zum Vorteil von Weiß.

14...e5!

Ein thematischer Zug, der die Kontrolle des Schwarzen über die schwarzen Zentrumsfelder erhöht. Wie wir sehen werden, entwickelt sich das Feld d4 zu einem ernsthaften Loch in der weißen Stellung. Außerdem kann Schwarz so im nächsten Zug ...Ld7 spielen ohne sich um die Antwort e4-e5 Sorgen machen zu machen. Und es gibt die sofortige Drohung 15...Lg4.

 TIPP: Wenn Sie einen logischen Zug mit einer Drohung verbinden können, dann ist dies normalerweise ein Zeichen, dass dies eine gute Idee ist.

15.f5

Vielleicht sollte Weiß mit 16.c5 Dxe2 17.Lxe2 mit unklaren Komplikationen die Notbremse ziehen – selbst wenn er einen Bauern verliert, so ist der Druck seiner Figuren im Zentrum sehr stark.

 TIPP: Die beste Möglichkeit, einem Angriff auf den König zu begegnen, ist der Damentausch.

15...Ld7

Schließlich ist auch der Läufer entwickelt und hier lauert eine Drohung gegen den Springer auf a4.

16.Dc2

Weiß fährt mit seinem Plan fort, aber das erweist sich angesichts des dynamischen schwarzen Spiels als Bumerang.

16...Se7! (Diagramm 10) 17.Sb6

Oder 17.c5 b5!? 18.cxb6? Db7! mit der Doppeldrohung 19...Lxa4 und 19...Tac8.

17...a4! 18.Sxa8 Txa8

Nicht 18...axb3 19.Dxb3 und der Läufer auf b4 hängt. Schwarz freut sich, die Qualität zu opfern, um einen mörderischen Angriff zu bekommen.

19.Sd2 a3 20.b3 Tc8 21.Lg5 b5 22.Lxf6 gxf6 23.Kb1 Db7 24.Ld3 Sc6!

Jetzt stellt Weiß fest, dass er die Felder c4 und d4 nicht beide angemessen decken kann. Schwarz 25...Sd4 spielen zu lassen wäre schrecklich, aber so wie er spielt, bröckelt die Verteidigung seines Königs.

25.Sf3 Sa5 26.Ka1 bxc4 27.bxc4 La4!

Die Pointe ist 28.Dxa4 Lc3 matt.

28.Dc1 d5! 0-1

Weiß gab auf, da 29.exd5 e4! 30.Lxe4 Txc4 grausig ist.

Partie 11

☐ **J.Horvath** ■ **Kosten**

Reims 2002

1.c4 c5 2.Sf3 Sf6 3.d4 cxd4 4.Sxd4 e6 5.Sc3 Sc6 6.a3

Weiß entscheidet, dass es ein Tempo wert ist, ...Lb4 zu unterbinden.

6...Sxd4 7.Dxd4 b6 8.e4

Um ein guter Schachspieler zu werden, muss man alle Prinzipien des positionellen Spiels lernen. Dann, wenn man sie alle gründlich gelernt hat, muss man sich dazu erziehen, ihrem Wert in einer einzelnen Partie extrem skeptisch gegenüber zu stehen. Prinzipien sind bestenfalls Annäherungen an die Wahrheit – manchmal können sie vollkommen falsch sein. Aber das ist nicht schlecht, denn wäre es nicht so, wäre es nicht möglich, eine Partie gegen einen Spieler zu gewinnen, der alle Prinzipien kennt, da er auf sein Wissen zurückgreifen könnte, um einen anständigen Zug nach dem nächsten zu machen. Hier spielt Weiß beispielsweise einen vollkommen natürlichen sechsten Zug, der ...Lb4 verhindert, was könnte also konsequenter sein, als Raum mit 8.e4 zu gewinnen? Tatsächlich gab es einen besseren Plan, der aber von einem subtilen Verständnis für die Stellung abhängt. Es ist kein Wunder, dass er von Viktor Kortschnoi entdeckt wurde, einem der kreativsten Schachgeister aller Zeiten. Er entdeckte 8.Df4!, was die Dame auf ein aktives und sicheres Feld stellt, bevor Weiß e2-e4 spielt. Dann gab 8...Lb7 9.e4 (erst jetzt!) 9...d6 10.Ld3 Le7 11.Dg3! 0-0 12.Lh6 Se8 13.Ld2 Tc8 14.0-0 Weiß einen kleinen, aber angenehmen Raumvorteil in Kortschnoi-Sax, Wijk an Zee 1991.

Oft lesen wir in Büchern, dass 'Raumgewinn mit e2-e4 eine gute Idee ist', aber nie, dass 'Df4 und Dg3 ein gutes Manöver ist' – also lernen Sie, die Stellung vor Ihnen zu betrachten.

 WARNUNG: Vertrauen Sie nie einer halb erinnerten Idee, die in Ihrem Gehirn herumgeistert.

8...Lc5 9.Dd1 (Diagramm 11)

Leider wurde die Dame durch ihren eigenen Bauern vom Königsflügel ausgesperrt. Auf d1 steht sie sehr viel weniger effektiv.

Diagramm 11
Die Dame kehrt zur Basis zurück

Diagramm 12
Die Glanzpartie des Schwarzen

9...Dc7!

Das vertraute Feld für die Dame bei dieser Form des Zentrums – ja, dies ist ein Prinzip, das zu erinnern lohnt!

10.Ld3 Lb7 11.De2

Schwarz verfügt über aktiv aufgestellte Figuren, aber leidet noch immer unter Raumnachteil. Jetzt muss er entscheiden, wie er mit der Drohung 12.e5 umgeht, die seinen Springer zurück nach g8 treibt.

11...h5

Eine gute Entscheidung. Schwarz bereitet als Antwort auf 12.e5 12...Sg4 vor, wonach der Jäger zum Gejagten wird. Und nach...

12.h3 h4!

...hat der Springer das Feld h5.

13.b4?

Eine weitere schablonenhafte Entscheidung. Auf seiner ausgezeichneten Flankeneröffnungsseite bei Chesspublishing.com gibt der Sieger dieser Partie als korrekte Variante für Weiß 13.Sb5! Db8 14.e5 Sh5 15.b4 Le7 16.0-0 a6 17.Sc3 an, und kommt zu dem Schluss, dass Weiß vielleicht immer noch über einen kleinen Vorteil verfügt.

13...De5!

Offensichtlich hat Weiß gedacht, er würde den Läufer nach e7 zurück treiben, da 13...Ld4? 14.Sb5 De5 15.f4 gewinnt. Hätte er sich die taktischen Varianten genauer angeschaut, dann hätte er gesehen, dass Schwarz diesen starken Vorbereitungszug spielen kann, der Zeit für 14...Ld4 gewinnt. Nach dem sofortigen 13.Sb5 hätte er nicht zur Verfügung gestanden, da 13...De5 keinen Turm auf a1 angreift und so nach 14.f4 usw. einfach Zeit verliert.

 TIPP: Stellen Sie sicher, dass Sie Ihre Züge in der besten Reihenfolge spielen.

14.Ld2 Ld4 15.Tc1 a6 16.0-0?

Dies rochiert in den Angriff hinein. Tony Kosten gibt 16.f4! Dh5 17.e5 Lxc3 18.Lxc3 Dxe2+ 19.Lxe2 Sh5 20.Lxh5 Txh5 mit ausgeglichenem Endspiel an, obwohl ich das nicht besonders gern mit Weiß verteidigen würde, da Schwarz ein Angriffsziel auf g2 hat, das nach ...g7-g5, was den weißen Königsflügel aufbricht, erneut angegriffen werden kann. Dennoch ist die Unbill hier nichts im Vergleich zu dem, was Weiß in der Partie erleidet.

 TIPP: Endspiele mit Türmen und ungleichfarbigen Läufern sind oft remislich; reine Endspiele mit ungleichfarbigen Läufer können manchmal Remis gehalten werden, auch wenn ein Spieler ein oder zwei Bauern weniger hat. Konsequenterweise sollten Sie, wenn Sie im Mittelspiel Probleme haben, solch ein Endspiel anstreben.

16...g5!

 TIPP: Wenn alles im Zentrum ruhig und festgelegt ist, dann ist es gerechtfertigt, wenn ein Spieler einen kompromisslosen Angriff auf einem der Flügel beginnt.

17.Kh1 g4 18.hxg4 Dg3!! (Diagramm 12)

Ein wunderschöner Zug, der dieser Partie geholfen hat, den Schönheitspreis zu bekommen.

19.Le3

Erzwungen angesichts von 19.fxg3 hxg3 mit Matt, während andernfalls 19...Sxg4 zu einem Matt auf h2 führen würde.

19...Sxg4!

Der Angriff ist einfach nicht zu stoppen.

20.fxg3 hxg3+ 21.Kg1 Sxe3 22.Tf2

Sonst zieht der Springer von e3 mit einem tödlichen Abzugsschach ab.

22...Sf5! 23.exf5 gxf2+ 24.Dxf2

Eine traurige Notwendigkeit, da 24.Kf1 Th1 Matt ist.

24...Lxf2+ 25.Kxf2 Ke7

Es ist schade, dass Weiß nicht hier aufgegeben hat, wonach die Partie gerade noch als Kurzpartie zählen würde. Stattdessen schleppte er sich noch etwa 21 Züge weiter:

26.Se4 exf5 27.Sg3 f4 28.Te1+ Kf6 29.Se4+ Lxe4 30.Txe4 Th4 31.Td4 Ke7 32.Le4 Tg8 33.Lb7 a5 34.c5 bxc5 35.Te4+ Kd6 36.bxa5 Kc7 37.a6 Kb6 38.Te7 Td8 39.Txf7 c4 40.a4 c3 41.Tf5 f3 42.Tb5+ Ka7 43.gxf3 Tc4 44.Tb1 d5 45.Ke3 d4+ 46.Kd3 c2 und Weiß gab nach ein paar Zügen, die in meiner Datenbank verstümmelt sind, auf...**0-1**

Rubinstein-Variante

1.c4 c5 2.Sf3 Sf6 3.Sc3 d5 4.cxd5 Sxd5 5.g3 Sc6 6.Lg2 Sc7 (Diagramm 13)

Die Rubinstein-Variante ist durch den Springerrückzug nach c7 gekennzeichnet. Stattdessen würde Schwarz den Springer liebend gerne auf seinem guten Zentrumsfeld lassen und 6...e5? spielen, aber leider scheitert dies an dem taktischen Trick 7.Sxe5!, womit Weiß nach 7...Sxc3 8.Sxc6 Sxd1 9.Sxd8 mit einem Mehrbauern verbleibt.

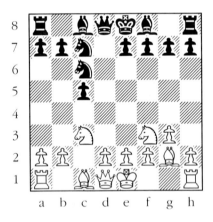

Diagramm 13

Der Springer ist auf c7 glücklich

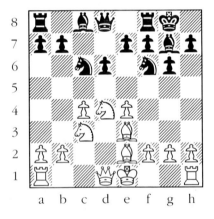

Diagramm 14

Die sizilianische Maroczy-Formation

Theoretisch?

Es ist eine gute Idee, ein wenig über das unten besprochene Bauernopfer zu wissen, aber diese Variante ist nicht übermäßig theoretisch.

Strategien

Lassen Sie sich trotz des Umstands, dass sich der schwarze Springer im Drachen mit vertauschten Farben und im Pseudo-Grünfeld nach b6 zurückzieht, nicht dazu verleiten, zu glauben, dass er in diesem Typ von Zentrum nach b6 gehört. Wenn Schwarz die Wahl hat, dann wird er es immer vorziehen, den Springer auf c7 zu haben. Am wichtigsten ist, dass der Springer auf c7 im Vergleich zu einem Springer auf b6 ...b7-b6 nicht behindert, was den Bauern c5 konsolidiert. Und von c7 kann er nach e6 manövriert werden, wo er den Bauern c5 und das Feld d4 stützt und sogar selber nach d4 gehen kann. Technisch gesehen ist das Feld d4 kein Vorpostenfeld, da der Springer mit e2-e3 vertrieben werden könnte, aber Weiß würde sicherlich sorgfältig nachdenken, bevor er diesen Zug spielt, da er den Bauern d3, der auf einer offenen Linie steht, rückständig macht.

7.d3 e5 8.0-0 Le7 9.Sd2!

Der beste Zug. Weiß räumt die Diagonale seines Königsläufers mit der unmittelbaren positionellen Drohung auf c6 zu nehmen. Unterdessen strebt der Springer zum Feld c4, um Druck auf e5 auszuüben, wobei er zugleich den Weg für f2-f4 räumt, was das schwarze Zentrum noch einmal mehr angreift.

9...Ld7

Die Erfahrung deutet an, dass Weiß über die deutlich besseren Chancen verfügt, wenn es ihm gelingt, die schwarzen Bauern zu verdoppeln, zum Beispiel nach 9...0-0 10.Lxc6. Dieses Szenario wird weiter unten in der Anmerkung zu Zug 12 erörtert.

Schwarz hat einen Maroczy-Aufbau mit vertauschten Farben errichtet. Es ist interessant diese Stellung mit einer Stellung zu vergleichen, die im Beschleunigten Drachensizilianer nach 1.e4 c5 2.Sf3 Sc6 3.d4 cxd4 4.Sxd4 g6 5.c4 Lg7 6.Le3 Sf6 7.Sc3 0-0 8.Le2 d6 entsteht. **(Diagram 14)**

Wir können deutlich sehen, dass die schwarze Aufstellung in der Rubinstein-Variante durch den Umstand, dass er ein Tempo weniger hat, sehr viel bescheidener sein musste. In der sizilianischen Variante hat Weiß Le3 gespielt und den Springer auf d4 behalten; in der Rubinstein-Variante musste Schwarz (aus taktischen Gründen) ...Sc7 spielen und sich dann mit ...Ld7 passiver entwickeln, um seine Bauernstruktur zu schützen. In der sizilianischen Variante müsste Weiß seine Kontrolle über d4 mit der leicht absurden Folge 9.Sc2 Sd7 10.Ld2 aufgeben, um ein Spiegelbild der Rubinstein-Partie zu erhalten. Nichtsdestotrotz errichtet Schwarz in der Rubinstein-Variante eine eindrucksvolle Bauernstruktur – die Bauern auf c5 und e5 nehmen das Feld d4 in die Zange. Es gibt nicht viele Eröffnungen, in denen Schwarz vom Start weg Raumvorteil bekommt. Es ist gut und schön zu sagen, dass die schwarzen Figuren im Vergleich zum Maroczy-Sizilianer auf schlechteren

Feldern stehen, aber was kann Weiß tatsächlich damit anfangen? Weiß kann sich nicht leicht mit dem natürlichen Vorstoß d3-d4 befreien und muss so mit dem Bauernvorstoß f2-f4 gegen e5 sticheln, was eine definitive Schwächung seines eigenen Zentrums mit sich bringt. Tatsächlich ist es möglich, dass ein unerfahrener Spieler gar nicht erkennt, dass er f2-f4 anstreben sollte. Er könnte sehr gut mit seinen Figuren planlos umherziehen, während Schwarz sich im Zentrum aufbaut und Weiß schließlich etwas auf den Kopf gibt.

10.Sc4 0-0!?

Die Alternative ist 10...f6, was den Bauern e5 verteidigt, wonach Lautier-Leko, Batumi 1999, mit 11.f4 b5 (praktisch erzwungen, um den Springer zurück zu werfen, da 11...exf4 12.Lxf4 die Möglichkeit 13.Sd6+ ins Spiel bringt) 12.Se3 Tc8!? (evakuiert den Turm von der Gefahrendiagonale) 13.a4 b4 14.Sb5 exf4 15.Sc4!? Sxb5 16.axb5 Sd4 mit komplexem Spiel weiterging. Beide Bauernstellungen sehen gelockert aus.

11.Lxc6 Lxc6 12.Sxe5 Le8 (Diagramm 15)

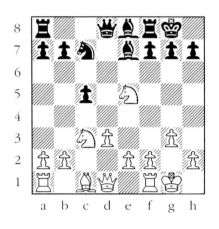

Diagramm 15

Schwarz opfert einen Bauern

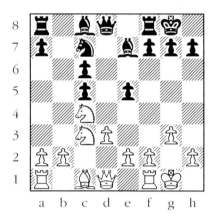

Diagramm 16

Eine Stellung, die Schwarz vermeiden sollte

Im neunten Zug war es Schwarz gar nicht recht, Doppelbauern am Damenflügel im Tausch für den weißfeldrigen Läufer des Weißen zu erhalten, aber hier ist er bereit, den Bauern e5 zu geben, um den Läufer zu bekommen! Wie lässt sich dieser Meinungswandel erklären? Das ist eine Frage offener Linien und der Kontrolle über Schlüsselfelder. Betrachten Sie im neunten Zug die plausible Fortsetzung 9...0-0 10.Lxc6 bxc6 11.Sc4 **(Diagramm 16)** (11.Da4 könnte ebenfalls gut sein) mit folgender Stellung:

Hier hat der weiße Springer einen wunderschönen Vorposten auf c4, von dem er nie durch einen Bauern vertrieben werden kann. Ebenso wenig kann

Schwarz ...Lc6 spielen, um die Diagonale in Besitz zu nehmen – ein schwarzer Bauer versperrt dies Feld. So macht es der halbgeschlossene Charakter der Stellung schwer für Schwarz, das Läuferpaar auszunutzen oder einen ernsthaften Schlag gegen den weißen König zu führen.

Nun schauen Sie sich noch einmal das Diagramm (in der Kasparow-Partie) nach 12...Le8 an. Der weiße Springer schwebt auf e5 und wird sich zurückziehen müssen, sobald er mit ...Lf6 angegriffen wird. Hier gibt es keinen Schutz auf c4, da er durch ...b7-b5 vertrieben werden kann. So fühlt sich der Springer hier sehr viel weniger wohl. Zweitens hat sich der schwarze Läufer nach e8 zurückgezogen, aber sobald der Springer von e5 vertrieben worden ist, kann er nach c6 gehen, wo er sich einer starken Diagonale erfreut (es gibt keinen Bauern, der dieses Feld versperrt). Und drittens, nach 13...Lf6 im nächsten Zug und dem Rückzug des weißen Springers, kann der schwarzfeldrige Läufer nach d4 gehen (auf e5 steht kein Bauer, der seine Aktivität einschränkt). Schließlich kann ein schwarzer Tum die offene e-Linie ausnutzen, indem er e2 mit ...Tfe8 angreift. Diese latente Drohung wird Weiß wahrscheinlich davon überzeugen, seine Bauern mit e2-e3 zu schwächen, was auch in der Partie geschah. So sehen wir, dass der Vergleich der Figurenaktivität nach dem Bauernopfer sehr viel günstiger für Schwarz ausfällt als in dem Abspiel mit Doppelbauern.

Nichtsdestotrotz, um George Orwell zu paraphrasieren: man sollte daran denken, dass alle Bauern gleich, aber manche gleicher als andere sind. Indem er seinen wichtigen e-Bauern aufgibt, bringt Schwarz ein ernsthaftes Opfer.

Partie 12
☐ **Piket** ■ **Kasparow**
KasparovChess GP Internet 2000

1.c4 c5 2.Sf3 Sf6 3.Sc3 d5 4.cxd5 Sxd5 5.g3 Sc6 6.Lg2 Sc7 7.d3 e5 8.0-0 Le7 9.Sd2 Ld7 10.Sc4 0-0!? 11.Lxc6 Lxc6 12.Sxe5 Le8 13.Db3 Lf6 14.Sg4 Ld4

Schwarz hofft nachzuweisen, dass der Springer auf g4 schlecht steht, aber nach f2-f3 und Sf2 erweist er sich als gut platziert und verteidigt den Bauern d3. Vielleicht war 14...Lc6 15.Sxf6+ Dxf6 vorzuziehen.

15.e3!

Weiß errichtet klugerweise eine Barriere im Zentrum. Ein typischer Kasparow-Königsangriff folgt nach 15.Dxb7 f5! usw.

15...Lxc3 16.Dxc3 b6 17.f3! Lb5 18.Sf2 (Diagramm 17) 18...Dd7 19.e4

Es ist nicht sehr angenehm, das Feld d4 aufzugeben, aber Weiß musste seinen Damenläufer entwickeln und ohnehin hätte Schwarz diesen Zug mit ...Tfe8 mit der Absicht ...Sd5 usw. praktisch erzwingen können.

19...Se6 20.Le3 a5 21.Tad1 Tad8 22.Td2 Dc6

Diagramm 17

Der Springer kehrt zurück

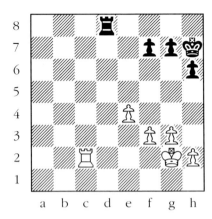

Diagramm 18

Ein Buchremis

Schwarz verfügt hier über viel Figurenspiel, aber es gibt keine Möglichkeit, die weiße Festung im Zentrum zu zerstören. Ein Zustand des dynamischen Gleichgewichts ist entstanden, der nur durchbrochen wird, weil Schwarz die Geduld zu verlieren scheint.

23.Tc1 Db7 24.a3 Sd4 25.Kg2 Tc8?

Dies sieht wie ein schwerer Fehler aus, da Weiß die Chance erhält, mit dem Bauernvorstoß b2-b4 günstig Linien zu öffnen. Stattdessen legt 25...a4 den Damenflügel fest und droht 26...Sb3. Nach 27.Lxd4 Txd4 28.b4 axb3 29.Dxb3 La4!? scheint Schwarz dann okay zu sein, da seine Damenflügelbauern sehr viel sicherer sind als in der Partie.

26.Tb1!

Vermeidet den Trick 26.Lxd4? cxd4 wonach der Turm auf c1 fällt. Aber jetzt droht das Schlagen auf d4 wirklich, was bedeutet, dass Schwarz keine Zeit hat, 26...a4 zu spielen, um die Wirkung von b2-b4 zu verringern.

26...Tfd8 27.Lxd4! Txd4 28.b4!

Dieser thematische Vorstoß ruiniert den schwarzen Damenflügel.

28...axb4 29.axb4 Dd7 30.bxc5 bxc5 31.Tbb2 h6 32.Ta2 Kh7 33.Ta5 Td8 34.Dxc5 Lxd3 35.Txd3?

TIPP: Es ist gut bekannt, dass die Fähigkeit des Springers, Felder beider Farben zu kontrollieren ihn wertvoller als den Läufer macht, dessen weit reichende Kraft weniger wichtig wird, wenn die verbleibenden Bauern nur noch auf einem Flügel stehen. Deshalb hätte Weiß die Leichtfiguren auf dem Brett lassen und auf Angriff spielen sollen (zum Beispiel mit 35.Ta7!).

35...Txd3 36.Sxd3 Dxd3 37.Ta2 Db3 38.Dc2 Dxc2+ 39.Txc2 (Diagramm 18)

Das Endspiel ist jetzt ein Buchremis, obwohl es für den Verteidiger gewisse Unbequemlichkeiten mit sich bringt. Kasparow stellt seine Bauern auf die richtigen Felder, um es Weiß schwer zu machen, einen Freibauern zu schaffen.

39...h5! 40.f4 g6 41.e5 Td3?

Der Turm hätte mit 41...Td7! auf seiner zweiten Reihe bleiben sollen, denn wenn der weiße Turm eindringt, bröckelt die schwarze Verteidigung.

42.Kh3 Te3 43.Kh4 Kg7 44.Kg5 Te1 45.Tc7 Te2 46.Te7 Ta2 47.f5 gxf5 48.e6 h4 49.Txf7+ Kg8 50.Kf6 1-0

Der Freibauer ist nicht aufzuhalten. Um fair gegenüber Kasparow zu sein, sollte man daran denken, dass dies eine Schnellpartie war (eine Stunde für jeden). Ich glaube, mit klassischer Bedenkzeit hätte er Remis gehalten.

Weiß vermeidet die Rubinstein-Variante

1.c4 c5 2.Sf3 Sf6 3.Sc3 d5 4.cxd5 Sxd5 5.e4

Eine andere Möglichkeit ist 5.d4, wonach 5...Sxc3 6.bxc3 zum Grünfeldinder führen würde. Der Versuch, die Partie mit 5...cxd4 6.Dxd4 Sxc3 7.Dxc3 weiterhin in den Fahrwassern der Englischen Eröffnung zu lassen, scheint mir ein wenig gefährlich für Schwarz zu sein, der in der Entwicklung hinterhinkt und deshalb leiden wird, wenn Weiß als Erster die offenen Linien im Zentrum ausnutzt.

Schwarz könnte sehr scharf spielen (nach 5.e4) und zwar mit **5...Sb4!?**
(Diagramm 19)

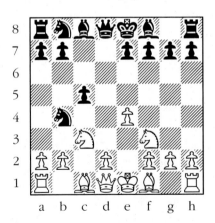

Diagramm 19

Die merkwürdigste Variante der Englischen Eröffnung

Der Auftakt zu einem etwas bizarren Manöver. Weiß kann nicht 6.d4? spielen, da 6...cxd4 7.Sxd4? Dxd4! eine Springergabel auf c2 ausnutzt. Dies ist bereits das dritte Mal, dass Schwarz den Springer in den ersten fünf Zügen gezogen hat, und auf 6.Lc4 plant er, mit ihm noch drei weitere Züge zu machen: 6...Sd3+ 7.Ke2 Sf4+ 8.Kf1 Se6. Der Springer hat viel erreicht, den Weißen an der Rochade gehindert und er ist auf einem schönen Zentrumsfeld angekommen, von dem aus der Schlüsselpunkt d4 weiter beaufsichtigt werden kann. Dennoch, man kann nicht erwarten einen Springer in acht Zügen sechs Mal zu ziehen ohne gewisse Gefahren heraufzubeschwören, und hier gibt die scharfe Variante 9.b4!? axb4 10.Sd5!?, wonach Weiß den Weg für d2-d4 bereitet hat, bedeutende Initiative für den Bauern.

Weiß verfügt über eine andere Möglichkeit Schwarz nach 5...Sb4 Probleme zu bereiten, nämlich 6.Lb5+ S8c6 7.d4! (dennoch!) 7...cxd4 8.a3! dxc3 9.Dxd8+ Kxd8 10.axb4 cxb2 11.Lxb2 Ld7 12.Lxc6 Lxc6. Nach diesem Massenabtausch hat Weiß noch immer einen Bauern weniger, aber mit 13.Se5! Ke8 14.Sxc6 bxc6 15.Ke2, was seinem Königsturm den Weg in die Arena freimacht, garantiert sein Entwicklungsvorsprung, dass er einen der Bauern zurückgewinnt, während er den Druck aufrecht erhält – schließlich ist es nicht leicht für Schwarz, seinen Königsturm ins Spiel zu bringen.

Partie 13
☐ **Krasenkow** ■ **Protaziuk**
Suwalki 1999

1.c4 c5 2.Sf3 Sf6 3.Sc3 d5 4.cxd5 Sxd5 5.e4 Sxc3 6.dxc3!?

Nach 6.bxc3 wären wir im Grünfeldinder. Mit dem Textzug sichert sich Weiß einen leichten Vorteil im Endspiel.

6...Dxd1+ 7.Kxd1 Sc6 8.Kc2 e6 9.Lf4 f6?

Schwarz wird verleitet, eine starre Bauernstruktur im Zentrum zu errichten, die seine weißen Felder krank aussehen lässt. Er sollte hier 9...Le7 spielen, obwohl Weiß dann einen sehr bequemen Vorteil hat.

10.Sd2 e5 11.Le3 Le6 12.Lc4!

Weiß tauscht den aktiven Läufer des Schwarzen und lässt ihm den schlechteren. Der Läufertausch bedeutet auch, dass die wichtigen Felder c4 und d5 ohne ihren natürlichen Wächter bleiben.

12...Kf7?

Schwarz musste mit 12...Lxc4 13.Sxc4 b5! usw. um das Feld c4 kämpfen.

13.a4! (Diagramm 20)

Dies ist ein positioneller Schlüsselzug, nach dem Schwarz zu einer armseligen Verteidigung verdammt ist. Weiß unterbindet ...b7-b5 und sichert so das Feld c4 als wunderbaren Vorposten für seinen Springer.

13...Le7 14.Lxe6+ Kxe6 15.Sc4 b6 16.Thd1 Thd8 17.Txd8 Txd8 18.g4!

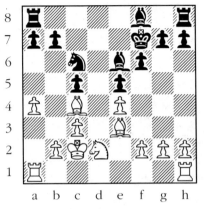

Diagramm 20

Weiß beherrscht die weißen Felder

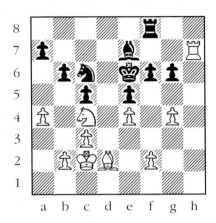

Diagramm 21

Weiß bereitet Se3 vor

Der Gewinnplan des Weißen besteht darin, für eine Störung am Königsflügel zu sorgen, die König und Turm des Schwarzen binden wird. In dem Moment, in dem die schwarzen Verteidiger am stärksten abgelenkt sind, wird er plötzlich eine zweite Front eröffnen und anfangen, mit seinem König auf den schwachen weißen Feldern im Zentrum einzudringen.

18...g6 19.Tg1 Th8 20.Kd3 Kf7 21.h4 Ke6 22.h5 Td8+ 23.Kc2 Tg8 24.hxg6 hxg6 25.Th1 Sd8 26.Sa3 Sc6 27.Th7 Tc8 28.Sc4 Tf8 29.Ld2 (Diagramm 21) 29...f5 30.Th6 fxg4 31.Txg6+ Tf6 32.Txf6+ Kxf6 33.Kd3 Kg6 34.Se3!

Der Springer zieht sich plötzlich zurück und gewinnt die Partie. Wenn Schwarz den Bauern g4 mit 34...Kh5 deckt, dann hat er im Endspiel praktisch einen König weniger; der schwarze König kann bei der entscheidenden Invasion auf den weißen Feldern nach 35.Kc4 usw. nur zuschauen.

34...Lg5 35.Sxg4 Lxd2 36.Kxd2 Kg5 37.f3 Kf4 38.Ke2 a6 39.Sf6 b5 40.Sd5+ Kg5 41.Sc7 bxa4 42.Se6+ 1-0

Das frühe ...Sd4

1.c4 c5 2.Sf3 Sc6 3.Sc3 Sd4 (Diagramm 22)

Ein radikales Vorgehen, um 4.d4 zu verhindern. Schwarz bricht eine Grundregel, indem er eine Figur in der Eröffnung zwei Mal zieht, aber er würde behaupten, dass ihm nach 4.e3 (die offensichtliche Antwort) 4...Sxf3+ 5.Dxf3 der Abtausch eines Leichtfigurenpaars ganz allgemein geholfen hat – er hat weniger Raum, und desto weniger Figuren er mit seiner Bauernstruktur vereinbaren muss, desto besser. Außerdem geht 4.e3 dem Schwarzen nicht gerade an die Kehle, weshalb der Zeitverlust nicht so wichtig ist. In der interessanten Beispielspartie gelang es Weiß, einen Weg zu finden, um die Stellung seiner Dame auf f3 zu rechtfertigen, aber seitdem wurden Verbesserungen für Schwarz gefunden. So gibt es bislang keine Widerlegung von 3...Sd4.

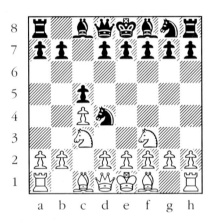

Diagramm 22

Schwarz besetzt das Zentrum

Partie 14
□ **Krasenkow** ■ **Macieja**
Plock 2000

1.c4 c5 2.Sf3 Sc6 3.Sc3 Sd4 4.e3 Sxf3+ 5.Dxf3 g6 6.b3

Die logische Entwicklung für den Damenläufer.

6...Lg7 7.Lb2 d6 8.g4!? (Diagramm 23)

Der polnische GM verfällt auf einen interessanten Einengungsplan.

8...Tb8?

Es ist keine Überraschung, dass Schwarz die von dem kleinen Bauern auf g4 ausgehende Gefahr unterschätzt hat. Stattdessen hätte er den Springer ins Spiel bringen sollen, bevor der weiße Bauer nach g5 kommt: 8...Sf6! 9.g5 Sd7 10.h4 Se5 ist unklar.

9.Lg2 Ld7 10.De2 a6 11.g5!

Im alten arabischen Schach gab es eine Eröffnungsvariante, die *gechi gazighi*, oder

Ziegenklammer genannt wurde. Laut einer türkischen Handschrift von 1501 'Wurde sie so genannt, weil der, der sie spielt, mit seinen Bauern gewinnt. Sie sind wie eine Klammer in den Kleidern seines Gegners, und der Gegner ist wie ein Mann, dessen Hände gefesselt sind' (zitiert aus *Learn from the Grandmasters* von Raymond Keene). Hier ist der Bauer g5 die Klammer in den Kleidern Maciejas. Er hindert den Springer auf g8 daran, sich auf f6 oder h6 zu entwickeln. Der alternative Weg ins Freie geht über e7, aber dies geht nicht ohne eine ernsthafte Schwäche seiner schwarzen Felder im Zentrum und am Königsflügel, entweder durch ...e7-e6 oder ...e7-e5 (nicht etwas, das Schwarz tun will, wenn der weiße Läufer auf b2 lauert, und der Springer auf c3 bereit steht, nach e4 zu springen, sobald die Fesselung auf b2 einmal aufgehoben ist).

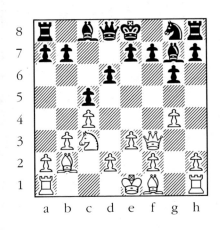

Diagramm 23

Aktive Prophylaxe

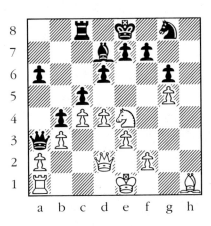

Diagramm 24

Weiß ändert den Takt

11...b5 12.d3 Da5 13.Tc1

Das schwarze Spiel am Damenflügel sieht eindrucksvoll aus, aber wie genau bringt er den Springer g8 ins Spiel?

13...h6! 14.h4 Th7

Der Punkt dieses seltsam aussehenden Zugs ist es, den Läufer zu decken und so 15...b4 16.Sd5 Dxa2 zu drohen.

15.La1 hxg5 16.hxg5 Txh1+ 17.Lxh1 b4 18.Se4 Da3 19.Dd2 Lxa1 20.Txa1 Tc8

Schwarz hat sich sehr viel Mühe gegeben und einiges Getöse auf dem Damenflügel veranstaltet, aber dieser letzte Zug ist ziemlich aussichtslos. Ihm sind die Ideen ausgegangen und er hat immer noch Probleme mit dem elenden Springer auf g8. Krasenkow beschließt, dass es an der Zeit ist, seinen eigenen Angriff zu starten, um den Gegner von seinem Elend zu erlösen.

21.d4! (Diagramm 24) 21...Lc6 22.dxc5 Lxe4 23.Lxe4 Txc5 24.f4 a5 25.Dd4 Kf8

26.Kf2 a4 27.Kf3 Ta5 28.Th1!

Die weiße Stellung ist jetzt so stark, dass er es sich leisten kann, den Damenflügel aufzugeben. Die Ziegenklammer hat ihre Pflicht erfüllt!

28...axb3 29.Th7 Dc1 30.Db6

Dies bedroht den Turm und droht Matt auf der Grundreihe. Sobald Schwarz die Schachs ausgehen, wird der Kampf vorbei sein.

30...Df1+ 31.Kg3 Dg1+ 32.Kh3 Df1+ 33.Lg2 Ta8

Der letzte Versuch in der Hoffnung auf 34.Lxf1? bxa2, wonach Schwarz sich eine neue Dame holen wird. Weiß antwortet, indem er den Turm von a8 vertreibt.

34.Db7! 1-0

Symmetrievariante 3: Der Igel

Einleitung

Der Igel ist ein berühmtes Verteidigungssystem für Schwarz, das durch zwei miteinander verbundene Pläne charakterisiert ist. Erstens **(Diagramm 1)** spielt Schwarz ...c7-c5 und dann ...b7-b6 gefolgt von ...Lb7, um dem Läufer auf g2 die Kontrolle über die lange Diagonale streitig zu machen.

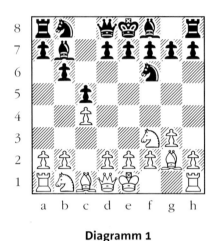

Diagramm 1

Schwarz bringt die Läufer in Opposition

Diagramm 2

Ein typisches Igel-Szenario

Zweitens **(Diagramm 2)** errichtet Schwarz ein Minizentrum mit Bauern auf e6 und d6, spielt dann auch noch ...a7-a6, und steht anschließend bereit, wenn möglich, mit ...b6-b5 oder ...d6-d5 durchzubrechen. Wenn Weiß f2-f4 spielt, dann ist ...e6-e5 oft die beste Antwort.

Theoretisch?

Nicht besonders. Aber könnte ich bitte einen Totenkopf haben, Herr Drucker!

 WARNUNG: Die Schwierigkeit dieser Variante liegt nicht so sehr in der Notwendigkeit, Eröffnungstheorie zu kennen, als in der extremen Komplexität des entstehenden Manövrierkampfes. Sie brauchen eine Menge Geduld, um diese Stellung gut zu spielen.

Strategien

Der Igel ist nicht allein auf die Englische Eröffnung beschränkt, da er häufig über sizilianische Varianten wie die Kan-Variante erreicht wird. Deshalb ist es keine Überraschung, dass die richtige Strategie für beide Seiten sizilianische Züge trägt. So weist die ruhige Lage im Zentrum, wo Weiß über deutlichen Raumvorteil und größere Beweglichkeit verfügt, darauf hin, dass er einen kompromisslosen Königsangriff anstreben sollte. Das ist gut, so lange es ihm zugleich gelingt, das schwarze Zentrum zu hemmen und zugleich den Durchbruch ...b6-b5 zu verhindern, was keineswegs leicht ist. Schließlich ist dies eine ganze Menge, worüber das arme menschliche Gehirn während einer Partie nachdenken muss – der Damenflügel, das Zentrum und der Königsflügel – und so ist es kein Wunder, dass die besten Spieler der Welt mit Weiß in diesen Stellungen gelegentlich die Kontrolle verlieren. Tatsächlich ist GM Suba, mit Schwarz ein großer Anhänger des Igels, so weit gegangen zu behaupten, dass sich die weiße Stellung, da Weiß seinen 'idealen' Aufbau gleich nach der Eröffnung erreicht hat (Raum und Beweglichkeit), sich nur noch verschlechtern kann, da es keine Möglichkeit gibt, etwas Ideales zu verbessern! Schwarz kann unterdessen mit einem Bauerndurchbruch nach Verbesserung streben. Normalerweise sieht man im Igel langwierige Manöver, bei denen sich keiner der Spieler traut, sich auf einen bestimmten Plan festzulegen.

Der anfällige schwarze Bauer d6

Betrachten Sie die Stellung nach dem typischen Aufbau **1.c4 c5 2.Sf3 Sf6 3.g3 b6 4.Lg2 Lb7 5.0-0 e6 6.Sc3 Le7 7.d4 cxd4 8.Dxd4 d6 9.b3 (Diagramm 3)**

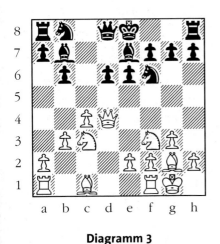

Diagramm 3

Der Bauer d6 ist ein Angriffsziel

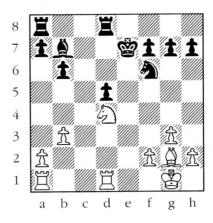

Diagramm 4

Der weiße Springer steht ideal

Die schwarzen Züge 1...c5 und 5...e6 waren beide sehr nützlich. Der erste lockerte den weißen Griff aufs Zentrum, indem sich der Bauer c5 gegen den stolzen weißen Bauern d4 abgetauscht hat, während der zweite das Feld d5 gedeckt und die latente dynamische Drohung eines Durchbruchs mit ...d6-d5 ins Spiel gebracht hat. Allerdings haben diese Züge den Bauern auf d6 seiner beiden natürlichen Helfer beraubt.

Tatsächlich fühlt sich der Bauer ziemlich unbehaglich, da er auf einer offenen Linie steht, was bedeutet, dass er frontal mit Td1 angegriffen werden kann genau wie von der Dame auf d4. Um die Dinge noch schlimmer zu machen, kann er auch von einem Springer (Sb5) oder einem Läufer (La3) angegriffen werden. Um diesen potenziellen Druck zu verringern, muss Schwarz zu einem bestimmten Zeitpunkt sowohl ...a7-a6, um Sb5 zu verhindern, als auch ...Sbd7 spielen, damit, wenn nötig, ein Angriff mit La3 mit ...Sc5 abgeblockt werden kann. Aber welchen Zug sollte er zuerst spielen?

Tatsächlich muss Schwarz bei der Zugfolge sehr vorsichtig sein. Die Erfahrung hat gezeigt, dass er besser zuerst **9...Sbd7!** und nicht 9...a6 spielt, damit er 10.La3 mit 10...Sc5 beantworten kann, was den Läufer einschränkt. In Iwantschuk-Nisipeanu, Las Vegas 1999, versuchte Weiß nach 9...Sbd7 das verzögerte ...a7-a6 mit **10.Sb5** auszunutzen, wonach dort **10...Sc5 11.Td1 d5 12.cxd5 exd5** folgte. Der Druck auf d6 hat Schwarz überzeugt, sich einverstanden zu erklären und einen isolierten Bauern zu akzeptieren, aber er bleibt sehr fest im Zentrum verankert. Hier wäre 13.Lb2 der Weg, um einen leichten Vorteil für Weiß zu bewahren. Stattdessen probierte Iwantschuk **13.La3?!** und es folgte **13...Dd7! 14.Sc3 Se6** (ein Doppelangriff auf Dame und Läufer!) **15.Se5 Sxd4 16.Sxd7 Kxd7 17.Lxe7 Sxe2+!** (ein Desperado-Zug – der Springer geht ohnehin verloren, warum also sein Leben nicht so teuer wie möglich verkaufen?) **18.Sxe2 Kxe7 19.Sd4 Thd8 (Diagramm 4)**

Die weiße Kompensation für den Bauern war nicht vollkommen überzeugend, obwohl ein paar Züge später Remis vereinbart wurde. Im Diagramm sehen Sie, dass Weiß seinen Springer auf einem idealen Feld stehen hat. Springer hassen es, von Bauern angegriffen zu werden und operieren mit kurzer Reichweite, deshalb liegt es nahe, dass sie am Besten auf dem Feld vor einem isolierten gegnerischen Bauern im Zentrum platziert stehen.

In der ersten Beispielpartie spielte Schwarz das ungenaue 9...a6, aber wurde nicht bestraft. Tatsächlich hätte dies ein glorreicher Gewinn für den Igel gegen einen Weltmeister sein sollen. So ist sie zumindest ein Beweis für Capablancas Ausspruch, dass der gute Spieler immer Glück hat!

Partie 15
☐ **Karpow** ■ **Csom**
Bad Lauterberg 1977

1.c4 c5 2.Sf3 Sf6 3.g3 b6 4.Lg2 Lb7 5.0-0 e6 6.Sc3 Le7 7.d4 cxd4 8.Dxd4 d6 9.b3 a6?!

Eine schwerwiegende Ungenauigkeit, die Karpow sofort ausnutzt.

10.La3!

Genau. Weiß greift den Bauern d6 an, bevor Schwarz die Möglichkeit hat, ihn mit ...Sc5 abzuschirmen.

10...0-0 11.Tfd1 Se8

Ein sehr viel weniger effizienter Weg, um d6 zu decken als ...Sc5, obwohl der Zug eine unerwartete Reaktion hervorrief.

12.Lb2?

Warum hat Karpow die Nerven verloren? Es ist nicht schwer zu sehen, dass das konsequente 12.Se4! sehr stark ist. Dann hängen nach 12...d5 13.Lxe7 Dxe7 14.cxd5 Lxd5 15.Sc3 der Läufer und der Bauer b6, während Weiß nach 12...Lxe4 13.Dxe4 seinen Springer gegen den schwarzen Läufer getauscht hat – ein sehr gutes Geschäft. Ein Versuch taktisch auszubrechen scheitert: 13...d5? 14.Lxe7 Dxe7 15.cxd5 Sf6 16.d6! und Weiß gewinnt.

12...Sd7 13.e4 Sc5 14.De3 Db8! (Diagramm 5)

Schwarz entfernt seine Dame aus der d-Linie, bevor Weiß die Fesselung ausnutzen kann, indem er 15.e5 spielt, was den Igel-Aufbau aufgebrochen hätte. Der Textzug ist genauer als 14...Dc7, da die Dame auf b8 in der Zukunft den Vorstoß ...b6-b5 unterstützen könnte, sobald der Läufer auf b7 einmal den Weg frei geräumt hat. Außerdem wird eine Dame auf c7 manchmal durch plötzliches Sd5 oder Sb5 attackiert. Und schließlich plant Csom seinen Turm auf der zweiten Reihe zu aktivieren und möchte die Dame nicht im Weg stehen haben.

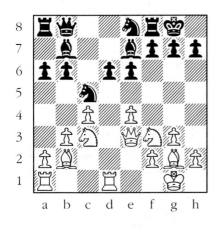

Diagramm 5
Ein guter Vorposten für die Dame

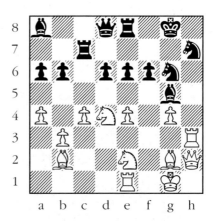

Diagramm 6
Ausgezeichnete Verteidigung

15.Sd4 Sf6 16.h3

Karpow fühlt, dass er Schwarz ausreichend eingeschränkt hat und beginnt jetzt mit dem vorschriftsmäßigen Bauernvormarsch am Königsflügel. Natürlich ist es okay, die Bauern vor seinem König zu ziehen, wenn man die gegnerischen Figuren im Zaume halten kann, aber wenn man die Kontrolle verliert, kann das zur Katastrophe führen. Wie diese Partie zeigt, kann selbst ein großer Spieler wie Karpow nicht immer die Kontrolle behalten!

16...Tc8

Indem er seinen Turm zieht, zeigt Schwarz, dass er von dem weißen Aufbau am Königsflügel nicht beunruhigt ist.

17.g4 h6!

Csom hat eine tiefe Verteidigung ersonnen, die es erforderlich macht, das Feld h7 für seinen Springer zu räumen.

18.f4 Sh7 19.Df2 Ta7 20.Td2 La8 21.Te1 Lf6

Ohne die hübsche Idee, die Csom im Sinn hat, wäre dies ein Fehler.

22.h4

Es sieht so aus, als ob Weiß zu 23.g5 mit Zeitgewinn kommt, wonach sein Angriff mit Sicherheit Fortschritte macht.

22...g5!!

Brillantes positionelles Spiel. Es gibt eine Regel, die besagt, dass man keine Bauern ziehen soll, wenn man sich einem frontalen Angriff durch die gegnerischen Bauern ausgesetzt sieht. Dies liegt daran, weil solche Züge 'Marken' schaffen, die den Angriff erleichtern. Allerdings gilt diese Regel vor allem in Situationen, in denen die Spieler auf entgegen gesetzte Flügel rochiert haben. Hier wird der weiße König auch zum Angriffsziel, wenn sich die Bauernstruktur auflöst. Csoms Zug zerstört die Flexibilität der weißen Bauern und unterminiert ernsthaft die weiße Kontrolle des wichtigen schwarzen Feldes e5.

23.hxg5 hxg5 24.fxg5

Weiß möchte Linien für den Angriff öffnen, aber in Wirklichkeit sind es die schwarzen Figuren, die davon am meisten profitieren. Weiß musste die Stellung mit 24.f5! geschlossen halten, selbst wenn das die Aufgabe des Feldes e5 bedeutet hätte.

24...Lxg5 25.Tdd1

Nun hat Schwarz das Kommando über eine ausgezeichnete Reihe von schwarzen Feldern, nämlich e5, f6 und g5. Er beginnt, indem er seinen Damenspringer nach e5 umgruppiert.

25...Sd7! 26.Td3 Se5 27.Th3 Te8!

Ein mysteriöser Turmzug, aber die Idee ist einfach, wenn man sie einmal gesehen hat. Schwarz deckt e6, so dass er die zweite Reihe mit ...f7-f6 räumen kann, ohne Sxe6 zu erlauben.

28.Sce2 Tc7!

Die Drohung 29...b5 zwingt Weiß, sich sogar noch weiter zu schwächen. Falls stattdessen sofort 28...b5?, würde der Turm auf a7 hängen, nachdem Weiß zwei Mal auf b5 genommen hat.

29.a4 Dd8 30.Dg3 Sg6 31.Dh2 f6! (Diagramm 6)

Die überzeugende Antwort auf den Angriff entlang der h-Linie. Das tiefe Defensivspiel des Schwarzen hat einen Gegner überlistet, der vielleicht der größte Stratege aller Zeiten ist. Weiß kann nichts anderes tun, als auf der Stelle zu treten und nach einem taktischen Schlag Ausschau zu halten während sein Zentrum zusammenbricht.

32.Td1 Tg7 33.Sf3 Lxe4

Schwarz ist zufrieden, dass sich das Zentrum öffnet, da seine Figuren sehr viel besser koordiniert sind als die weißen, von denen die meisten nach dem gescheiterten Königsangriff am Rand feststecken.

34.Txd6 Dc7 35.La3 Le3+ 36.Kf1 Lc5 37.Lxc5 Dxc5 38.Td4 Lxf3 39.Txf3 Se5

Jetzt fällt der Bauer g4, was den weißen König schrecklich verwundbar zurücklässt. Karpow unternimmt jetzt einen verzweifelten Versuch, den Gegner in einem taktischen Handgemenge zu verwirren.

40.Th3 Sxg4 41.Dd6 Df5+ 42.Tf3 Db1+ 43.Td1 De4 44.Tg3 Se3+ 45.Kg1 Sxg2 46.Txg7+ Kxg7 47.Sg3 Da8 48.Dc7+ Kh8 49.Td7 Sf8??

Im letzten Moment bricht Csom zusammen. Sicherlich hatte sein brillantes positionelles Spiel ein besseres Schicksal verdient? Jeder große Spieler ist ein gewaltiger Kämpfer und hier wird Karpow für seinen erbitterten Widerstand belohnt. Stattdessen hätte Schwarz nach 49...Sg5! eine Figur mehr, während immer noch nicht viel los ist, zum Beispiel 50.Sh5 (mit der Drohung 51.Th7+! Sxh7 52.Dg7 matt) 50...Tg8 51.Sxf6 Sf4! und Weiß kann nicht mit 52.Th7+ matt setzen, da er nach 52...Sxh7 im Schach steht. Deshalb wird sein eigener König in ein paar Zügen Matt gesetzt werden.

50.Sf5! 1-0

Die Drohung ist 51.Th7+ Sxh7 52.Dg7 matt, während 50...exf5 51.Dh2+ Kg8 52.Dg3+ Kh8 53.Dg7 und 50...Sxd7 51.Dh2+ Kg8 52.Dg3+ Kf7 53.Dg7 beides Matt sind. Diese Varianten hätten nach 49...Sg5 nicht funktioniert, da 52.Dg3+ kein Schach ist. *Anatoly Karpov's Games as World Champion 1975-77* zufolge 'gab Csom auf, nachdem er 15 Minuten lang mit hochrotem Gesicht am Brett gesessen hatte'.

Diese Partie erinnert uns daran, dass wir immer nach taktischen Möglichkeiten Ausschau halten müssen. Hier ist ein anderes Beispiel für einen 'Blitz aus heiterem Himmel' bei einem Igel-artigen Zentrum:

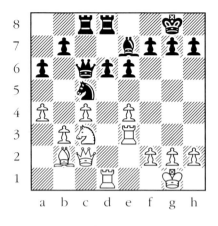

Diagramm 7

Ein solider Igel?

Diese Stellung wurde in Tkatschiew-Watson, London 1993, erreicht. Schwarz hat ein solides Igel-Zentrum und scheinbar gut platzierte Figuren. Das einzig Ärgerliche für ihn ist, dass er weder mit ...b7-b5 noch mit ...d6-d5 ausbrechen kann. Weiß hat diese Felder gut gedeckt. Dennoch scheint keinerlei Gefahr zu bestehen und Schwarz spielte das natürliche **19...Lf6**, was seinen Läufer auf die lange Diagonale stellte. Leider erwies sich dieser sehr natürliche Zug als Katastrophe nach **20.Sd5!! exd5**. Es gibt keine gute Möglichkeit, das Angebot abzulehnen, da 20...Lxb2 21.Se7+ die Dame gewinnt. Es folgte **21.exd5 Dd7 22.Lxf6 gxf6 23.Tg3+ Kh8** (23...Kf8 24.Dxh7 und die Kombination mit Te1 wird zu einem schnellen Ende führen) **24.Dxh7+!! Kxh7 25.Td4 1-0.** Schwarz gab auf, da es keine Möglichkeit gibt, Matt mit Th4 zu verhindern. Eine sehr hübsche Kombination. Im Gegensatz zu dem, was ich oben gesagt habe, hat es sich gezeigt, dass alle schwarzen Figuren auf den falschen Feldern standen!

Partie 16

☐ **Garcia Padron** ■ **M.Suba**

Las Palmas 1979

1.c4 c5 2.Sf3 Sf6 3.g3 b6 4.Lg2 Lb7 5.0-0 e6 6.Sc3 Le7

In seinem ausgezeichneten Buch *Dynamic Chess Strategy* bezeichnet Suba hier 6...a6 als 'den flexibelsten' Zug. Allerdings kann Weiß dann mit 7.b3 Le7 8.Lb2 0-0 9.e3!? den Igel vermeiden, wobei er das Ziel hat, nachzuweisen, dass 6...a6 ein nutzloser Zug ist.

7.d4 cxd4 8.Dxd4 d6 9.e4

Ein direkteres Vorgehen als 9.b3. Beachten Sie jedoch, dass Weiß das 'moderne' 7.Te1 d6 8.e4 a6 9.d4 cxd4 10.Sxd4 wie in der Psachis-Partie weiter unten hätte spielen können, wonach er eine ähnliche Stellung wie in der Partie erhält, wobei aber ein Springer und nicht die Dame auf d4 steht. Das ist wahrscheinlich eine bessere Möglichkeit für Weiß.

9...a6

Da Weiß hier nicht 9.b3 gespielt hat, gibt es noch keine Drohung La3. Deshalb ist dieser Bauernstoß, der Sb5 verhindert, hier okay.

10.b3 Sbd7 11.Lb2 0-0 12.Tac1 Db8

Suba meinte, die bessere Aufstellung war 12...Dc7 gefolgt von ...Tac8 und ...Db8, wonach Schwarz den anderen Turm für Aktionen im Zentrum behalten kann – vor allem dafür, die weiße Dame mit möglichen Abzugsangriffen zu belästigen, nachdem sich das Zentrum geöffnet hat.

13.Sd2 Tc8 14.h3 Lf8

Jetzt beginnt eine lange Phase des Manövrierens, wobei Weiß nicht in der Lage ist, irgendeinen nachhaltigen Plan zu finden. Er zieht einfach seine Figuren hin und her. Das fügt seiner Stellung keinen wirklichen Schaden zu, da Schwarz ebenfalls ruhig manövriert. Nichtsdestotrotz wirken die Manöver des Schwarzen etwas zielgerichteter, da er seinen Läufer auf das schöne Feld g7 bekommt.

15.Tfd1

Schwarz hat alle seine Schwerfiguren vom Königsflügel entfernt, und so wäre es logisch für Weiß, dort einen Angriff zu starten. Aber wie? Sicher nicht, indem er einen solchen routinemäßigen Zentralisierungszug spielt, der den Turm vom 'Angriffsfeld' f1 entfernt! Das sofortige 15.f4? gestattet 15...d5!, eine thematische Antwort, die hier gewaltig ist, da 16.cxd5?? Lc5 die Dame verliert. Ein anderer Bauernvorstoß ist 15.g4, aber 15...g6 ist sicher genug, da nach 16.g5 e5 (noch stärker könnte 16...Sh5 sein) 17.De3 Sh5 der schwarze Springer auf das Feld f4 zielt. So war 15.Kh1 vielleicht die beste Idee, was den König aus der potenziellen Fesselung entfernt und nach 15...Lc6 16.f4 einen Angriff beginnt.

15...Lc6 16.De3 Ta7 17.Sf3 La8 18.Sd4 Te8 19.Dd2 g6 20.Kh2 Lg7 21.Sde2? (Diagramm 8)

Nach einer Reihe von kraftlosen, aber unverfänglichen Zügen, bricht Weiß schließlich zusammen und spielt einen Zug, der kraftlos und schlecht ist! Unter keinen Umständen hätte er Schwarz den b-Bauern vorrücken lassen sollen. Er musste weiter auf Zeit spielen, zum Beispiel mit 21.Te1. Natürlich ist es psychologisch sehr schwer, weiter nichts zu tun.

21...b5!

Nachdem er die ganze ermüdende Manövrierphase geduldig gewartet hat, stürzt sich Suba auf den Fehler des Weißen.

22.cxb5 axb5

Indem er den Bauern c4 beseitigt hat, hat Schwarz den Druck seines Gegners auf d5 verringert, was den Weg für einen zweiten, noch kräftigeren Bauerndurchbruch mit ...d6-d5 freimacht. Dieser zweite Bauerndurchbruch wird mit ...b5-b4 unterstützt werden, was den Springer von c3 vertreibt und so die weiße Kontrolle über d5 und e4 schwächt. Und als letzten Bonus findet sich der Turm auf a7 plötzlich im Besitz einer offenen Linie wieder und zielt auf den Bauern a2.

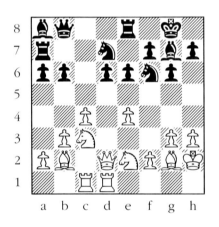

Diagramm 8

Weiß bricht schließlich zusammen...

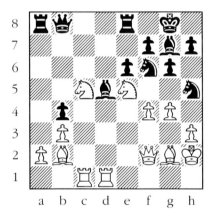

Diagramm 9

Wer gewinnt?

23.f3

Dies ist ein hässlicher Zug, da er die schwarzen Felder schwächt und den Läufer auf g2 kläglich aussehen lässt. Aber er musste sich um die Drohung 23...b4 mit Gewinn des Bauern e4 kümmern.

 TIPP: Es ist ein sicheres Anzeichen, dass für Weiß etwas schief gegangen ist, wenn er in einem königsindisch-artigen Aufbau sowohl f2-f3 als auch h2-h3 spielen muss.

23...b4 24.Sa4 d5

Suba merkt mit stiller Freude an, dass die gesamte Strategie des Weißen darauf ausgerichtet war, ...b7-b5 und ...d6-d5 zu verhindern, und er doch nicht in der Lage war, auch nur einen dieser beiden Vorstöße zu verhindern. Das zeigt einfach, was für eine schwierige Eröffnung der Igel ist.

25.exd5 Lxd5 26.Sd4 Ta6 27.Df2 Sh5

Dies sieht stark aus, da es die Drohung 28...Sxg3! 29.Dxg3 Le5 aufstellt, aber nach der Partie erklärte Suba, er hätte 27...e5 gefolgt von 28...e4 spielen sollen.

> **TIPP: Spielen Sie nicht auf Fallen – es sei denn, sie sind brillant, so wie die, die Suba in dieser Partie aufstellt!**

28.f4 Sdf6 29.Sc6 Db7 30.Se5 Taa8 31.Sc5 Db8 32.g4? (Diagramm 9)

Weiß tappt in die Falle hinein. Es sieht so aus, als hätte er eine Gewinnkombination entdeckt...

32...Sxf4! 33.Dxf4 Txa2 34.Tc2

Erst jetzt erkennt Weiß, dass das von ihm vorbereitete forcierte Matt ein Trugbild ist:

34.Scd7 Sxd7 35.Dxf7+ Kh8 mit der Absicht 36.Sxg6+ hxg6 37.Dxg7 matt, funktioniert nicht, weil der Springer auf e5 von der Dame gefesselt ist! Der Rest ist ein Gemetzel.

34...Txb2! 35.Txb2 Sxg4+ 36.Dxg4

Flüchtig sehen die Dinge für Weiß, der ein Turm und einen Springer mehr hat, sehr gut aus, aber jetzt folgt die Vergeltung auf den schwarzen Feldern.

36...Dxe5+ 37.Kh1 Dxb2 38.Lxd5 exd5 39.Dd7 Te2 40.Dd8+ Lf8 41.Db8 Dc2 0-1

Partie 17
☐ **Karpow** ■ **Gheorghiu**
Moskau 1977

1.c4 c5 2.Sf3 Sf6 3.g3 b6 4.Lg2 Lb7 5.0-0 e6 6.Sc3 Le7 7.d4 cxd4 8.Dxd4 d6 9.b3 0-0 10.Td1

Diese Partie wurde in Karpows erstem Turnier nach seiner haarsträubenden Erfahrung in der oben stehenden Beispielpartie gespielt. Bald wird deutlich, dass er nach einem ruhigeren Leben trachtet.

10...Sbd7 11.Lb2 a6 12.De3 (Diagramm 10)

Weiß unternimmt keinen Versuch, Raum mit 12.e4 zu gewinnen. Stattdessen macht er den Weg für 13.Sd4 frei, um sowohl die weißfeldrigen Läufer als auch die Damen zu tauschen. Dieses Vorgehen sieht harmlos aus; tatsächlich scheint es fast, als ob Weiß die Arbeit seines Gegners für ihn erledigt, da der Läufertausch eines der Ziele des Schwarzen in dieser Variante ist. Aber man sollte sich daran erinnern, dass Karpow, als er Weltmeister war, mit Weiß kaum je auf Remis gespielt hat. Wie gewöhnlich ist sein ruhiges Spiel in der Eröffnung der Auftakt zu einem gewaltigen positionellen Angriff.

12...Db8?

Schwarz hat es zu eilig die Damen zu tauschen.

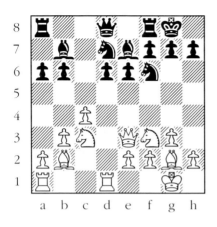

Diagramm 10
Weiß bereitet Sd4 vor

Diagramm 11
Zeit anzugreifen!

 HINWEIS: Im Igel begünstigt der Damentausch gewöhnlich Weiß. Und zwar deshalb, weil sehr viel der Dynamik verschwindet und Weiß so versuchen kann, seinen Raumvorteil auszunutzen, ohne das Risiko einzugehen einem Gegenschlag, vor allem gegen seinen König, zum Opfer zu fallen.

Ein aktives Vorgehen für Schwarz war 12...Dc7 13.Sd4 Lxg2 14.Kxg2 Se5!, und wenn Schwarz die Damen tauschen will, dann sollte er zumindest warten, bis die Umstände günstiger sind. In dem folgenden Partiefragment werden Sie sehen, dass im Vergleich zur Karpow-Partie:

1. Der weiße König auf einem schlechteren Feld steht – g1 anstelle von g2 – als die Damen getauscht werden.

2. Wichtiger noch, Schwarz hinderte Weiß Raum mit e2-e4 zu gewinnen.

Hier ist es: 12...Te8 13.Sd4 Lxg2 14.Kxg2 Lf8 15.Tac1 Dc7 16.h3 Tac8 17.La3 Db8 18.Kg1 Da8 19.Df3 Dxf3 20.Sxf3 Sc5 21.Lb2 Sfe4! 22.Sd4 Sxc3 23.Lxc3 Ted8 mit schnellem Remis in Ribli-Gligoric,Vrbas 1977.

13.Sd4 Lxg2 14.Kxg2 Db7+ 15.Df3 Dxf3+ 16.Sxf3 Tfc8 17.Sd4!

Der Springer kehrt sofort nach d4 zurück, um die Hemmung von ...b6-b5 zu verstärken und den Weg für das Raum gewinnende f2-f4 frei zu machen.

17...Tab8 18.Tac1 h6 19.e4

Das schwarze Spiel ist bis zur Paralyse eingeschränkt und der Textzug stellt sicher, dass er nie in der Lage sein wird, mit ...d6-d5 auszubrechen.

19...Se8 20.f4 Lf6 21.Kf3!

Weiß wäre nie in der Lage gewesen, seinen König so aktiv aufzustellen, wenn die Damen noch auf dem Brett wären. Hier spielt der Monarch eine ausgezeichnete Rolle, indem er e4 deckt, und so dem Springer auf c3 Manövrierraum gibt.

 TIPP: Der König ist eine starke Figur: Nutzen Sie ihn!

21...Tb7 22.La3

Weiß hat keine Eile, die Dinge mit einem Bauernvorstoß am Königsflügel zu forcieren. Zuerst wird jede Figur auf ihr optimales Feld gebracht. Durch den Angriff auf d6 zwingt der Läufer Schwarz dazu, ...Sc5 zu spielen, wonach sich der Springer dem drohenden Vorstoß am Königsflügel weniger gut entgegen stellen kann.

22...Tbc7 23.Sce2 Sc5

Früher oder später war dies notwendig, da Weiß Sc2 mit doppeltem Angriff auf d6 plant.

24.Td2 g6 25.Sc2!

Der Springer strebt nach e3, wo er einen Bauernangriff unterstützt ohne die d-Linie zu blockieren. Deshalb bleibt der Springer an e8 gefesselt, um Txd6 zu verhindern, und kann konsequenterweise dem Vormarsch am Königsflügel nicht entgegen treten.

25...Lg7 26.Se3 f5

Ein verzweifelter Zug. Schwarz hält es nicht aus, noch länger zu warten, während sich Weiß mit Zügen wie g3-g4, h2-h4, h4-h5 und Sg3 aufbaut.

27.exf5 gxf5 28.h3 h5 29.Tg1 Tf7 30.g4 (Diagramm 11)

Schließlich kommt der Angriff. Dank seiner deutlich besseren Figurenaufstellung kann der weiße König in Ruhe zuschauen, wie sein Gegenüber in großer Gefahr schwebt.

30...hxg4+ 31.hxg4 fxg4+ 32.Txg4 Kf8 33.Sg3 a5 34.Tg6 Ke7 35.f5!

Dem schwarzen König ist es nicht gelungen zu entkommen. Die Drohung ist 36.Lxc5, wonach e6 fällt.

35...Tf6

Auch nach der Alternative 35...exf5 36.Sd5+ und 37.Sxb6 bricht die Stellung zusammen.

36.Txf6 Sxf6 37.Te2 Tf8

Die einzige Chance war der Zug 37...e5, obwohl 38.Lxc5 bxc5 39.Se4 dem Schwarzen mit einem schrecklichen Läufer und gähnenden Löchern auf den weißen Feldern zurück lässt.

38.Lxc5 bxc5 39.fxe6 Kxe6 40.Sef5+ 1-0

Nach 40...Kf7 41.Te7+ gewinnt Weiß den Läufer. Eine wundervolle Demonstration positionellen Spiels von Karpow.

Die moderne Methode für Weiß: 7.Te1!?

Eine interessante Idee für Weiß ist **1.c4 c5 2.Sf3 Sf6 3.g3 b6 4.Lg2 Lb7 5.0-0 e6 6.Sc3 Le7 7.Te1!?**

Ich habe den Ausdruck 'modern' der Einfachheit halber benutzt, da 7.Te1 eine ziemlich neue Idee ist, ich jedoch nicht andeuten möchte, dass sie das 'klassische' 7.d4 verdrängt hat. Tatsächlich werden beide Züge heutzutage regelmäßig gespielt. Die Idee hinter 7.Te1 ist einfach. In der klassischen Variante muss sich Weiß nach 7.d4 cxd4 entscheiden, wie er zurückschlägt. Tatsächlich aber hat er keine große Auswahl, da den Abtausch der Läufer nach 8.Sxd4 Lxg2 9.Kxg2 zuzulassen bedeutet, dass er seinen Königsflügel mit g2-g3 ohne guten Grund geschwächt hat. Mithin muss es das Zurückschlagen mit der Dame sein, aber die Dame steht auf d4 nicht besser als auf d1 und kann sogar ein Angriffsziel sein. Eines Tages muss sich ein Schachspieler hingesetzt und in einem Tagtraum phantasiert haben, dass es möglich wäre Sxd4 zu spielen, ohne den Läufertausch zuzulassen. Das Ergebnis dieses Tagtraums war **7.Te1!? (Diagramm 12)**

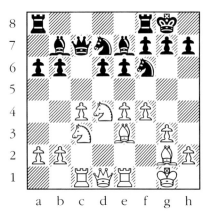

Diagramm 12

Weiß bereitet 8.e4 vor

Diagramm 13

Zeit für eine Entscheidung

Weiß plant, 7...d6 mit 8.e4 zu beantworten, was die Diagonale zwischen den Läufern schließt, wodurch Weiß nach 8...a6 9.d4 cxd4 10.Sxd4 das Beste beider Welten erreicht hat: ein Springer auf d4 und der Läufer noch immer auf g2!

Das ist das Verkaufsargument für 7.Te1. Der Nachteil – jeder neue Schachzug hat einen Nachteil! – liegt darin, dass den Turm nach e1 zu ziehen, sich als Zeitverlust erweisen könnte, wenn es darum geht, einen Angriff am Königsflügel zu beginnen. Der Turm könnte auf f1 besser stehen, um einen Vorstoß mit f2-f4 zu unterstützen. Oder ein Angriffsplan mit f2-f4 gefolgt von Tf3 und Th3 hätte eine Möglichkeit sein können. Nichtsdestotrotz, im Moment scheint auf höchstem Niveau 7.Te1 und nicht 7.d4 erste Wahl zu sein. Schauen wir den neuen Zug in Aktion an: (7.Te1) **7...d6 8.e4 a6 9.d4 cxd4 10.Sxd4 Dc7**

Schwarz deckt b7, da die Drohung 11.e5!, mit Abzugsangriff auf den Läufer bestand. Hier sehen wir, dass Schwarz gut daran getan hat, 8...a6 anstelle von 8...0-0 zu spielen, da Weiß sonst in der Lage gewesen wäre, jetzt das lästige 11.Sdb5 zu spielen.

11.Le3 0-0

Nicht 11...Dxc4 12.e5! usw.

12.Tc1 Sbd7

Und jetzt ist die Strafe für 12...Dxc4 das entscheidende 13.Sd5, weshalb Schwarz die Entwicklung abschließt.

13.f4 (Diagramm 13)

Schwarz muss sich jetzt entscheiden, wie er seine Türme aufstellt. Vielleicht ist hier der solideste Zug 13...Tfe8, so dass 14.f5 mit 14...Lf8 beantwortet werden kann. Hier ein Beispiel, wie Schwarz nach 13...Tfd8 in einer Partie vom Brett gefegt wurde:

Partie 18
□ **Psachis** ■ **Hovmoller**
Kopenhagen 2000

1.c4 c5 2.Sf3 Sf6 3.g3 b6 4.Lg2 Lb7 5.0-0 e6 6.Sc3 Le7 7.Te1 d6

Stattdessen war es möglich, e2-e4 für ein paar Züge mit 7...Se4 zu behindern. Der Springerabtausch sollte Schwarz helfen.

TIPP: Wenn Sie über weniger Raum verfügen, verringert der Tausch einer Figur das Gedränge. Nach 8.Sxe4 Lxe4 9.d3 Lb7 10.e4 0-0 11.d4 cxd4 12.Sxd4 d6 13.b3 a6 14.Le3 Sd7 15.f4 Te8 16.Lf2 Dc7 hatte Schwarz in Vallejo Pons-Adams, Linares 2002, eine solide Stellung, obwohl es Weiß dennoch gelang, mit dem Vorstoß des g-Bauern einen Angriff zu inszenieren.

8.e4 a6 9.d4 cxd4 10.Sxd4 Dc7 11.Le3 0-0 12.Tc1 Sbd7 13.f4 Tfd8 14.f5!?

Weiß muss lange und hart nachdenken, bevor er einen solch verpflichtenden Zug spielt, der ein großes Loch auf e5 hinterlässt, was das perfekte Feld für einen schwarzen Springer sein würde. Allerdings kann Schwarz in diesem Fall das Loch nicht ausnutzen, da er e6 durch 13...Sf8 mit dem Springer decken muss, anstatt ihn nach e5 zu stellen. Der weiße Alternativplan würde g3-g4 und g4-g5 beinhalten, mit allmählichem Vordringen am Königsflügel. Doch nach der schwarzen Antwort sah der Textzug sehr gut aus.

14...e5?

Ein schrecklicher Zug, der einfach das Feld d5 aufgibt. Eine andere schlechte Idee ist 14...exf5 15.Sxf5, wonach der Springer auf f5 und die Möglichkeit Sd5 zu spielen, das Feld e5 aufwiegen. Wie gesagt war das defensive 14...Sf8 notwendig, mit der Aussicht auf einen harten Kampf.

15.Sd5!

Schwarz muss in diesem Stellungstyp, in dem er eine Dame auf c7 und der Weiße einen Turm auf c1 hat, immer auf einen Springerausbruch auf d5 aufpassen. Manchmal, wenn Schwarz noch einen Bauern auf e6 hat, kann Weiß diesen Zug auch als wirkliches Opfer spielen, da der Druck, der nach ...e6xd5 und dem Zurückschlagen c4xd5 entsteht, eine Figur wert sein kann. Natürlich verlangt ein solches Opfer ein sehr feines Urteilsvermögen, eine Eigenschaft, die ein Spieler entwickeln muss, wenn er erfahrener wird. Im Gegensatz dazu riskiert hier Psachis nichts, da dies kein Opfer ist, sondern nur ein Manöver, um die c-Linie zu seinem Vorteil zu öffnen.

15...Lxd5

Der einzige Weg zu kämpfen war 15...Sxd5 16.cxd5 Sc5, wonach der Läufer zumindest auf b7 bleibt, um dort um das Feld c6 zu kämpfen.

16.cxd5 Db7 17.Sc6 (Diagramm 14)

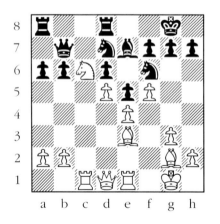

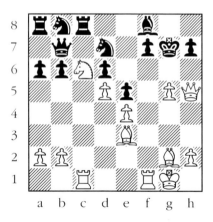

Diagramm 14

Superspringer!

Diagramm 15

Die Dame entscheidet

17...Te8

Ein Traumfeld – gedeckt, zentral und unbehelligt von einem Bauernangriff. Jetzt bringt Psachis den Angriff unter Dach und Fach, bevor Schwarz den Springer beseitigen und sich von dessen gewaltigem Schatten befreien kann.

18.g4! Sb8 19.g5 Sfd7 20.f6!

Hindert Schwarz daran, Linien mit 20...f6 zu schließen. Hier sehen wir den weißen Bauernsturm am Königsflügel in seiner tödlichsten Form. Da die schwarzen Figuren in Unordnung stehen, schwebt der weiße König trotz all der offenen Linien um ihn herum absolut nicht in Gefahr. Im Gegensatz dazu steht der schwarze König kurz davor, von den weißen Figuren pulverisiert zu werden.

20...Lf8

Im Falle von 20...gxf6 kann Weiß die gleichen Angriffszüge wie in der Partie spielen – Dh5, Tf1, Lh3 usw.

21.Tf1!

Ich glaube nicht, dass es Psachis hier sehr gestört hat, dass er ein Tempo 'vergeudet' hat, indem er 7.Te1 gespielt und dann mit dem Turm nach f1 zurückgekehrt ist.

21...Tc8 22.fxg7 Kxg7 23.Dh5 (Diagramm 15) 23...Sc5 24.Lh3 Te8 25.Lf5 1-0

Schwarz hat nie Zeit zu ...Sxc6 gefunden. Es ist lehrreich, dass der Springer auf c6 nicht am direkten Angriff teilgenommen hat, aber sein übel wollender Einfluss hat im schwarzen Lager so viel Chaos angerichtet, dass die anderen weißen Figuren in der Lage waren, den König zu erlegen.

Das Doppelfianchetto

1.c4 c5 2.Sf3 Sf6 3.g3 b6 4.Lg2 Lb7 5.0-0 g6 6.Sc3 Lg7 (Diagramm 16)

Schwarz spielt im wahren Geist des hypermodernen Schachs, indem er die Zentrumsbauern zurückhält und danach trachtet, von den Flügeln aus Druck auf das weiße Zentrum auszuüben. Tatsächlich hat Schwarz, anstatt ein 'schmales Zentrum' im Igel-Stil mit Bauern auf d6 und e6 zu errichten, gar kein Zentrum errichtet! Das Gute daran ist, dass es für Weiß keine strukturellen Schwächen auszunutzen gibt – keine Löcher auf d6 oder e6 zum Beispiel. Das Schlechte daran ist, dass Schwarz den weißen Raumvorteil noch nicht angefochten hat. Früher oder später muss er das tun, sonst wird sein Mangel an Raum zu Schwierigkeiten führen.

Dies bringt uns zum Thema Flexibilität. Wir haben gesehen, dass die Bauernaufstellung im eigentlichen Igel dem Schwarzen Flexibilität verliehen hat, da er mit seinen Bauern auf alle möglichen Arten losschlagen konnte. Im Doppelfianchetto hat er sogar noch mehr Möglichkeiten, wenn es darum geht, sich für einen Typ Bauernzentrum zu entscheiden. Allerdings gibt es einen Nachteil: ein Bauernzentrum mit d6-e6 mit dem Läufer auf g7 zu errichten, macht den Bauern d6 anfälliger, als im traditionellen Igel, wenn Schwarz ...Le7 spielt. Deshalb ziehen es die meisten Spieler vor, den Läufer nach e7 zu stellen und ihn erst später nach g7 zu überführen, sobald die Verteidigung des Bauern d6 einmal gesichert ist. Dies ist teilweise eine Frage der Mode, da das Doppelfianchetto in der Vergangenheit in den Partien von Karpow, Kasparow und anderen Spitzenspielern aufgetaucht ist.

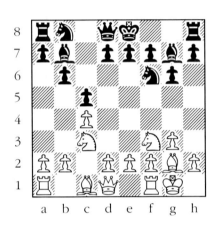

Diagramm 16
Hypermoderne Läufer

Partie 19
□ **Karpow** ■ **Timman**
Amsterdam 1981

1.c4 c5 2.Sf3 Sf6 3.g3 b6 4.Lg2 Lb7 5.0-0 g6 6.Sc3 Lg7 7.d4 Se4

Es sieht einladend aus, 7...cxd4 8.Sxd4 Lxg2 9.Kxg2 zu spielen, denn gewöhnlich ist dieser Läufertausch im Igel eine gute Sache für Schwarz. Nichtsdestotrotz enthält die Variante 9...Dc8 10.b3 Db7+ 11.f3 immer noch verstecktes Gift. Dann richtet sich 11...d5 gegen e2-e4, was Weiß dank seiner Kontrolle des Zentrums mit Hilfe der Maroczy-Formation einen bequemen Vorteil geben würde. Wenn Schwarz den Aufbau mit d6/e6 und ...Le7 angewandt hätte, dann könnte er den Maroczy Aufbau problemlos zulassen, da er gut aufgestellt wäre, um ihm mit der allmählichen Vorbereitung des Vorstoßes ...d6-d5 zu begegnen, aber mit dem Läufer auf g7 ist dies nicht der Fall. Nach (11...d5) 12.cxd5 Sxd5 13.Sxd5 Dxd5 14.Le3 Sc6 15.Sxc6 Dxc6 16.Tc1 De6 17.Dd3 0-0 18.Tfd1 hat Weiß trotz der Abtäusche und der beinahe symmetrischen Struktur dank des Umstands, dass seine Türme die Zentrumslinien als erste erreicht haben, einen kleinen Vorteil. Deshalb würde ich empfehlen, dass Schwarz diese Variante vermeidet.

8.Sxe4 Lxe4 9.d5

Karpow ist nie ein Spieler gewesen, der einen Raumvorteil ausgeschlagen hat.

9...0-0 10.Lh3!

Jetzt vermeidet Weiß den Läufertausch und droht 11.Sd2 oder 11.Sg5, wonach der Läufer auf e4 Gefahr läuft, sein Leben zu verlieren. Deshalb muss Schwarz den Läufer für den Springer geben. Stattdessen gestattete 10.Se1?! Schwarz in Waganjan-Timman, Niksic 1978, mit dem thematischen Bauernopfer 10...Lxg2 11.Kxg2 b5! 12.cxb5 Db6 13.Da4 Db7 14.Dc4 d6 15.a4 a6 die Initiative zu ergreifen, wonach Schwarz eine gute Version des Wolga-Benkö-Gambits erreicht hatte. Hier sehen wir die Flexibilität des schwarzen Aufbaus in ihrem besten Licht.

10...Lxf3 11.exf3

Wie in der Karpow-Topalow Partie (Kapitel Zwei) wird der Ex-Weltmeister die offene d-Linie und die verdoppelten f-Bauern zu seinem Vorteil nutzen.

11...e5

Timman plant sich mit ...d7-d6, ...Sd7 und ...f7-f5 mit guter Stellung zu entwickeln.

12.f4! (Diagramm 17)

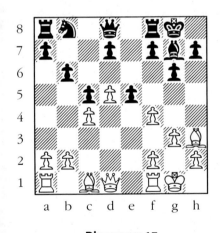

Diagramm 17

Weiß öffnet Linien

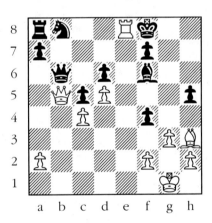

Diagramm 18

Weiß dringt ein

Dieses Bauernopfer ist der einzige Weg, um Schwarz zu stören. Karpow öffnet die e-Linie für seine Türme und die Diagonale für den Damenläufer.

12...exf4 13.Lxf4 Lxb2 14.Tb1 Lf6 15.Da4!

Ein feiner Zug. Schwarz wird daran gehindert, seinen Springer mit ...d7-d6 und

...Sd7 zu entwickeln, beinahe bevor er selbst daran gedacht hat! Auch nach a6 kann der Springer nicht gehen. Deshalb bleibt der schwarze Damenflügel eingeschnürt. Nichtsdestotrotz verfügt Weiß über keine Bauernvorstöße mehr, weshalb sein ganzer Druck auf Figurenspiel beruht. Noch enthält die schwarze Bauernstruktur irgendwelche offensichtlichen Schwächen – es ist schwer, d6 anzugreifen. Also sollten wir den weißen Vorteil nicht übertreiben.

15...d6 16.Tb3 h5!

Ein ausgezeichneter Verteidigungszug. Die schwarzen Bauern kommen seinen Figuren zu Hilfe.

17.Te1 g5

Die Pointe. Wenn der Läufer zurückzieht, dann kann sich Schwarz nach 18...g4 und 19...Sd7 entwickeln, wonach er plötzlich Gewinnchancen hat. Deshalb opfert Karpow den Läufer, um den Angriff aufrecht zu erhalten.

18.Tbe3! gxf4 19.Te8 b5!

Jetzt verschafft ein Bauernvorstoß am Damenflügel der schwarzen Dame Raum.

20.Dxb5 Db6 21.Txf8+ Kxf8 22.Te8+ (Diagramm 18) 22...Kg7 23.gxf4 Dxb5 24.cxb5

Die Damen wurden getauscht und Schwarz hat immer noch eine Figur mehr, aber wie wird er je seinen Damenturm befreien können? Es scheint, als könnte er nur warten, während Karpow seinen König heranbringt. Doch Timman findet einen Weg, um den Läufer dem belagerten Damenflügel zu Hilfe kommen zu lassen.

24...Lc3! 25.Lf1 La5 26.Tc8 Kf6 27.Kg2 Ke7 28.Kf3 Ld8 29.a4 a6 30.bxa6 Kd7 31.Lh3+ Ke7 32.Lf1 Kd7 ½-½

Diese erzwungene Zugwiederholung ist ein würdiges Ende eines wirklich ausgeglichenen Kampfes.

Nimzo-Englische Variante

Einleitung

In diesem Kapitel schauen wir uns Varianten an, in denen sich Schwarz entscheidet, die Stellung im Nimzo-Indischen Stil zu behandeln.

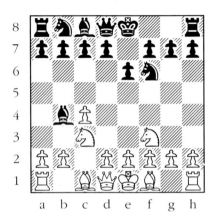

Diagramm 1
Nimzo-Indisch ohne d2-d4

Eine Warnung zur Zugfolge

Es ist wichtig hier die Zugfolge zu bedenken. In der Praxis entsteht die Diagrammstellung am häufigsten über die Réti-Zugfolge 1.Sf3 Sf6 2.c4 e6 3.Sc3 Lb4, während eine andere Möglichkeit, sie zu erreichen, 1.c4 Sf6 2.Sf3 e6 3.Sc3 Lb4 ist. In beiden Fällen ist Schwarz zu seinem Aufbau gekommen, aber wenn Weiß mit 1.c4 Sf6 2.Sc3 eröffnet, dann hat er die Chance, den schwarzen Plan mit 2..e6 3.e4!?, dem scharfen Mikenas-Angriff, zu durchkreuzen. Dies kann Schwarz erhebliche Probleme bereiten. Wenn Sie sich als Schwarzer darauf nicht einlassen wollen, dann könnten Sie gut daran tun, eine andere Variante gegen 2.Sc3 zu lernen und sich Nimzo-Englisch für die Partien aufzubewahren, in denen Weiß Sf3 im ersten oder zweiten Zug spielt.

Hauptvariante mit 4.Dc2 oder 4.Db3

Theoretisch?

Die Nimzo-Englische Hauptvariante ist positioneller Natur – es ist wichtiger, die Ideen zu verstehen, als eine Menge Varianten zu kennen.

Strategien

Die prinzipielle Idee des Schwarzen 1.c4 Sf6 2.Sf3 e6 3.Sc3 mit 3...Lb4 zu beantworten, ist es, den schwarzfeldrigen Läufer außerhalb der Bauernkette zu stellen, anstatt ihn nach ...c7-c5 oder ...d7-d6 hinter den eigenen Bauern einzuschließen. Wenn das bedeutet, dass er in manchen Varianten ...Lxc3 spielen muss, und so seinen Läufer gegen einen Springer gibt, ohne dem Weißen strukturelle Schäden zuzufügen, so ist das der Preis, den Schwarz zu zahlen bereit ist, um eine reibungslose Aufstellung seiner anderen Figuren und Bauern zu erreichen.

In den zwei Partien von Michael Adams, die hier präsentiert werden, sehen wir den schwarzen Plan in klarer Form. Trotz seines breiten Repertoires hat Adams es nie sehr gemocht, seinen Läufer auf g7 zu fianchettieren. Wenn er deshalb das Zentrum schließen, aber seinen Läufer nicht auf g7 fianchettieren möchte, dann muss er zuerst seinen Läufer ins Spiel bringen. Mit 3...Lb4 bringt er den Läufer auf ein aktives Feld und dann stellt er seine Zentrumsbauern auf c5, d6 und e5. Wenn er dieses Zentrum errichtet hätte, bevor er den Läufer entwickelt, dann wäre der Läufer eine passive Figur, weniger wertvoll als der Springer auf c3, den er nach 3...Lb4 im geeigneten Moment abtauschen kann. Dieser Springer, der das Loch kontrolliert, das durch das schwarze Bauernmuster im Zentrum c5/d6/e5 entstanden ist, lohnt die Mühe beseitigt zu werden.

Weiß für seinen Teil ist froh, das Läuferpaar zu haben und wird sein Bestes tun, um Linien für die Läufer zu öffnen. Natürlich ist es möglich, diese Strategie zu weit zu treiben, wie Van Wely in der ersten Beispielpartie feststellt. Aber wenn es Weiß gelingt, das schwarze Zentrum unter günstigen Umständen aufzubrechen, dann kann das Läuferpaar tödlich werden. In diesem Fall würde sich Schwarz schließlich doch wünschen, dass er seinen schwarzfeldrigen Läufer behalten hätte – selbst wenn er die meiste Zeit auf einem passiven Feld verbracht hätte – damit er um die Kontrolle der schwarzen Felder kämpfen könnte.

In der Anand-Partie sehen wir den vollständigen Triumph der weißen Strategie.

Partie 20

□ **Van Wely** ■ **Adams**

Wijk aan Zee 2000

1.c4 Sf6 2.Sf3 e6 3.Sc3 Lb4 4.Dc2

Indem er die Verdoppelung seiner Bauern verhindert, trifft Weiß Vorbereitungen, das Läuferpaar ohne strukturelle Schwächen zu bekommen.

4...0-0 5.a3 Lxc3

Erzwungen, da 5...Le7 Zeitverlust bedeutet und 5...La5?? den Läufer verliert!

6.Dxc3 b6

Es sieht so aus, als ob Schwarz ...Lb7 vorbereitet, obwohl der Läufer – seltsam genug – dieses Feld nie betritt.

7.b4 a5!

Nichtsdestotrotz rechtfertig dieser Bauernstich die Entscheidung 6...b6 zu spielen. Nach dem folgenden Abtausch auf b4 und a1 könnte man behaupten, dass das Brett um eine Reihe schrumpft, da auf der a-Linie nichts übrig bleibt. Dies sind gute Nachrichten, wenn Ihr Gegner zwei weit reichende Läufer hat, da es bedeutet, dass Ihre Springer in einem Endspiel weniger leicht in einem Sprint abgehängt werden.

8.Lb2 d6 9.g3 axb4 10.axb4 Txa1+ 11.Lxa1 c5 12.Lg2 e5 (Diagramm 2)

 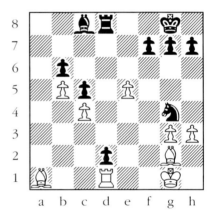

Diagramm 2

Der Bauernwall des Schwarzen

Diagramm 3

Der Bauer d2 dominiert

Schwarz errichtet das in der Einleitung zu diesem Kapitel besprochene Bauerntrio c5/d6/e5. Er kann das jetzt reinen Gewissens tun, da er nicht mehr länger über einen schwarzfeldrigen Läufer verfügt, der durch diesen Plan eingeschränkt wird. Im Gegensatz dazu stellt der weiße Läufer auf a1 fest, dass er auf e5 eine Mauer anstarrt. Das Ergebnis der Partie hängt davon ab, ob es Weiß gelingt, die schwarzen Bauern aufzubrechen und seinen Läufer zu befreien. Beachten Sie bei all dem, dass der weiße Läufer auf g2 eine weit offene Diagonale besitzt, die ihm aber wenig Freude bringt, da es dort nichts anzugreifen gibt. Im Gegensatz dazu würden Drohungen gegen den schwarzen König entstehen, wenn Weiß mit e2-e3 oder d2-d4 zum richtigen Zeitpunkt den Punkt e5 durchbrechen könnte.

13.0-0 Sc6 14.b5 Sd4!

Dies musste sorgfältig durchdacht werden, da es oberflächlich betrachtet so scheint, als würde Schwarz seinem Gegner ein Angriffsziel auf d4 geben, das dazu benutzt werden kann, einen Durchbruch im Zentrum zu unterstützen.

15.Sxd4 cxd4 16.Db4 Dc7 17.e3 Dc5!

Die Dame kommt gerade rechtzeitig, um die Bauern zu unterstützen. Andernfalls wäre 17...dxe3 18.fxe3 alles gewesen, was sich Weiß gewünscht hat: sein Turm auf f1 erwacht zum Leben und der Läufer auf a1 hat mehr Raum, was durch d2-d4 zum rechten Zeitpunkt noch weiter verstärkt werden kann.

18.Dxc5

Dies sieht praktisch erzwungen aus, da 18.Db3 dxe3 19.dxe3 Le6 unbequem für Weiß ist, da der Bauer c4 in Schwierigkeiten steckt (20.d3? Dxe3+).

18...dxc5 19.f4

Weiß setzt den gewünschten Vorstoß durch, aber zu einem erheblichen Preis. Der Abtausch der Damen und Springer bedeutet, dass sich die weißen Angriffschancen gegen den schwarzen König verflüchtigt haben. Die einzige Hoffnung zu gewinnen, beruht darauf, dass der Läufer den Bauern auf b6 irgendwie mit Lc7 angreifen kann. Dass dies passiert ist unwahrscheinlich, nicht zuletzt, weil Weiß einen eigenen schwachen Bauern auf c4 hat, der mit dem sofortigen ...Le6 sehr viel leichter angegriffen werden kann. All diese Überlegungen erweisen sich nach dem weißen Patzer im nächsten Zug jedoch als akademisch.

19...dxe3 20.fxe5??

Er musste mit 20.dxe3 zurücknehmen, wonach die Chancen gleich sind.

20...exd2!

Eine unangenehme Überraschung für Weiß. Van Wely ist ein sehr starker GM, und es ist unwahrscheinlich, dass er im 20. Zug in Zeitnot war – ich frage mich, was er übersehen hat? Es ist nicht schwer zu sehen, dass der Bauer nach 21.exf6 Lg4 zur Dame geht und Schwarz die Qualität gewinnt.

21.h3 Td8 22.Td1 Sg4! (Diagramm 3)

Wahrscheinlich hat Van Wely dies übersehen. Eine weitere schwarze Figur nutzt das Feld g4. Jetzt gewinnt 23.hxg4 Lxg4 leicht für Schwarz. Weiß hat keine andere Wahl, als den Freibauern zu beseitigen und in ein Endspiel mit ungleichfarbigen Läufern und zwei Minusbauern einzulenken.

23.Lc3 Se3 24.Txd2 Txd2 25.Lxd2 Sxg2 26.Kxg2 Kf8 27.e6

Der einzige Weg, um Widerstand zu leisten, ist der, eine Linie für den Läufer zu öffnen, um den Bauern b6 anzugreifen, da er sonst nach ...Le6 einfach seine Damenflügelbauern verlieren wird.

27...Lxe6 28.Lf4 Lxc4 29.Lc7

Der Läufer hat die ganze Partie über davon geträumt, die Basis der schwarzen Bauernkette am Damenflügel anzugreifen, aber nicht unter diesen katastrophalen Umständen.

29...Ke7 30.Kf3 Lxb5 31.Lxb6 Kd6

Jetzt beginnt ein langer und mühseliger Abschnitt. Die Remistendenz von Endspielen mit ungleichfarbigen Läufern ist gut bekannt, weshalb Adams vorsichtig vorgehen muss. Die Theorie erklärt, dass der Spieler, der zwei Bauern mehr hat, Freibauern im Abstand von mindestens drei Reihen zueinander schaffen muss, um einen gut platzierten gegnerischen Läufer und König zu überwältigen. Doch in diesem besonderen Szenario kann Schwarz die Schwäche der verbleibenden weißen Bauern ausnutzen, um sicher zu stellen, dass die weißen Figuren ihre optimalen Felder nicht erreichen.

Der Vollständigkeit halber folgen hier die restlichen Züge: **32.h4 Kd5 33.Ke3 Ld7 34.Ld8 Kd6 35.La5 h6 36.Kf4 f6 37.Ld8 Ke6 38.Ke4 Lc6+ 39.Kd3 Lb5+ 40.Ke4 Ld7 41.Kd3 Kd6 42.Ke4 Lg4 43.Kf4 Ld1 44.Ke3 Lc2 45.Kd2 Lb1 46.Ke3 Ke6 47.Lb6 c4 48.Ld4 Kf5 49.Lc3 Lc2 50.Kf3 Ld1+ 51.Ke3 g5 52.Lb2 Lh5 53.Lc3 Lf7 54.Kf3 Ld5+ 55.Kf2 Lc6 56.Ke3 La4 57.Kf3 Ld1+ 58.Ke3 Kg6 59.Kd4 Le2 60.Lb4 Kh5 61.Lf8 f5 62.Ke5 Ld3 63.hxg5 hxg5 64.La3 Kg4 65.Lc1 Le2 66.Ld2 Ld1 67.Kd4 Lb3 68.Ke5 La2 69.Lc1 c3 70.Kd4 c2 71.Ke5 Lb3 72.Ld2 La4 73.Lc1 Ld7 74.Ld2 Kxg3 75.Lxg5 Kf3 76.Lc1 Ke2 0-1**

Partie 21

☐ **Anand** ■ **Adams**

Linares 1999

1.c4 Sf6 2.Sf3 e6 3.Sc3 Lb4 4.Db3

Eine aktivere Herangehensweise als 4.Dc2.

4...c5

Schwarz möchte nicht ...Lxc3 spielen, ohne zumindest den Zeitverlust a2-a3 aus Weiß 'herausgekitzelt' zu haben.

5.g3 Sc6 6.a3 La5

Schwarz erhält die Spannung mit einem Rückzug aufrecht, der in der Van Wely Partie nicht möglich war.

7.Lg2 0-0 8.0-0 d6

Adams strebt das Bauernzentrum an, mit dem er in der vorhergehenden Partie so gut gefahren ist. Vielleicht ist 8...d5!? 9.d3 h6 (um die Fesselung mit Lg5 zu unterbinden) die bessere Alternative, nach der Schwarz im Zentrum gut verankert steht.

9.e3!

Nachdem Sie gesehen haben, was in der obigen Partie geschah, werden Sie zustimmen, dass es für Weiß eine gute Idee ist, ...Sd4 zu unterbinden.

9...e5 10.d3 Tb8 11.Sd2 Lf5 12.Sd5!?

Weiß nutzt den Springer, um seinen Griff auf das Zentrum zu verstärken, bevor Schwarz die Möglichkeit hat, seine Meinung zu ändern und ...Lxc3 zu spielen.

12...Sxd5 13.cxd5 Se7?!

Anand meint im Informator 75, dass Schwarz mit 13...Lxd2! 14.Lxd2 Se7 seinen entfernt stehenden Läufer gegen den anderen Springer hätte tauschen sollen, wonach Weiß nur leichten Vorteil hat.

14.Sc4

Den weißen Springern hätte nie erlaubt werden sollen, sich dem Zugriff des Läufers zu entziehen. In dem Versuch seinen Fehler zu korrigieren schwächt Adams sein Zentrum ernsthaft.

14...b5?

Es war weit besser, sich mit 14...Lc7 zu einem Ball zusammen zu rollen, obwohl 15.a4 den Springer auf c4 hält und bequemen Vorteil für Weiß bewahrt.

15.Sxa5 Dxa5 16.e4 Ld7 17.Dd1!

Ein ausgezeichneter Rückzug, der demonstriert, das Weiß den strategischen Kampf gewonnen hat. Schwarz muss es bitter bereut haben, mit 14...b5 losgeschlagen zu haben, da er jetzt die Deckung von c5 nicht mehr länger mit ...b7-b6 verstärken kann. Um die Dinge noch schlimmer zu machen, gewinnt Weiß Zeit mit dem methodischen Angriff gegen c5, indem er die schwarze Dame angreift.

17...f5 18.b4! (Diagramm 4)

Dieses zeitweilige Baueropfer räumt den Weg für den kommenden zerstörerischen Vorstoß d3-d4, wonach sich das stolze Zentrum c5/d6/e5 vollkommen auflösen wird. Wenn dies einmal geschehen ist, wird der weißfeldrige Läufer des Weißen eine gewaltige Figur sein.

18...cxb4 19.Lg5! Sc8 20.Dd2 f4

Anstatt zu warten, bis Weiß das Zentrum sprengt, macht Schwarz den Versuch Gegenspiel am Königsflügel zu bekommen. Dies bedeutet die freiwillige Aufgabe der Bauernbastion auf e5. Deshalb braucht Anand den Vorstoß d3-d4 nicht mehr durchzusetzen; seine Aufmerksamkeit sollte sich stattdessen darauf konzentrieren die schwarze Aktivität zu unterdrücken. Wenn das erreicht ist, werden sein starkes Zentrum und sein wunderbarer schwarzfeldriger Läufer Weiß alle Chancen auf einen Sieg geben.

21.gxf4 h6 22.Lh4 exf4

Nach 22...Txf4 23.Lg3 Tf8 24.f4! usw. wird Schwarz im Zentrum zerschmettert.

23.f3!

Weiß räumt den Weg für Lf2 und Ld4.

23...Db6+ 24.Lf2 Dd8 25.axb4 Dg5

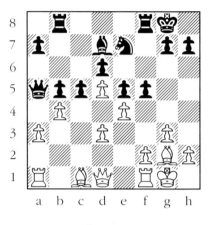 

Diagramm 4

Weiß schlägt zu

Diagramm 5

Die Läufer dominieren

Adams ist ein phantastischer Verteidiger und unternimmt alles Mögliche, um dynamisches Gegenspiel zu bekommen. Aber die Logik der Stellung ist gegen ihn – und es ist schwierig, jemanden mit einer Elo-Zahl von 2781 hereinzulegen.

26.Kh1 Dh5 27.Tg1

Nach der Partie meinte Anand, das plumpe 27.Lxa7 Sxa7 28.Txa7 war der einfachere Weg zum Gewinn, aber wer könnte es ertragen, sich von einem so wunderbaren Läufer zu trennen?

27...Tb7 28.Ld4 Tf7 29.Df2 Kh7 30.Tgc1 Se7 31.Ta6 Sg6 32.Txd6 Sh4 33.Lb2 Tb6 34.Txd7!

Weiß erstickt den Großteil der schwarzen Schwindelchancen, indem er den Läufer beseitigt.

34...Txd7 35.Lh3

Der Läufer hat sich plötzlich von einem 'Großbauern' auf g2 in die eine Hälfte eines schlagkräftigen Angriffsduos verwandelt.

35...Tf7 36.Lg4 Dg5 37.Le6 (Diagramm 5) 37...Tfb7 38.Tg1 Dd8

Das schwarze Problem besteht darin, dass er von den Freibauern erledigt wird, selbst wenn er den Angriff am Königsflügel überleben sollte.

39.Df1!

Eine elegante Note, ein Echo des ruhigen und ebenso tödlichen 17.Dd1!, denn jetzt strebt die Dame nach h3, wo sie Chaos anrichten wird.

39...Ta6 40.Dh3 Ta2 41.Le5 Td2 42.d4 Td3 43.Lf5+ Kg8 44.Lc8! Sxf3 45.De6+ 1-0

Schwarz wird nach 45...Kh7 (45...Kh8 46.Dxh6+) 46.Dg6+ Kg8 47.Le6+ Kf8 48.Lxg7+ usw. vernichtet.

Bislang haben wir die Hauptvariante betrachtet, in der Weiß das solide 4.Dc2 oder 4.Db3 spielt. Eine ganz andere Herangehensweise für Weiß ist 4.g4!?...

Das verblüffende 4.g4!?

1.c4 Sf6 2.Sf3 e6 3.Sc3 Lb4 4.g4!? (Diagramm 6)

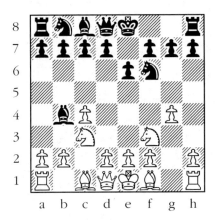

Diagramm 6

Weiß haucht der Partie Feuer ein

Theoretisch?

Sie sollten mit Schwarz besser eine gute Variante gegen diesen Zug lernen oder ein paar Abspiele untersuchen, wenn Sie als Weißer so spielen wollen.

Strategien

Ich habe Nimzo-Englisch immer als ziemlich trockene positionelle Variante betrachtet, bis ich diese bemerkenswerte Idee aus dem Labor GM Michel Krasenkows gesehen habe. Dem polnischen Großmeister gefällt es eindeutig, seinen g-Bauern nach vorn zu stoßen (siehe auch seine Partie gegen Macieja in

Kapitel Zwei).

Tatsächlich ist der Bauernvorstoß eine logische Antwort auf den dritten Zug des Schwarzen. Da Weiß bislang noch nicht d2-d4 gespielt hat, ist sein Springer nicht gefesselt; sein Zentrum bleibt sehr solide und wird kaum erschüttert werden, wenn sich Schwarz entscheidet, auf c3 zu nehmen. Deshalb kann sich Weiß mehr Freiheiten erlauben, als er in der Hauptvariante des Nimzo-Inders wagen würde.

Außerdem hat den Läufer nach b4 zu ziehen zweifelsohne den schwarzen Königsflügel geschwächt und dies rechtfertigt einen sofortigen Angriff dort.

Die Philosophie hinter dieser Variante gleicht der in der Variante der Slawischen Verteidigung mit 1.d4 d5 2.c4 e6 3.Sc3 c6 4.e3 Sf6 5.Sf3 Sbd7 6.Dc2 Ld6 7.g4!? usw. Sie erinnert mich auch an die Strategie, die von dem englischen Exzentriker und Internationalen Michael Basman angewendet wird, der mit Weiß 1.g4!? spielt. Seine Begründung lautet, dass die Zentrumsbauern zurück gehalten werden sollten, so dass sie einen soliden Panzer um den König bilden – sie sind praktisch das Äquivalent einer Rochadestellung, nur im Zentrum. Währenddessen können die Figuren auf den Flügeln entwickelt werden. Dahinter steckt viel Sinn; der prinzipielle Einwand lautet, dass es schwierig wird, die Figuren zu koordinieren, wenn der König im Zentrum bleibt. Insbesondere ist es schwierig, die Türme zusammen arbeiten zu lassen.

Hier hat Krasenkow seine Zentrumsbauern zurückgehalten, damit Schwarz seinen Flügelangriff nicht mit einem ernüchternden Gegenangriff im Zentrum beantworten kann – das klassische Rezept, um auf 'krumme' Züge am Flügel wie g2-g4 zu reagieren. Sein König wird eine Zeit im Zentrum bleiben, aber zu gegebener Zeit wird er zum plötzlich zum Damenflügel entwischen, nicht unbedingt zu seiner eigenen Sicherheit, sondern eher, um den Damenturm ins Spiel zu bringen.

Die unmittelbare taktische Rechtfertigung für den Zug ist, dass Weiß nach 4...Sxg4 5.Tg1 Sf6 6.Txg7 bereits erfolgreich einen Turm auf der siebten Reihe platziert hat.

Partie 22
☐ **Krasenkow** ■ **Romanischin**
Lviv 2000

1.c4 Sf6 2.Sf3 e6 3.Sc3 Lb4 4.g4!? 0-0

Der schwarze König rochiert in den Sturm hinein. Vielleicht ist der beste Zug 4...h6!?, wobei die Pointe dahinter ist, dass er Schwarz Zeit genug gibt, um ...Se4 zu spielen, bevor Weiß den Springer mit g4-g5 bedrohen kann. Zum Beispiel 5.Tg1 b6! 6.h4 Lb7 7.g5 hxg5 8.hxg5 Se4 9.Dc2 Sxc3 10.dxc3 Ld6 11.Le3

Sc6 und Schwarz war bereit, die Aufstellung seiner Figuren mit ...Se7, ...Sg6,
...De7 und ...0-0-0 zu vollenden, Van Wely-Timman, Wijk aan Zee 1999.

5.g5 Se8

Im Gegensatz zum obigen Fragment der Timman-Partie wurde der Springer
zum Rückzug auf ein schmähliches Feld gezwungen. Es ist deshalb kein
Wunder, dass Schwarz nicht in der Lage ist, ausreichend Gegenspiel im
Zentrum zu erzeugen.

6.Dc2 d5 7.b3!

Der weiße Damenläufer wird bald drohend auf g7 gerichtet sein.

7...Le7

Die Weigerung des Weißen d2-d4 zu spielen hat dem Läufer auf b4 jeden Sinn
genommen. Deshalb überführt ihn Schwarz nach e7, in der Hoffnung später
um die Schlüsseldiagonale a1-h8 kämpfen zu können.

8.Tg1 c5 9.e3

Macht nicht nur den Weg für den Läufer frei, der jetzt auf d3 am Angriff
teilnehmen kann, sondern macht es für Schwarz auch schwerer, eine solide
Blockade der Gefahrendiagonale mit ...d5-d4 zu errichten.

9...Sc6 10.Ld3 (Diagramm 7)

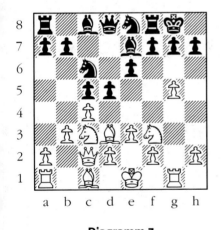

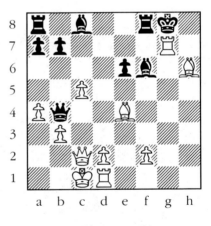

Diagramm 7

Der Druck wächst

Diagramm 8

Siedepunkt!

10...f5

Hiernach hat Weiß die offene g-Linie, auf der er seinen Angriff entwickeln
kann. Allerdings gab es keine gute Alternative für Schwarz, zum Beispiel
10...Sb4 11.Lxh7+ Kh8 12.Db1, wonach 12...g6 13.Lxg6 fxg6 14.Dxg6 (mit der
Absicht 15.Tg3 usw.) entscheidend ist, da 14...Tg8 an 15.Dh6 matt scheitert.

Als Antwort auf 10...g6 hat Weiß 11.a3! (um ...Sb4 zu verhindern) gefolgt von Lb2 und h2-h4-h5 mit einem tödlichen Angriff.

11.gxf6 Sxf6 12.a3 De8

Die schwarze Dame eilt zur Verteidigung des Königsflügels, wird aber selbst zum Angriffsziel.

13.Lb2 Dh5 14.Le2 d4 15.Sxd4 Sxd4 16.exd4 Dxh2 17.0-0-0 cxd4 18.Se4

Ob Weiß jetzt gewinnt oder nicht, ist schwer definitiv zu sagen, aber klar ist, dass in der Praxis eine unglaubliche Verteidigungsleistung nötig wäre, um einen solchen Angriff abzuwehren.

18...Df4 19.Ld3 Sxe4 20.Lxe4 h6 21.Lxd4 Lf6 22.Le3 Dd6 23.c5 Da6 24.a4 Da5 25.Lxh6 Db4

Ein letzter, verzweifelter Versuch. Schwarz droht Matt in zwei Zügen, also muss Weiß eine tödliche Zugfolge mit Schachgeboten finden. Krasenkow vollendet stilvoll.

26.Txg7+!! (Diagramm 8) 26...Lxg7 27.Lh7+ Kh8 28.Lxg7+ Kxg7 29.Dg6+ Kh8 30.Dh5! Txf2

Wenn Schwarz auf a3 Schach gibt, dann strebt der König nach c3.

31.Le4+ Kg7 32.Tg1+ Kf8 33.Dh6+ Ke7 34.Tg7+ Tf7 35.Dg5+ Ke8 36.Tg8+ 1-0

Nach 36...Tf8 37.Dg6+ Ke7 38.Tg7+ Kd8 39.Dg5+ folgt das Matt.

Der Mikenas-Angriff

1.c4 Sf6 2.Sc3 e6 3.e4!? (Diagramm 9)

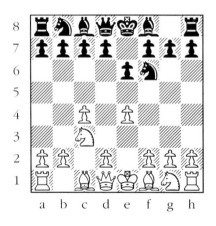

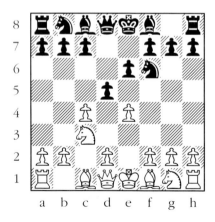

Diagramm 9

Eine scharfe Idee aus Litauen

Diagramm 10

Ein Bauernrennen

Theoretisch?

Der Mikenas-Angriff ist gegen einen unvorbereiteten Gegner sehr gefährlich.

Strategien

3.e4 ist überraschend zwingend. Angesichts der Drohung 4.e5, was den Springer zurück nach g8 treibt, hat Schwarz kaum eine andere Möglichkeit, als in eine der scharfen Varianten einzulenken, da 3...d6?! 4.d4 dem Weißen einfach ein schönes Zentrum gibt, während 3..Lb4 4.e5 Sg8 sehr albern aussieht.

Beachten Sie, dass die Diagrammstellung auch durch die alternative Zugfolge 1.c4 c5 2.Sc3 Sf6 3.e4 entstehen kann, wenn Schwarz jetzt 3...e6 spielen würde, aber dies wäre, um es milde auszudrücken, eine bizarre Entscheidung angesichts der vielen guten Alternativen des Schwarzen wie 3...Sc6, 3...d6 oder sogar 3...e5. Deshalb sollten sie mit Weiß nicht versuchen, den Mikenas-Angriff gegen die Zugfolge 1.c4 c5 zu spielen.

Der Mikenas-Angriff war groß im Geschäft, als Kasparow damit in den frühen 1990ern ein paar überzeugende Partien gewonnen hat. Ich würde ihn Spielern empfehlen, die mit Weiß gerne angreifen, da er Gegner, die ein ruhiges Leben nach 3.Sf3 Lb4 anstreben, mit Sicherheit aus dem Konzept bringt.

Schwarz verfügt über zwei Antworten, die solidere Möglichkeit ist dabei **3...d5 (Diagramm 10)** – obwohl auch sie für Schwarz nicht vollkommen bequem ist.

Die Hauptvariante lautet 4.e5 d4 (Schwarz zieht den Gegenangriff einem Rückzug seines Springers vor) 5.exf6 dxc3 6.bxc3 Dxf6 7.d4 (Schwarz sollte nach 7.Sf3 e5 8.Ld3 Ld6 9.0-0 0-0 ausgleichen) 7...e5 8.Sf3 exd4 9.Lg5! (stattdessen macht 9.cxd4 Lb4+ die Dinge für Schwarz viel leichter) 9...De6+ 10.Le2 Le7 (und nicht 10...dxc3 11.Dd8 matt!) 11.cxd4 Lxg5 12.Sxg5 Df6 13.Se4 Dg6 14.Sg3 0-0 15.0-0 und Weiß hatte einen kleinen, aber definitiven Vorteil in Pelletier-Ribli, Tegernsee 2003.

Schauen wir uns jetzt die sehr viel schärfere Variante mit **3...c5** an, die der kritische Test des Mikenas-Angriffs zu sein scheint, genauer an:

4.e5 Sg8 5.Sf3 Sc6 (Diagramm 11)

In der Hoffnung, dass sich der Bauer auf e5 als schwach erweisen wird, hat Schwarz seinen Springer nach g8 zurückzwingen lassen. In der Tat, wenn sich Weiß jetzt mit einfachen Entwicklungszügen begnügt, würde er nach einer Folge wie...Sge7, ...Sg6, ...a7-a6 und ...Dc7 feststellen, dass der Bauer allmählich von den gegnerischen Figuren umzingelt wird. Alternativ könnte Schwarz, wenn er weniger ehrgeizig gestimmt ist, den Bauern e5 einfach beseitigen, zum Beispiel 6.Le2?! d6. Also muss Weiß aggressiv spielen, selbst auf Kosten eines Bauern.

6.d4! cxd4 7.Sxd4 Sxe5 8.Sdb5 f6

Schwarz sieht voraus, dass der Springer nach 11.Dxd6 angegriffen ist – wie es in der Partie geschieht. Eine Folge, die zu Zugumstellung führt, ist 8...a6 9.Sd6+ Lxd6 10.Dxd6 f6 11.Le3. Sicherlich ist 8...f6 ein hässlicher Zug, da er nichts entwickelt und den Königsflügel schwächt, obwohl diese Nachteile durch die Notwendigkeit aufgewogen werden, den Springer zu decken. Ein Beispiel für die Gefahren, die Schwarz drohen, zeigt der Umstand, dass das sehr viel natürlichere 8...d6 auf 9.c5! trifft, wonach 9...dxc5 10.Lf4! schrecklich für Schwarz ist: Wenn er die Damen tauscht, dann sieht er sich der Doppeldrohung Sc7+ und Lxe5 gegenüber, während 10...f6 11.Lxe5 fxe5 12.Dh5+ extrem unangenehm ist.

Diagramm 11

Der Bauer steht alleine da

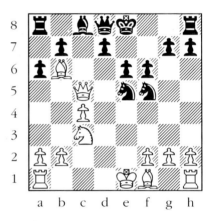

Diagramm 12

Weiß behält die Initiative

9.Le3 a6 10.Sd6+ Lxd6 11.Dxd6

Es scheint, als ob Schwarz in großen Schwierigkeiten steckt, da seine Figuren am Damenflügel durch die Blockade auf den schwarzen Feldern eingeschlossen sind, und wenn er versucht, seine Figuren am Königsflügel mit 11...Se7 ins Spiel zu bringen, dann scheint 12.Lb6 die Dame zu gewinnen. Aber die Dinge sind nicht so einfach.

11...Se7!

Es sieht so aus, als hätte Schwarz einen fatalen Fehler gemacht, aber tatsächlich beginnt damit eine raffinierte Kombination, um die weiße Dame von dem Loch auf d6 zu vertreiben.

12.Lb6 Sf5 13.Dc5 (Diagramm 12)

Jetzt kann Schwarz mit 13...De7 14.Dxe7+ Kxe7 ein Endspiel erzwingen, aber nach 15.f4! Sg6 16.g3 d6 17.Lh3 Ld7 18.0-0-0 Lc6 19.The1 hatte Weiß eine wunderbare Stellung aufgebaut, Bacrot-Dorfman, Marseilles 2001. Der Druck auf das schwarze Zentrum bietet mehr als genug Kompensation für den Bauern.

 TIPP: Wenn Ihr Gegner einen exponierten König hat, dann ist es oft eine gute Investition, einen Bauern zu opfern, um die Türme ins Spiel bringen zu können, vor allem, wenn die gegnerischen Türme untätig in der Ecke stehen. Kasparow hat eine Karriere mit solchen Bauernopfern gemacht.

Deshalb sollte Schwarz in dem letzten Diagramm wahrscheinlich 13...d6! vorziehen, was mehr Zeit gewinnt, indem es die Dame angreift. Dann ist das unklare 14.Da5 Dd7 das Thema der Beispielpartie.

Partie 23

□ **Hodgson** ■ **Barsow**

York 2000

1.c4 Sf6 2.Sc3 e6 3.e4

Der Mikenas-Angriff passt perfekt zu Julian Hodgsons aggressivem Stil.

3...c5 4.e5 Sg8 5.Sf3 Sc6 6.d4 cxd4 7.Sxd4 Sxe5 8.Sdb5 f6 9.Le3 a6 10.Sd6+ Lxd6 11.Dxd6 Se7 12.Lb6 Sf5 13.Dc5 d6 14.Da5 Dd7!

Die bisherigen Züge wurden weiter oben erörtert. Barsow plant nun, mit 15...Dc6 und 16...Sd7 aufzuräumen, wonach der weiße Läufer zurück gezwungen wird und Schwarz seinen Damenflügel mit ...b7-b6 und ...Lb7 befreien kann. Die weiße Kompensation für den Bauern würde sich sofort in Luft auflösen. Deshalb beugt Hodgson diesem Plan mit einem sofortigen Angriff auf den Springer vor.

15.f4! Sc6 16.Da3 Sce7!

Schwarz hält weiterhin an dem Plan mit ...Dc6 fest, da er seine Dame aus der d-Linie ziehen möchte, bevor Weiß 0-0-0 und Se4 spielt, wonach der Bauer d6 fallen würde.

17.0-0-0 Dc6

Die schwarze Dame unterbindet auch 18.g4? angesichts von 18...Dxh1. Deshalb spielt Hodgson den einzigen Bauernvorstoß, der noch möglich ist.

18.c5!? (Diagramm 13) 18...Kf7

GM Alexei Barsow spielt mit Schwarz Französisch, weshalb man erwarten würde, dass er sich auf die Möglichkeit stürzt, 18...d5 zu spielen, um sein Zentrum zu festigen. Dann kann Weiß mit 19.Lb5 axb5 20.Dxa8 die Qualität gewinnen, aber nach 20...0-0 hat Schwarz dafür einen Bauern und einen beeindruckenden Bauernwall im Zentrum. Außerdem stehen sowohl der weiße Läufer auf b6 als auch die Dame auf für sie unbequemen Feldern. Vielleicht hätte es Hodgson vermieden die Qualität zu gewinnen, und das einfache 19.Le2!? gespielt, was plant, sich mit g2-g4 aufzubauen, gefolgt von späterem f4-f5, um weiteren Druck auf das schwarze Zentrum auszuüben. Eine harte positionelle und taktische Partie hätte bevorgestanden.

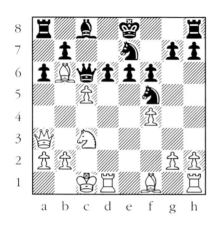

Diagramm 13

Nutzt die schwarzen Felder

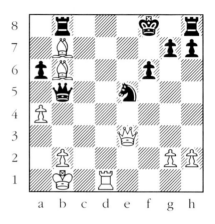

Diagramm 14

Eine entscheidende Ablenkung

19.Le2 Se3

Die Dame kann nicht auf g2 nehmen, da sie auf c6 stehen bleiben muss, um 20.cxd6 mit 20...Dxb6 zu beantworten. Jetzt, wo er Zeit mit 18...Kf7 vergeudet und sein König auf ein ungünstiges Feld gestellt hat, ist 19...d5 weniger eindrucksvoll, da Weiß mit 20.g4 usw. angreifen könnte. Nichtsdestotrotz war das der Partiefortsetzung vorzuziehen, die Schwarz in große Gefahr bringt.

20.Td2 S3d5 21.Sxd5 Sxd5 22.Kb1!

Weiß begegnet der Drohung 22...Sxb6. Jetzt gewinnt Schwarz einen zweiten Bauern, und hofft, dass sein Zentrum halten wird. Allerdings kann selbst die festeste Bauernstruktur keinen konzertierten Angriff überstehen, wenn alle Figuren, die es schützen sollen, verstreut umher stehen oder nicht entwickelt sind.

22...Sxf4 23.Lf3 d5 24.Thd1 Db5 25.De3 Sg6 26.Txd5!

Der thematische Durchbruch, um zum schwarzen König zu gelangen. Weiß opfert einen Turm, aber im Grunde kann man sagen, dass er einen Turm mehr und nicht weniger hat, da die schwarzen Türme auf a8 und h8 nichts tun.

26...exd5 27.Lxd5+ Kf8 28.c6!

Öffnet noch weitere Angriffslinien. Die unmittelbare Drohung ist 29.Lc5+ nebst nachfolgendem Matt. Das zwingt Schwarz, seinen Läufer zu geben, was bedeutet, dass Weiß praktisch all sein Material zurück gewonnen hat, jedoch weiter entscheidenden Angriff behält.

28...Se5 29.cxb7 Lxb7 30.Lxb7 Tb8 31.a4! (Diagramm 14)

Diese Ablenkung hindert Schwarz daran, einen der Läufer zu gewinnen.

31...Dxa4 32.Dc5+ Kf7 33.Td4 Db5 34.Dc7+ Kg6 35.Dc2+ Kf7 36.Dc7+

Eine kleine Wiederholung, bevor Weiß den Gewinnweg entdeckt.

36...Kg6 37.Dc2+ Kf7 38.Ld5+! Ke8 39.Lc7 Tb6 40.Lxe5 fxe5 41.Dc8+ Ke7 42.Dc7+ 1-0

Schwarz wird nach 42...Ke8 43.Lf7+ matt gesetzt oder 42...Kf6 43.Df7+ und so weiter, während 42...Dd7 43.Dxe5+ Kd8 44.Lf3 (am einfachsten) die Dame verschwinden sieht.

Kapitel Fünf

Vierspringervariante: Schwarz spielt ohne ...d7-d5

- Einleitung
- 4.e3 Lb4
- 4.g3 Lb4
- Andere Ideen

Einleitung

1.c4 e5 2.Sc3 Sf6 3.Sf3 Sc6 (Diagramm 1)

Diagramm 1
Die Vierspringervariante

Diese Variante wird Vierspringervariante genannt, weil beide Seiten beschließen, dass sie Springer mögen und alle vier davon aus dem Stall bringen. Dies ist wahrscheinlich die häufigste Stellung in der Englischen Eröffnung und kann zu einer Reihe unterschiedlicher Bauernstrukturen führen. Varianten, in denen Schwarz 4.g3 mit 4...d5 beantwortet, werden in Kapitel Sechs analysiert; Varianten, in denen Schwarz ...Lg7 spielt, können in Kapitel Sieben gefunden werden. Hier beschäftigen wir uns vor allem mit Varianten, in denen Schwarz ...Lb4 spielt; zwei andere Ideen für Schwarz werden in dem Schlussabschnitt des Kapitels betrachtet.

Strategien

Das System mit ...Lb4 ist mit Nimzo-Englisch (was im vorherigen Kapitel erörtert wurde) insofern verwandt, da Schwarz schnelles ...Lxc3 plant. Der Unterschied ist der, dass er hier ...e7-e5 anstatt von ...e7-e6 gespielt hat. Dies bedeutet, dass er über den gleichen Anteil am Zentrum und über Einfluss auf d4 verfügt, aber das Feld d5 nicht durch einen Bauern gedeckt ist. Als Folge davon ist das Feld e4 ebenfalls von keinem schwarzen Bauern angegriffen. Dies kann durch den Vorstoß ...f7-f5 kaum behoben werden, da den durchzusetzen zuviel Zeit kosten und den Königsflügel lockern würde. Deshalb beginnt Schwarz einen Kampf um die Felder d5 und e4 mittels ...Lb4, was plant, den Springer auf c3, der sowohl d5 als auch e4 überwacht, zu

101

beseitigen – oder zumindest zu belästigen. Dann hofft Schwarz, sein Spiel mit nachfolgendem ...d7-d5 im Stile des Drachen mit vertauschten Farben zu befreien oder vielleicht auch einen zweischneidigen Vorstoß mit ...e5-e4 spielbar zu machen.

Eine wichtige Entscheidung für Weiß

Weiß muss im vierten Zug die grundlegende Entscheidung treffen, ob er die Stellung mit 4.e3 Lb4 oder mit 4.g3 Lb4 spielen will. Hier schauen wir uns beide Züge genauer an.

4.e3 Lb4

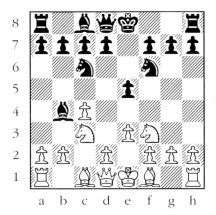

Diagramm 2

Weiß deckt das Feld d4

Nach 4.e3 ist das Feld d4 geschützt, so dass Weiß Dc2 spielen kann, ohne zu riskieren, dass seine Dame mit ...Sd4 angegriffen wird. Weiß stellt sich auch auf einen Angriff auf seinen Springer auf f3 mit ...e5-e4 ein und räumt deshalb als Vorbereitung auf das Manöver Sg1-Se2 das Feld e2 für das Biest. Danach kann der Springer Operationen im Zentrum mit Sg3 oder – nachdem der andere Springer nach d5 gegangen ist – Sec3 unterstützen. Weiß kann sich diese langsame Umgruppierung seines Springers leisten, weil sein Zentrum so fest ist. Tatsächlich kann er den König oft lange Zeit hinter dem Bauern e3 geschützt lassen und aktive Operationen auf den Flügeln beginnen; dies könnte sogar einen direkten Angriff am Königsflügel beinhalten.

Theoretisch?

Es gibt keine große Menge an Theorie zu lernen, aber manche der Ideen sind ziemlich sonderbar, und deshalb wäre es riskant, sich die Dinge während des Spiels auszudenken. Am Besten ist, man weiß, was in der Variante bereits geschehen ist.

Die Dynamik des Kampfes führt oft zu ungewöhnlich aussehenden Manövern. Schauen wir uns an, wie sich die Dinge in der Praxis entwickeln können.

1.c4 e5 2.Sc3 Sf6 3.Sf3 Sc6 4.e3 Lb4 5.Dc2

Idee Eins: Schwarz rochiert

5...0-0 6.Sd5!

Eine offensichtliche Sünde gegen die Gebote des klassischen Schachs – und es kommt noch viel schlimmer! Weiß zieht seinen Springer in der Eröffnung zum zweiten Mal, bevor er seine anderen Figuren entwickelt. Nichtsdestotrotz ist der Zug positionell gut begründet. Weiß erkennt, dass der Springer in dieser Stellung wertvoller ist als der Läufer. Deshalb zieht er ihn weg und lässt den Läufer auf b4 in der Luft hängen. Weiß hofft auch darauf, Zeit für einen Vorstoß der Bauern am Damenflügel zu gewinnen, indem er den Läufer mit a2-a3 belästigt. Der Springer erfüllt eine weitere nützliche Funktion auf d5, indem er den von Schwarz angestrebten Vorstoß ...d7-d5 physisch unterbindet.

6...Te8

Hier sehen wir den Unterschied zwischen einem Zug, der Teil eines Plans bildet, und einem Zug, der lediglich 'richtig aussieht'. Natürlich war es 6...d6 zu spielen, aber das verzichtet auf den Plan mit raschem ...d7-d5 Raum im Zentrum zu gewinnen. Außerdem wäre der nützliche Rückzug mit ...Lf8 verhindert.

7.Df5!? (Diagramm 3)

Weiß nimmt sich außerordentliche Freiheiten bei seiner Entwicklung, um zu drohen, den Schwarzen mit Doppelbauern durch 8.Sxf6+ zu belasten. Strategisch gesprochen ist das ein wünschenswertes Ziel, aber kann er damit wirklich durchkommen? Schließlich hat Schwarz bereits rochiert und vier Figuren entwickelt, während der weiße König noch immer im Zentrum sitzt.

Tatsächlich formt die Bauernstruktur mit d2, e3 und f2 einen sehr festen Panzer, der beinahe unzerstörbar ist. Er gestattet Weiß ein paar langfristig wünschenswerte Manöver durchzuführen ohne zu riskieren, mit einem Zentrumsdurchbruch vernichtet zu werden.

Vergleichen Sie das weiße Spiel mit dem schwarzen Spiel in der Kan-Variante des Sizilianers:

1.e4 c5 2.Sf3 e6 3.d4 cxd4 4.Sxd4 a6 5.Sc3 Dc7 (Diagramm 4)

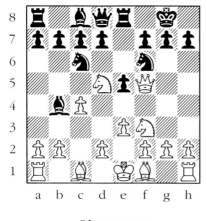

Diagramm 3	**Diagramm 4**
Ist Weiß verrückt geworden?	Die Dame steht stark auf c7

Hier lässt sich der d7/e6/f7 Panzer mit dem d2/e3/f2 Panzer der Englischen Eröffnung vergleichen. Er hat Schwarz den Luxus einiger strategisch wünschenswerter Züge auf Kosten rascher Entwicklung erlaubt. So bereitet ...a7-a6 ...b7-b5 vor, was Raum am Damenflügel gewinnt, während die Dame auf c7 gut steht, die c-Linie entlang auf den potenziell schwachen Bauern c2 schaut und Druck auf der Diagonale b8-h2 ausübt. Denken Sie daran, dass Weiß über ein Mehrtempo verfügt, also ist die Kan-Variante riskanter als die Englische Eröffnung! Das schwächste Feld in der schwarzen Stellung ist f7, also schützt ...e7-e6 es schön vor den Aufmerksamkeiten eines Läufers auf c4. Ebenso schützt der Bauer e3 in der Englischen Eröffnung das Feld f2.

Ein ähnliches Schema wie 7.Df5 wäre nach 1.e4 e5 oder 1.e4 c5 mit Gefahr behaftet. Tatsächlich wäre es zu riskant, wenn Weiß die alternative Läuferentwicklung mit g2-g3 und Lg2 gespielt hätte. Weiß kann seine Entwicklung nur verzögern, weil sein Zentrum außergewöhnlich fest ist.

Um zur Stellung nach 7.Df5 zurück zu kommen, hier sind ein paar Beispiele für das Spiel nach **7...d6 8.Sxf6+**, die zeigen, das Weiß mindestens gleiche Chancen hat.

Variante Eins

8...Dxf6 9.Dxf6 gxf6

Offensichtlich beseitigt der Damentausch praktisch alle Gefahren, die dem weißen König drohen. Jetzt hat Schwarz zersplitterte Bauern am Königsflügel, obwohl Weiß in der Tat keinen großen Vorteil daraus ziehen kann, da die Bauern schwer anzugreifen sind. Stattdessen sollte Weiß mit **10.a3 Lc5 11.b4 Lb6 12.Lb2** Raum am Damenflügel gewinnen, aber nach **12...a5** hat Weiß nur einen kleinen Vorteil.

Variante Zwei

Das Spiel ist schärfer, wenn Schwarz die Damen mit **8...gxf6** auf dem Brett lässt. Jetzt könnte Weiß die Festigkeit seiner Stellung mit **9.Dc2 e4 10.Sg1 (Diagramm 5)** bis an ihre Grenze belasten, und zwar mit einer wundervollen Stellung, in der Weiß nur seine Dame entwickelt hat!

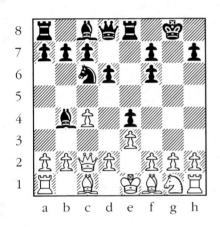

Diagramm 5
Weiß ist schlecht entwickelt

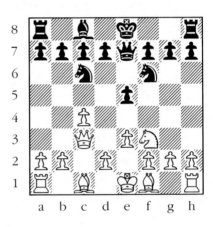

Diagramm 6
Eine Standardstellung

Formal gesehen hat Weiß eine ganze Menge Tempi weniger, aber seine d2/e3/f2-Struktur ist supersolide. Alle Französisch-Spieler (mich eingeschlossen) kennen den Wert dieser Struktur! Stattdessen ist **9.Dh5** ein weniger entspanntes Vorgehen. Die Dame stellt eine potenzielle Drohung für den schwarzen König dar, weshalb Schwarz in Kortschnoi-Karpow, Amsterdam 1987, nichts Besseres finden konnte als **9...d5 10.cxd5 Dxd5 11.Le2 Le6 12.0-0 e4 13.Dxd5 Lxd5 14.Sh4** mit schließlichem Remis. Schwarz hat das Läuferpaar und aktive Figuren, aber die strukturellen Schwächen auf der f-Linie sollten nicht unterschätzt werden.

Idee Zwei: Schwarz schlägt den Springer

In der Praxis ergreift Schwarz normalerweise die Chance, den Springer mit 5...Lxc3 zu beseitigen, um diese Variante zu verhindern und den Raum gewinnenden Vorstoß ...d7-d5 zu erleichtern. Das Spiel könnte sich wie folgt entwickeln: **1.c4 e5 2.Sc3 Sf6 3.Sf3 Sc6 4.e3 Lb4 5.Dc2 Lxc3 6.Dxc3 De7 (Diagramm 6)** – Schwarz muss den hängenden Bauern e5 verteidigen – mit folgender Stellung:

7.a3

Mit diesem Zug strebt Weiß eine gute strategische Aufstellung seiner Figuren mit b2-b4 und Lb2 an, wonach e5 angegriffen und der Damenflügel unter Druck ist. Dieser Plan wird durch die genaue Entgegnung des Schwarzen im Keim erstickt, aber aus einem Grund, der bald deutlich wird, bleibt 7.a3 ein sehr nützlicher, vorbeugender Zug.

7...d5

Die logische Fortsetzung nach dem Tausch auf c3. Eine andere Herangehensweise ist 7...a5, aber dies hindert Weiß nicht daran, den Damenflügel zu öffnen, obwohl er darauf achten muss, ein paar Springergabeln zu vermeiden: 8.b4!? axb4 9.axb4 Txa1 10.Dxa1 e4 (10...Sxb4 11.Dxe5) 11.b5! exf3 (c2 ist nach 11...Sb4 12.Sd4 gedeckt) 12.bxc6 fxg2 13.cxd7+ Sxd7 14.Lxg2 0-0 15.0-0 wie in Agdestein-Adams, Hastings 1991. Weiß hat das Läuferpaar, aber sein etwas gelockerter Königsflügel verhindert, dass er bedeutenden Vorteil hat.

8.d4

Weiß reagiert frontal auf den schwarzen Zentrumsvorstoß und hofft, dass die Linienöffnung seinem Läuferpaar zugute kommt. Nach 8.b4? d4 hat Schwarz ausgezeichnete Chancen im Zentrum – beachten Sie, dass Weiß angesichts des Abzugsschachs nicht zwei Mal auf d4 nehmen kann. Falls stattdessen 8.cxd5 Sxd5 9.Db3 Sb6, so hat Schwarz bequemes Spiel, zum Beispiel 10.d3 a5! (erhöht den Druck am Damenflügel, um zu verhindern, dass Weiß dort irgendwelche Initiative entfalten kann) 11.Ld2 a4 12.Dc2 0-0 13.Le2 Td8 14.0-0 Lf5 und Schwarz kann den Angriff auf den Bauern d3 verstärken, indem er Türme auf der d-Linie verdoppelt, und wenn Weiß e3-e4 antwortet, dann lässt das ein Loch auf d4 entstehen.

8...exd4

Hier sehen wir, dass, wenn Weiß anstelle von 7.a3, was Kontrolle über b4 gewinnt, 7.Le2 gespielt hätte, Schwarz in der Lage gewesen wäre, das weiße Spiel mit 8...Se4! 8.Dc2 Db4+ zu stören.

9.Sxd4 Sxd4 10.Dxd4 (Diagramm 7)

Jetzt ist 10...c5 11.Dh4 ziemlich ausgeglichen, zum Beispiel 11...Ld7 12.cxd5 Sxd5 13.Dxe7+ Kxe7 14.e4 Sc7 15.Le3 b6 und Weiß fällt es schwer nachzuweisen, dass seine Läufer ihm irgendeinen Vorteil geben. Im ersten der folgenden Beispiele sehen wir, wie ein Weltklassespieler mit 10...0-0!? versucht, mehr Spannung zu erzeugen.

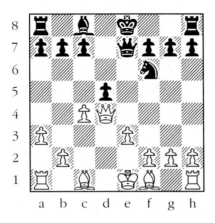

Diagramm 7
Weiß hat das Läuferpaar

Partie 24
☐ **Tschernin** ■ **Barejew**
Panormo 2001

1.c4 e5 2.Sc3 Sf6 3.Sf3 Sc6

Manchmal sieht man die scharfe Gambitvariante 3...e4? 4.Sg5 b5. Jetzt gibt 5.cxb5 d5 Schwarz jede Menge Gegenspiel, aber 5.d3! ist eine starke und einfache Antwort. Nach 5...bxc4 6.dxe4 gewinnt Weiß keinen Bauern, aber Schwarz hat ein zertrümmertes Zentrum und einen schwachen Bauern auf c4.

4.e3 Lb4

Eine solide Variante, die von den Ex-Weltmeistern Petrosjan und Karpow gerne gespielt wurde, ist 4...d6!?, zum Beispiel 5.d4 exd4 (oder 5...Lg4!? 6.Le2 Le7) 6.exd4 g6 7.d5 Se7 8.Ld3 Lg7.

5.Dc2 Lxc3 6.Dxc3 De7 7.a3 d5 8.d4 exd4 9.Sxd4 Sxd4 10.Dxd4 0-0!?

Schwarz ignoriert die Drohung gegen d5, da er den Bauern nach 11.cxd5 Td8 zurück gewinnen (12.Lc4 Le6 oder 12...c6) und die offene d-Linie seinem Turm zugute kommen wird.

11.Ld2!?

Man wird sehen, dass eines der Probleme, das Weiß in der Vierspringervariante hat, darin besteht, eine aktive Rolle für den Damenläufer zu finden. Dies ist vor allem der Fall, wenn Weiß 4.e3 gespielt und seine natürliche Diagonale verstellt hat. Hier verfällt Weiß auf die interessante Idee, ihn über b4 zu aktivieren.

11...Td8

Schwarz vermeidet wieder 11...c5, da er von der weißen Idee offensichtlich unbeeindruckt ist.

 TIPP: Wenn Sie glauben, dass Ihr Gegner einen schlechten Zug vorbereitet, geben Sie ihm die Chance, ihn zu spielen.

12.Lb4 De8 13.c5

Weiß hält das Zentrum klugerweise geschlossen, da er dort über weniger Feuerkraft verfügt.

13...Ld7!

Beginnt ein bemerkenswertes Manöver, das gegen das Läuferpaar gerichtet ist. Barejew bereitet den Abtausch der weißfeldrigen Läufer vor, um die Kontrolle über das Feld e4 zu bekommen und den Weißen mit dem Läufer auf b4 stehen zu lassen, der an die Verteidigung des Bauern c5 gebunden ist.

14.Ld3 Lb5 (Diagramm 8)

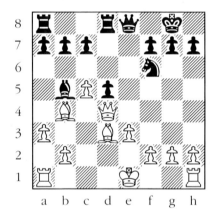

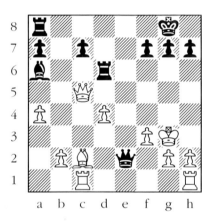

Diagramm 8
Eine nützliche Herausforderung

Diagramm 9
Steht der König sicher?

15.Lc2

Weiß zieht es vor, die weißen Felder im Griff zu haben, selbst wenn das bedeutet, das Recht auf die Rochade aufzugeben. Jetzt gewinnt der Kampf an Fahrt. Schwarz möchte Linien öffnen, um an den weißen König heranzukommen, bevor Weiß Zeit hat, selber einen Angriff mit Zügen wie g2-g4 und Lc3 zu organisieren, wonach er Druck auf g7 ausübt.

15...b6! 16.a4 La6 17.f3

Natürlich kann Weiß 17.cxb6 axb6 nicht in Betracht ziehen, denn dann stehen die schwarzen Bauern bereit, mit 18...c5 loszuwalzen. Stattdessen deckt er das Feld e4 und räumt auf f2 ein Feld für seinen König.

17...bxc5 18.Lxc5 Sd7! 19.Kf2

Nicht 19.Dxd5? Se5 20.Db3 Dc6! 21.Ld4 Sxf3+ 22.gxf3 Dxf3 und Weiß kann die Doppeldrohung des Matts auf e2 und 23...Dxh1+ nur mit 23.Kd2 parieren, wonach 23...c5 den Schutz des König auseinander reißt.

19...Sxc5 20.Dxc5

Wenn Weiß auch nur einen Zug lang in Frieden gelassen wird, dann wird er 20.Thd1 spielen, was ihm dank der Schwäche von c7 ausgezeichnetes Spiel gibt. Die Dynamik der schwarzen Stellung wird die zentrale Aufstellung der weißen Türme nicht überleben. Deshalb muss er sofort losschlagen.

 TIPP: Wenn Sie einen Vorteil haben, der auf Entwicklungsvorsprung beruht, dann müssen Sie Ihren Gegner entweder daran hindern, seine Figuren ins Spiel zu bringen oder ihren Vorteil in einen anderen, greifbareren Vorteil wie Materialgewinn oder eine bessere Struktur verwandeln.

20...Td6!

Droht mit 21...Tc6 eine Figur zu gewinnen.

21.Tac1 d4!

Der Durchbruch kommt gerade rechtzeitig vor 22.Thd1. Ein schwerer Fehler wäre 22...Tc6? 23.Dxc6! Dxc6 24.Lxh7+ Kxh7 25.Txc6 und Schwarz hat eine Menge Material verloren.

22.exd4 De2+ 23.Kg3 (Diagramm 9)

Es sieht so aus, als sei der weiße König in großer Gefahr, aber Schwarz kann ihn nicht wirklich erwischen. Mit seinem nächsten Zug macht Schwarz den Weg für ein Schach auf g6 frei.

23...Ld3 24.Lxd3 Dxd3 25.h3 Dd2 ½-½

Weiß muss sich um die Drohung 25...Tg6+ kümmern, indem er g2 deckt, und nach 26.Thg1 Dxb2 27.Dxc7 Dxd4 28.Kh2 ist in der Stellung kein Kampf mehr verblieben.

Partie 25
☐ **McNab** ■ **Chandler**
Bath 1987

1.c4 e5 2.Sc3 Sf6 3.Sf3 Sc6 4.e3 Lb4 5.Sd5

Als diese Partie gespielt wurde, war dies ein beliebter Zug, aber jetzt hat sich das sofortige 5.Dc2 durchgesetzt. Ich habe zwei Partien des schottischen GM

Colin McNab ausgewählt, da sie die Entwicklung der Eröffnungstheorie deutlich machen.

5...e4

Dies greift den Springer an und pariert die Drohung 6.Sxb4 Sxb4 7.Sxe5, wonach Weiß einen gesunden Zentrumsbauern gewinnen würde.

6.Sg1

Weiß hat Zeit verloren, aber andererseits wurde der Bauer e4 von seinen Gefährten isoliert und kann mit Dc2, Se2 und Sg3 usw. angegriffen werden.

6...0-0 7.a3 Ld6 8.Dc2

Wir haben weiter oben darauf hingewiesen, dass das d2/e3/f2 Zentrum beträchtliche Prügel aushalten kann, aber in der nächsten Partie wird deutlich, dass Weiß es mit diesem Zug über seine Grenzen hinaus belastet hat. Stattdessen ist 8.Se2 sicherer, wonach 8...Te8 9.Sec3 Le5 10.d4 exd3 11.Lxd3 Lxc3+ (gibt das Läuferpaar auf, um den Druck im Zentrum zu mindern) 12.Sxc3 d6 13.0-0 Le6 in Miles-Bacrot, Havana 1998, ziemlich ausgeglichen war.

8...Te8 9.Se2

Weiß muss seine Figuren noch auf gute Felder stellen, aber wenn in den nächsten fünf Zügen nichts passiert, dann kann er Sec3, Le2, b2-b3 (oder das kühnere b2-b4) und Lb2 spielen, wonach die strategische Aufstellung seiner Figuren ausgezeichnet wäre. Der Bauer auf e4 ist von seinen Kollegen isoliert. Deshalb muss Schwarz schnell etwas finden. Das ist nicht leicht, weil das Zentrum blockiert ist.

9...Sg4

Ein direkter Angriffszug, aber er lässt e4 unzureichend gedeckt.

10.Sg3!

Begegnet der Drohung ...Sxh2 mit einem Gegenangriff auf e4.

10...Lxg3

Dieser Abtausch ist eine direkte Konsequenz des letzten Zugs, da Schwarz die Drohung gegen e4 parieren und den Weg für ...d7-d6 freimachen muss. Nichtsdestotrotz, indem er seinen ausgezeichneten Läufer aufgibt, lässt er den weißen Läufer auf c1 ohne Rivalen, öffnet die h-Linie und stärkt das weiße Zentrum. Weiß muss versuchen, einen großen Vorteil aus all diesen kleinen Pluspunkten zu stricken.

11.hxg3 d6 12.Le2 h6

Der schwarze Plan sieht bereits verdächtig aus, da Schwarz nach 12...Lf5 plötzlich matt gesetzt wird: 13.f3! exf3? (13...Sf6 14.g4 Lg6 15.f4, mit der Drohung 16.f5 ist sowieso schrecklich für Schwarz) 14.Dxf5 fxe2 15.Dxh7+ Kf8 16.Dh8.

13.f3 exf3 14.gxf3 Sge5 (Diagramm 10)

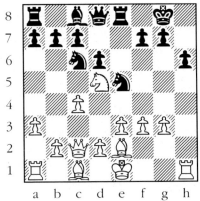

Diagramm 10

Ist 15.d4 gesund?

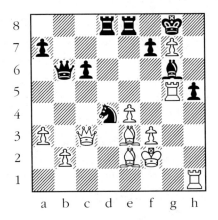

Diagramm 11

Die schwarzen Felder entscheiden

15.Kf2!

Weiß muss vorsichtig vorgehen, da 15.d4? dem Schwarzen gestattet, das Zentrum aufzubrechen und mit 15...Sxd4 16.exd4 Sxf3+ 17.Kf2 Sxd4 zu gewinnen.

 WARNUNG: Halten Sie immer nach taktischen Möglichkeiten des Gegners Ausschau – sie sind viel schwerer zu sehen als Ihre eigenen Kombinationen.

15...Le6

Schwarz hat Entwicklungsvorsprung, aber was kann er damit tun? Unterdessen machen sich die positionellen Aktivposten des Weißen – ein starkes Zentrum und das Läuferpaar – bemerkbar.

16.d4

Das weiße Zentrum ist jetzt ein phantastischer Bauernwall.

16...Sg6 17.Sf4!

Da er im Zentrum überlegen steht, wendet sich Weiß einem direkten Angriff zu.

17...Sxf4

Dies öffnet die g-Linie und vergrößert die weiße Bauernmasse im Zentrum weiter, aber es gab keinen anderen Weg, um die Doppeldrohung d4-d5 und Sxg6 zu parieren.

18.gxf4 d5 19.f5

Dieser Vorstoß verbindet einen direkten Angriff auf den schwarzen König damit, noch stärkere Kontrolle über das Zentrum zu gewinnen.

19....Lc8 20.cxd5 Dxd5 21.f6 Lf5 22.Dc3 Lg6

Jetzt braucht Weiß nur noch zwei Züge, damit seine schlafenden Figuren am Damenflügel zum Leben erwachen, wonach er entscheidenden Angriff hat.

23.Ld2 Tad8 24.Tag1 Df5 25.fxg7 h5 26.e4!

Angesichts von 26...Txe4 27.Ld3 rollen die Bauern voran.

26...Df6 27.d5 Sd4 28.Lg5 Db6 29.Le3 c5 30.dxc6 bxc6 31.Tg5! (Diagramm 11)

Ein starker Zug, der einen Durchbruch auf der h-Linie vorbereitet, während er Schwarz zugleich davon abbringt, ...c6-c5 zu spielen, was die Fesselung des Springers für ein paar Züge aufheben würde.

31...Td6 32.Lc4 Kxg7 33.Thxh5 c5 34.e5 Tdd8 35.Tg3 Dc6 36.Lh6+ Kh7 37.Ld3 Kg8 38.Le4

Ohne Zweifel in Zeitnot übersieht Weiß den einfacheren Gewinn 38.Lxg6 fxg6 39.Dc4+ Te6 40.Txg6+.

38...Da6 39.Ld3 Sb5 40.Dc4! Txd3 41.Dxd3 Db6 42.Txg6+ fxg6 43.Dd7 1-0

Colin McNab erzielte in dieser Partie mit 8.Dc2 einen phantastischen Erfolg. Deshalb ist es keine Überraschung, dass er später im gleichen Jahr bei der Britischen Meisterschaft gegen einen jungen Spieler namens Michael Adams noch einmal so zu spielen beschloss. Zur Zeit des Geschriebenen ist Adams die Nummer fünf der Weltrangliste, aber 1987 war er ein äußerst viel versprechender 16-jähriger. Allerdings war klar, dass die Stärke seines Spiels mit erstaunlicher Geschwindigkeit zunahm. Ein Grund dafür war seine tiefe Eröffnungsvorbereitung. In einer früheren Partie musste Adams kämpfen, um sich ein Remis gegen McNab zu sichern, aber in der folgenden Partie lagen die Dinge anders.

Partie 26
☐ **McNab** ■ **Adams**
Swansea 1987

1.c4 e5 2.Sc3 Sf6 3.Sf3 Sc6 4.e3 Lb4 5.Sd5 e4 6.Sg1 0-0 7.a3 Ld6 8.Dc2 Te8 9.Se2 (Diagramm 12)

Hier entkorkte Adams...

9...b5!!

Ein brillanter Zug, der zuerst von dem kreativen ukrainischen GM Oleg Romanischin in den 1970ern angewandt wurde.

10.b3?!

Eine schwache Reaktion. Weiß hätte 10.Sxf6+ Dxf6 11.cxb5 spielen sollen, obwohl Schwarz nach 11...Se5! starke Initiative hat, und Weiß es nicht wagen darf, einen zweiten Bauern mit 12.Dxe4? zu schnappen, und zwar wegen des überraschenden 12...Lb7!, wonach 13.Dxb7 Sd3+ 14.Kd1 Sf2+ gefolgt von 15...Sxh1 gewinnt, während 13.Dc2 Sg4, mit Angriff auf f2, dem Schwarzen einen Furcht erregenden Angriff gibt.

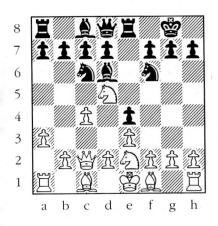

Diagramm 12

Der Augenblick der Wahrheit

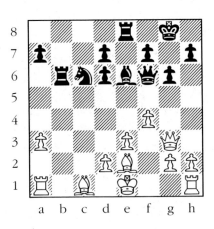

Diagramm 13

Der Turm ist gefangen!

10...bxc4 11.bxc4 Sxd5 12.cxd5 Se5 13.Sg3

Nach 13.Dxe4 La6 plant Schwarz ein tödliches Schach auf d3. Die Räumung von Linien am Damenflügel und im Zentrum bedeutet, dass die Eröffnung ein großer Erfolg für Schwarz war. Weiß hat nicht den Hauch einer Chance auf einen Angriff am Königsflügel.

13...Lb7 14.Sxe4 Lxd5! 15.Sxd6 cxd6

Schwarz stört sich nicht an den Doppelbauern. Die Partie wird im Angriff entschieden, weshalb Schwarz sich über die Chance freut, die Dame mit ...Tc8 zu belästigen.

16.Df5?

Das Hauptproblem des Weißen ist, dass er seinen Königsflügel nicht entwickeln kann ohne den Bauern g2 zu verlieren. Deswegen verfällt McNab auf die Idee, seine Dame nach h3 zu stellen, um seinen Königsläufer zu entwickeln ohne ...Lxg2 zu erlauben. Allerdings erweist sich das als katastrophale Dezentralisierung, da der Turm auf a1 zum Angriffsziel wird. Die Dame musste auf dem Damenflügel bleiben, um der Verteidigung dort zu helfen. Das kaltblütige 16.Lb2 war die beste Hoffnung.

16...g6 17.Dh3 Df6 18.Tb1 Le6 19.Dg3 Df5 20.Ta1 Tab8 21.La6 Tb6 22.f4 Sc6 23.Le2 Df6 (Diagramm 13)

Jetzt muss sich Weiß auf fatale Weise schwächen, da der Turm auf a1 keine Felder mehr hat, auf die er fliehen kann.

24.d4

Jetzt fällt das einst so stolze Zentrum in sich zusammen.

24...Sxd4! 25.exd4 Lc4 26.Dc3

Weiß kann nicht einmal mit 26.0-0 die Notbremse ziehen, denn 26...Lxe2 27.Tf2 Dxd4 bedroht den Turm und droht auch Matt in zwei Zügen auf d1.

26...Txe2+ 27.Kd1 De6 28.Te1 Lb3+ 29.Dxb3 Txe1+ 0-1

Adams hat 9...b5 nicht entdeckt, aber indem er die Idee vorbereitete, erzielte er einen geradlinigen Sieg gegen einen Spieler, der sehr schwer zu schlagen ist. Dies zeigt die Wichtigkeit der Eröffnungstheorie. Es dient zugleich als eine Warnung, denn wenn Sie vorhaben, die ganze Zeit die gleiche Eröffnungsvariante zu spielen, müssen Sie damit rechnen, dass Ihr Gegner Überstunden macht. Dabei spielt es keine Rolle, ob Sie in internationalen Turnieren spielen oder in Vereinsturnieren oder Turnieren in ihrer Umgebung regelmäßig gegen die gleichen Gegner antreten.

Dies beendet unsere Diskussion über 4.e3. Jetzt wenden wir uns der etwas beliebteren Alternative des Weißen zu.

4.g3 Lb4

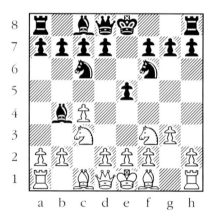

Diagram 14
Weiß bereitet Lg2 vor

Strategien

Weiß trifft Vorbereitungen, um seinen Läufer auf das strategisch natürliche Feld g2 zu stellen, von wo aus er Druck auf die Zentrumsfelder e4 und d5 ausübt und über sie hinaus auch noch auf den schwarzen Damenflügel. Allerdings bedeutet der Umstand, dass Weiß einen Zug auf 4.g3 verwendet, anstatt lieber mit 4.e3 Barrikaden im Zentrum zu errichten, dass sein Zentrum das kleine bisschen anfälliger für einen Gegenangriff sein wird, zumindest in der Anfangsphase der Partie. Wie gewöhnlich ist der Springer auf f3 ein Angriffsziel für den schwarzen Ausfall ...e5-e4, und hier ist das sehr viel störender als nach 4.e3, da auf den Springer nicht das gemütliche Feld e2 wartet, wenn er sich nach g1 zurückzieht. Normalerweise geht der Springer nach g5, was ein sehr viel weniger sicheres Feld ist. Andererseits steht der abenteuerlustige Bauer auf e4 unter beachtlichem Feuer, weshalb der Vorstoß ...e5-e4 keineswegs klar günstig für Schwarz ist – der Bauer könnte einfach fallen! Wie wir sehen werden, setzt Schwarz nach ...e5-e4 mit ...e4-e3 fort. Angesichts der unberechenbaren Lage im Zentrum nach 4.g3 wird Weiß versuchen, schnell kurz zu rochieren.

Theoretisch?

Kasparow war mit dieser Variante in einige Schwergewichtskämpfe mit Karpow und Anderen verwickelt. Insbesondere müssen Sie über das Bauernopfer 9...e3!? Bescheid wissen – Kasparow hat dagegen mit Weiß nur ½/2 erzielt, also könnte es Ihnen gewisse Probleme bereiten!

Partie 27
☐ **Kasparow** ■ **Iwantschuk**
Moskau 1988

1.c4 Sf6 2.Sc3 e5 3.Sf3 Sc6 4.g3 Lb4 5.Lg2

Der vernünftige Zug, obwohl 5.Sd5 in der Partie Petrosjan-Ree, Wijk aan Zee 1971 zu einem peinlichen Debakel führte: 5...Sxd5?! 6.cxd5 e4?? 7.dxc6 exf3 8.Db3 und Schwarz gab auf, da er nach 8...De7 9.a3 mit der Idee cxb7 usw. eine Figur verliert.

Stattdessen ist 5...Lc5! eine solide Antwort für Schwarz, z.B. 6.Lg2 d6 7.0-0 0-0 8.d3 h6 (verhindert Lg5) 9.e3 a6, was dem Läufer ein Rückzugsfeld auf a7 gibt.

5...0-0 6.0-0 e4!

Schwarz vertreibt den weißen Springer von seinem Idealfeld.

7.Sg5

Der kritische Zug. Stattdessen erlaubt 7.Se1 Lxc3 8.dxc3 h6 9.Sc2 d6 gefolgt von …Te8 dem Schwarzen einen reibungslosen Aufbau hinter seiner Speerspitze auf e4.

7…Lxc3 8.bxc3 Te8 9.f3 exf3

Das kritische 9…e3!? wird in der nächsten Partie untersucht.

10.Sxf3 d5 11.d4!

Weiß ignoriert den Angriff auf c4, da es ihm wichtiger ist, seinen Damenläufer am Angriff teilnehmen zu lassen und seine Bauern im Zentrum zu mobilisieren.

11…Se4

Stattdessen führt 11…dxc4 12.Lg5 zu einer sehr lästigen Fesselung. Selbst wenn Schwarz eine Katastrophe auf der f-Linie vermeiden könnte, wäre er nicht in der Lage, Weiß daran zu hindern, mit einer Kombination der Züge Dc2, Lxf6 und e2-e4 ein starkes Zentrum aufzubauen. Folglich zieht Iwantschuk seinen Springer sofort nach e4.

12.Dc2 dxc4

Schwarz kann seinen Einfluss auf e4 nicht mit 12…Lf5 verstärken, da 13.Sh4 folgt. Deshalb, und ohne jede Freude, nimmt er den Bauern.

13.Tb1!

Kasparow ging so weit, diesem Zug im Informator 46 zwei Ausrufezeichen zu geben. Tatsächlich fehlen Schwarz danach konstruktive Ideen; es ist beinahe so, als ob er in Zugzwang ist, da alles, was er versuchen könnte, um seine Lage im Zentrum zu verbessern, ihm die schlechtere Stellung zu geben scheint! So kommt nach 13…f6, um e5 zu decken, dennoch 14.Se5!, wonach 14…fxe5 15.Lxe4 Weiß entscheidenden Druck gegen h7 gibt. In der Partie versucht Iwantschuk den Springer auf e4 zu stützen, aber am Ende führt dies auch dazu, eine fatale Schwäche in der Verteidigungsstellung seines Königs zu schaffen.

13…f5 14.g4!

Ein logischer Zug, um die Deckung von e4 zu unterminieren.

 TIPP: Ein Zug am Flügel mit dem Blick aufs Zentrum verrät die Hand des Meisters – Aaron Nimzowitsch.

14…De7?

Kasparow weist darauf hin, dass die einzige Verteidigung 14…fxg4 war, obwohl Weiß nach 15.Se5! Sd6 (15…Sxe5 16.Lxe4, mit Angriff auf h7 und e5) 16.Sxc6 bxc6 17.e4 **(Diagramm 15)** sein Ziel erreicht hat:

Schwarz hat zwei Bauern mehr, aber niemand würde ihn um diese Stellung beneiden: sein Zentrum ist ruiniert, wobei sowohl der d-, als auch der f-Bauer von ihrer Aufgabe, das Zentrum zu bewachen, abgelenkt wurden. Obwohl es nicht so scheint, ist der Bauer c6 der Einzige, der Widerstand leistet, indem er dem Weißen das Feld d5 streitig macht. Wenn wir uns die Figuren betrachten, dann sehen wir, dass der schwarze Läufer auf eines von drei Feldern gehen kann – e6 (wo er von seinen eigenen Bauern auf c4 und g4 eingesperrt wird), d7 (wo er auf ähnliche Weise von den Bauern auf c6 und g4 behindert wird) oder schließlich a6 (wo er den Bauern c4 anstarrt). Der Springer wird zu einem bestimmten Zeitpunkt durch e4-e5 aus dem Zentrum vertrieben werden; unterdessen verfügen die schwarzen Türme über keinerlei Aktivität. Deshalb können wir die Schlussfolgerung ziehen, dass die schwarzen Kräfte nichts angreifen und nur darauf warten können, selber angegriffen zu werden. Es ist kein Wunder, dass Iwantschuk versucht aktiv zu spielen, obwohl das zur Katastrophe führt.

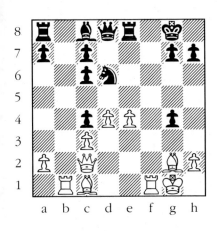

Diagramm 15

Schwarz hat zersplitterte Bauern

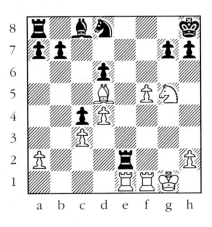

Diagramm 16

Schwarz ist dem Untergang geweiht

15.gxf5 Sd6

Oder 15...Lxf5 16.Sg5!, mit Angriff auf den Läufer. In diesem Fall sehen wir den Nutzen von 13.Tb1, da Weiß, wenn nötig, ein paar Mal auf e4 tauschen kann, um dann das Endspiel nach Txb7 zu gewinnen.

16.Sg5! Dxe2

Es gab keine gute Antwort auf den nächsten Zug des Weißen.

17.Ld5+ Kh8 18.Dxe2 Txe2 19.Lf4! Sd8

Wegen seiner schwachen Grundreihe gab es für Schwarz keine Hoffnung. Zum Beispiel verweist Kasparow auf 19...Lxf5 20.Lxd6 Lxb1 21.Sf7+ Kg8 22.Sd8+ Kh8 23.Tf8 matt.

20.Lxd6 cxd6 21.Tbe1! (Diagramm 16) 21...Txe1 22.Txe1 Ld7 23.Te7 Lc6 24.f6! 1-0

24...gxf6 25.Txh7 matt, oder 24...Lxd5 25.Te8+ Lg8 26.f7 Sxf7 27.Sxf7 matt!

Partie 28
☐ **Topalow** ■ **Gelfand**
Nowgorod 1997

1.c4 Sf6 2.Sc3 e5 3.Sf3 Sc6 4.g3 Lb4 5.Lg2 0-0 6.0-0 e4 7.Sg5 Lxc3 8.bxc3 Te8 9.f3 e3!?

Karpow hat dieses überraschende Bauernopfer benutzt, um eine Partie gegen Kasparow in ihrem Weltmeisterschaftswettkampf 1987 zu gewinnen. Im Vergleich zur vorherigen Partie sehen wir Folgendes:

1. Schwarz hält die f-Linie erfolgreich geschlossen, so dass sein König vor Angriffen geschützt ist.

2. Anstatt auf ein gutes Feld nach f3 zurück zu kommen, bleibt der weiße Springer auf g5 in der Schwebe.

3. Das weiße Zentrum wird auseinander gerissen, auf dem Königsflügel ist es eindrucksvoll, aber auf dem Damenflügel zerrüttet.

10.dxe3

In der Ursprungspartie lehnte Kasparow das Bauernopfer mit 10.d3 ab, wonach 10...d5 11.Db3 Sa5 12.Da3 c6 13.cxd5 cxd5 14.f4 folgte, und jetzt war 14...Lg4 das Aktivste.

10...b6

Offensichtlich plant Schwarz den Bauern c4 im guten alten Nimzo-Indischen Stil mit ...La6, wenn nötig, kombiniert mit ...Sa5 anzugreifen. Vierzehn Jahre nach seinem oben erwähnten Weltmeisterschaftskampf-Debakel änderte Kasparow seine Meinung und nahm den Bauern auf e3, und es folgte 10...De7 11.Sh3 Dc5 12.Sf4 Dxc4 13.e4 d6 14.Dd3 Se5 15.Dxc4 Sxc4 16.g4 und Weiß hatte Initiative am Königsflügel, was seine Schwächen am Damenflügel kompensierte, Kasparow-Sadwakasow, Astana 2001.

11.e4 h6 12.Sxf7!?

Dies ist einzige Möglichkeit, um das Problem zu lösen, was man mit dem Springer macht! Topalow macht den Weg für seine Bauern am Königsflügel frei, die vorrücken und Schlüsselpunkte besetzen können. Das bescheidene Vorgehen war 12.Sh3, wonach die schwarze Stellung nach 12...La6 bequem aussieht.

12...Kxf7 13.f4 Kg8 14.e5 (Diagramm 17) 14...Sh7 15.La3?

Weiß musste die Bauern mit 15.f5! weiter vorrücken lassen, was die durch 10...b6 entstandene Schwäche ausnutzt, da 15...Txe5? nach 16.Lxc6 eine Figur verliert. Stattdessen gibt Gelfand 16...De7 16.f6 gxf6 17.Ld5+ Kg7 18.Dd2! Dxe5 19.Dxh6+ Kh8 an, mit unklarer Stellung.

15...Lb7 16.Le4 Kh8 17.Lc2

Dies ist Topalows Idee, die sehr bedrohlich wirkt. Wenn Weiß einen Zug umsonst bekommen würde, dann wäre 18.Dd3 entscheidend angesichts von 18…Sf8 19.Lxf8, was die Deckung von h7 zerstört – deshalb hat Weiß den Läufer nach a3 gestellt.

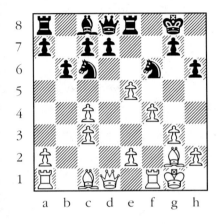

Diagramm 17
Vorwärts!

Diagramm 18
Schwarz kommt näher

17…Sxe5!!

Eine starke Riposte, die den Plan von Weiß durchkreuzt und ihn mit einem zerstörten Zentrum zurücklässt.

 TIPP: Wenn Ihr Gegner eine Figur für Angriff opfert, achten Sie darauf, ob Sie eine Möglichkeit finden, das Material zurück zu geben, um die Initiative zu bekommen.

18.fxe5 Txe5!

Sehr verlockend war 18…Sg5 mit der Drohung 19…Sh3 matt, aber dies gestattet 19.e4!, was die Diagonale blockiert, wonach Schwarz in Schwierigkeiten steckt, da 19…Txe5 das Schach auf f8 zulässt.

19.Lxh7

Nach 19.Dd3 Le4 20.Dd4 De8 ist der weiße Angriff zum Halten gekommen.

19…Kxh7 20.c5 De8

Weiß verliert wegen der luftigen Bauernstruktur und dem enormen Stärkeunterschied zwischen den beiden Läufern.

21.Dd3+ Le4 22.Dd2 De6 23.Tf2 bxc5 24.Taf1 Te8 25.c4 Dh3

Droht Matt mit 26…Tg5xg3+ usw.

TIPP: Ungleichfarbige Läufer haben im Endspiel eine berüchtigte Remistendenz, aber in einer aggressiven Mittelspielsituation wie dieser erweckt ihr Vorhandensein oft den Eindruck, als hätte der Angreifer eine Figur mehr!

26.Lb2 Tg5 (Diagramm 18) 27.Dc3 Te6 28.De3 Tg4 29.Tc1 h5! 0-1

Weiß kann nichts tun, um 30...h4 zu verhindern, wonach g3 fällt.

Andere Ideen

Theoretisch?

Die Ideen hier sind abseitig, also gibt es keine Massen an Theorie zu lernen. Andererseits sollten Sie sich die Anmerkungen sorgfältig anschauen, da die beste Entgegnung auf einen ungewöhnlichen Zug oft etwas ist, das genauso seltsam aussieht!

Idee Eins: 4.d3

1.c4 Sf6 2.Sc3 e5 3.Sf3 Sc6 4.d3 (Diagramm 19)

Wenn jetzt 4...d5 5.cxd5 Sxd5, dann kann Weiß zwischen 6.e3, wonach er einen Igel mit vertauschten Farben hat, oder 6.a3 wählen, wonach ich es Ihnen überlasse, zu entscheiden, ob dies ein Najdort mit dem Extrazug Sc3 oder ein klassischer Sizilianer mit dem Extrazug a2-a3 ist!

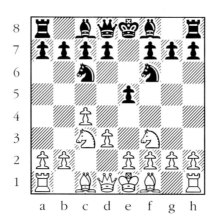

Diagramm 19

Sizilianisch mit vertauschten Farben...?

Alternativ könnte Weiß 6.g3 mit einem Drachen mit vertauschten Farben spielen, aber der Umstand, dass Weiß 4.g3 vermieden hat, deutet an, dass er sich auf diese Variante nur ungern einlässt. Keine dieser Möglichkeiten ist schlecht für Schwarz, so lange er zufrieden ist, eine feste Stellung im Zentrum aufzubauen – man würde von dieser Stellung zu viel verlangen, wenn man scharfe sizilianische Varianten mit einem Tempo weniger spielt.

Nichtsdestotrotz ist es sehr sinnvoll für Schwarz, wenn er im Stile dieses Kapitels fortsetzt, und zwar mit...

4...Lb4

Jetzt ist der Springer wirklich gefesselt. Das Spiel kann weiter gehen mit:

5.Ld2

Weiß vermeidet den Doppelbauern, und hofft, den Läufer auf c3 zu aktivieren. Allerdings scheint dies keine sehr aussichtsreiche Strategie zu sein. Zur Veranschaulichung der schwarzen Gegenchancen schauen wir uns jetzt eine schöne Partie aus der Europäischen Vereinsmeisterschaft an.

Partie 29
□ **Gritsak** ■ **I.Sokolow**
Khalkidiki 2002

1.c4 Sf6 2.Sc3 e5 3.Sf3 Sc6 4.d3 Lb4 5.Ld2

Der Plan des Schwarzen kann in eindeutige Phasen unterteilt werden.

Phase Eins: Den Springer, der d5 deckt, beseitigen und ...d7-d5 spielen.

5...De7 6.e3 0-0 7.Le2 Lxc3 8.Lxc3 d5 9.cxd5 Sxd5

Phase Zwei: Angriff auf den Bauern d3 mit verdoppelten Türmen und dem Läufer auf f5.

10.0-0 Td8!

Stattdessen sieht 10...Sxc3 nach 11.bxc3 wie ein strategischer Fehler aus, da Weiß einen Extrabauern bekommt, um sein Zentrum zu verstärken, aber tatsächlich würde dann 11...e4!?das weiße Zentrum aufbrechen. Ich nehme an, Schwarz hat dies verworfen, weil er nach positionellem Vorteil strebt und nicht nach Ausgleich, der in dieser Variante nach 12.Sd4 entsteht.

11.Da4 Td6 12.Tac1 Lf5! (Diagramm 20)
13.Tfd1

13.e4 Sf4 und Schwarz rettet die Figur, indem er e2 angreift. Strategisch gesprochen ist Weiß darauf bedacht, e3-e4 zu vermeiden, da dies ein Loch auf d4 schafft.

13...Tad8 14.Se1

Phase Zwei ist nun abgeschlossen. Schwarz ist eindrucksvoll auf der d-Linie aufmarschiert, aber die weißen Kräfte verteidigen den rückständigen Bauern d3 tapfer.

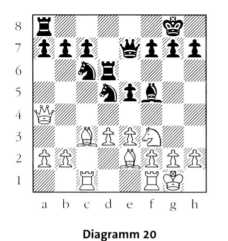

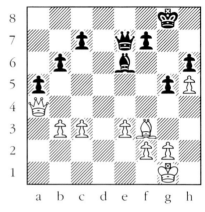

Diagramm 20

Schwarz greift d3 an

Diagramm 21

Der Bauer h5 ist schwach

Phase Drei: Umwandlung des positionellen Drucks in einen dauerhaften Vorteil.

Ich bin sicher, dass Sokolow noch keine absolut klare Idee hatte, wie er in der dritten Phase fortfahren würde, als er mit seinem Plan begann. Wie in dem alten Sprichwort ist dies ein Fall, in dem man die Brücke überqueren muss, wenn man dort ankommt und nicht vorher: die Brücke wird da sein, wenn man einen methodischen Aufbau im Zentrum ausgeführt hat. Wir sollten Nimzowitschs Diktum erinnern, dass wenn alle Figuren gut aufgestellt sind und wichtige Zentrumsfelder kontrollieren, sie – wie durch Zufall – gut stehen werden, um den richtigen Plan auszuführen.

14...e4!

Dies stellt Weiß vor eine höchst unangenehme Wahl. Er könnte 15.d4 spielen, was den rückständigen Bauern auf d3 durch ein solides Bollwerk auf d4 ersetzt. Der Läufer auf c3 wäre darüber nicht sehr glücklich – tatsächlich könnte man sagen, dass dies das Eingeständnis des Scheiterns des Plans mit 5.Ld2 bedeutet, da der Läufer von seinem eigenen Bauern behindert wird. Nichtsdestotrotz könnte Weiß einen gekränkten Läufer in Kauf nehmen, wenn das Sicherheit im Zentrum bedeuten würde. Doch was die Stellung nach 15.d4 für Weiß tatsächlich inakzeptabel macht, ist der überwältigende Raumvorteil am Königsflügel, den der Zug dem Schwarzen überlässt. Vor allem wird dem Springer das Feld f3 verwehrt, so dass er bei der Verteidigung von h2 nicht helfen kann. Auch können die anderen Figuren nicht viel tun, um den Königsflügel zu schützen – die Dame ist zu weit entfernt. Deshalb kann Schwarz mit Zügen wie ...Dh4 und ...Th6, wonach h2 schrecklich schwach aussieht, schnell entscheidenden Angriff entfalten – sollte Weiß je h2-h3 spielen, dann würde ...Lxh3! folgen, wonach die Verteidigungsstellung des Königs zerstört ist. Hier sehen wir Nimzowitschs Diktum in Aktion: der Turm wurde nach d6 gestellt, um Druck auf d3 auszuüben, und 'durch Zufall' steht er schließlich genau richtig, um zum Königsflügel zu schwenken und zu helfen, matt zu setzen. Deshalb entschließt sich Weiß auf e4 zu tauschen, aber das führt zu einem schlechten Endspiel.

15.dxe4

Der Umstand, dass die Drohung eines Mattangriffs im Mittelspiel den Weißen dazu bringt, in ein schlechtes Endspiel abzuwickeln, zeigt die enge Verbindung zwischen den verschiedenen Phasen der Partie.

> **TIPP: Sie sollten immer bereit sein, einen Vorteil gegen den anderen zu tauschen – Flexibilität ist das Schlüsselwort!**

15...Lxe4 16.Sf3

Weiß entscheidet, dass er die Drohung 16...Dh4 unverzüglich parieren muss, selbst wenn das Schäden an seiner Bauernstruktur am Damenflügel bedeutet.

16...Sxc3 17.bxc3

Ein hässlicher Zug, aber sofortiger Verlust folgt auf 17.Txc3 Txd1+ 18.Lxd1 b5! 19.Db3 Sa5, da die Dame den Läufer auf d1 nicht mehr länger verteidigen kann ohne verloren zu gehen.

17...h6 18.Txd6 Txd6 19.Td1 Txd1+ 20.Dxd1

Phase Vier: Ausnutzen des schwachen Bauern am Damenflügel.

20...b6 21.Da4 Sa5 22.Sd2 Ld5 23.Lf3 Le6 24.Sb3 Sxb3

Schwarz ist bereit, die weißen Bauern zu verbinden, da er jetzt über eine Mehrheit am Damenflügel verfügt, die in einen entfernten Freibauern verwandelt werden kann.

25.axb3 a5 26.h4 g6 27.h5?

Ein Pseudo-Angriffszug, der Weiß einen schwachen Bauern auf h5 gibt. Weiß muss den Bauern mit 27.g3 decken, wonach er immer noch Remischancen hat.

27...g5 (Diagramm 21)

Jetzt kommt die entscheidende *Phase Fünf: Drohungen gegen den Bauern h5 mit dem Schaffen eines entfernten Freibauern am Damenflügel verbinden.*

28.Lc6 Dd6!

Plant ein Schach auf d1 mit Doppelangriff auf b3 und h5.

29.b4 De5 30.bxa5 bxa5 31.c4 Dc5 32.Lb5 c6! 33.Lxc6 Dxc4 34.Dxc4 Lxc4 35.La4 f6 36.f4 Lf7 37.fxg5 fxg5 0-1

Weiß gab auf oder verlor nach Zeit. So oder so ist die Sache hoffnungslos, zum Beispiel 38.g4 Le6 39.Ld1 Kg7 40.Kf2 Ld7 41.Ke1 a4 42.Kd2 a3 43.Kc1 (oder 43.Kc3 Kf6 44.Kb3 La4+! 45.Kxa4 a2) 43...Le6 und da der weiße König an den Freibauern gebunden ist, kann der schwarze König die Sache auf dem Königsflügel schnell entscheiden.

Idee Zwei: 4.d4

1.c4 Sf6 2.Sc3 e5 3.Sf3 Sc6 4.d4 (Diagramm 22)

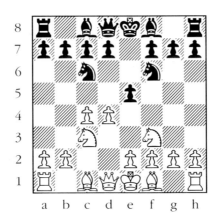

Diagramm 22

Gewinnt Raum

Weiß gewinnt sofort Raum, aber natürlich macht dies ...Lb4 erheblich wirkungsvoller.

Eine andere Idee für Weiß ist 4.a3, mit der noblen Absicht, ...Lb4 auszuschalten. Nichtsdestotrotz kostet das Zeit und Schwarz kann kühn mit 4...d5 5.cxd5 Sxd5 6.Dc2 Le7 antworten. Jetzt kann Weiß Lb5 vorbereiten, um den Springer auf c6 zu unterminieren, aber dies wurde in der Partie Smyslow-Miles, Bugojno 1984, neutralisiert: 7.e3 0-0 8.Lb5 Sxc3 9.bxc3 (9.Lxc6 Sd5!?) 9...Dd5 10.c4 De6 mit Ausgleich.

Alternativ kann Weiß mit 4.e4 eine merkwürdige Form des Botwinnik-Systems (siehe Kapitel Sieben) spielen, aber 4...Lb4 5.d3 d6 6.Le2 h6 7.0-0 Lc5 sieht für Schwarz bequem aus.

Partie 30
□ **Solleveld** ■ **Sutowski**
Amsterdam 2002

1.c4 Sf6 2.Sc3 e5 3.Sf3 Sc6 4.d4 exd4

Dies ist eine bessere Antwort von Schwarz als 4...e4 5.Sg5.

5.Sxd4 Lb4 6.Lg5 h6 7.Lh4 0-0

Der ehrgeizige Zug. Positioneller war die Variante 7...Lxc3+ 8.bxc3 Se5 9.e3 0-0 10.f3!, womit Weiß zukünftiges e3-e4 vorbereitet und dem Läufer auf f2 auch ein Schlupfloch verschafft, falls er von den Springer gejagt werden sollte. Nach 10...d6 11.Le2 De7 12.0-0 hat Weiß das Läuferpaar, Druck auf f6 und die Chance, mit e3-e4 mehr Raum im Zentrum zu gewinnen. Unterdessen steht Schwarz solide, hat eine leichte Entwicklung und kann versuchen, die Doppelbauern anzugreifen.

8.Tc1 Sxd4 9.Dxd4 g5!

Schwarz unterbricht die Fesselung des Springers, was Teil eines energischen Versuchs ist, Vorteil aus der mangelhaften Entwicklung des weißen Königsflügels zu ziehen. Nach dieser ernsten Schwächung seiner Bauern am Königsflügel kann sich Schwarz keine halben Sachen mehr erlauben; Schwarz wird leiden, wenn seine Aktivität nicht ausreicht, Weiß daran zu hindern, seine Figuren in Stellung zu bringen. Deshalb steht ein spannender Kampf bevor.

10.Lg3 c5! 11.Dd6!

Weiß hindert Schwarz daran, seine Stellung mit ...d7-d5 zu befreien (zumindest denkt er das).

11...Se4! (Diagramm 23)

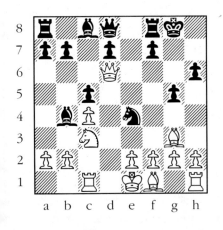

Diagramm 23

Schwarz schlägt zu

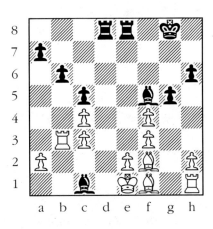

Diagramm 24

Das Ende naht!

Schwarz hat keine Zeit zu zögern – denn jetzt geht's ums Ganze.

12.Dd3?

Weiß verliert die Nerven. Er musste 12.Dxh6 spielen, wonach 12...Db6! (sonst hat Weiß Le5) 13.Dxb6 axb6 14.a3 Lxc3+ 15.bxc3 Txa3 16.Lc7! ihm die Chance gibt, das Läuferpaar im Endspiel auszunutzen, obwohl Schwarz ausreichend aktiv steht.

12...d5!

Schwarz sprengt das Zentrum. Trotz des folgenden Damentauschs bekommt Schwarz gewaltigen Angriff, da der weiße Königsläufer und Turm immer noch schlummern.

13.Dxd5 De7 14.De5 Dxe5 15.Lxe5 Te8 16.Lg3 f5!

Jetzt kann 17.e3 mit 17...f4 beantwortet werden, was wegen des möglichen Abzugsschachs auf der e-Linie Material gewinnt. Das bedeutet, dass Weiß daran gehindert wird, seinen Königsflügel zu entwickeln.

 TIPP: Denken Sie nicht nur an Manöver mit den großen Figuren – zu einem bestimmten Zeitpunkt brauchen die Figuren bei jedem Angriff die Hilfe der Bauern.

17.f3 Sxc3 18.bxc3 La3 19.Tb1 f4 20.Lf2 b6!

Es gibt kein Grund zur Eile, da Weiß seine Stellung nicht verbessern kann; wenn er zum Beispiel beschließt, den Läufer nach g2 zu stellen, dann macht das nur e2 undeckbar.

21.g3 Lf5 22.Tb3 Lc1 23.gxf4 Tad8! (Diagramm 24)

Mit der Drohung 24...Lc2 und 25...Td1 matt.

24.e4 Ld2+ 25.Ke2 Txe4+!

Ein hübsches Finale. Der weiße König versteckt sich in der Vierspringervariante oft hinter den Zentrumsbarrikaden, und wenn die zusammenbrechen, ist alles vorbei.

26.fxe4 Lg4 matt.

Idee Drei: 4.g3 Sd4!? und sonstige

1.c4 e5 2.Sc3 Sf6 3.Sf3 Sc6 4.g3

Schwarz kann versuchen, mit 4...g6 die Varianten aus Kapitel Sieben zu erreichen, aber Weiß muss das Zentrum nicht mit d2-d3 geschlossen halten. Stattdessen kann er mit 5.d4 Linien öffnen, wonach 5...exd4 6.Sxd4 Lg7 7.Lg2 0-0 8.0-0 Te8 eine mögliche Variante ist. Falls dann 9.Sxc6, so tut Schwarz am Besten daran, mit 9...dxc6! zurückzuschlagen, was den Weg für die Entwicklung seines Damenläufers frei macht. Dann erweist sich der Bauer c4 nach ...Le6 usw. als mindestes so schwach wie die Doppelbauern. Mithin sollte sich Weiß wahrscheinlich mit 9.Sc2 mit einem kleinen Vorteil begnügen.

4...Sd4!? (Diagramm 25)

Diagramm 25
Ein frecher Zug

Wir sind daran gewöhnt, dass sich Weiß in der Englischen Eröffnung Freiheiten bei seiner Entwicklung herausnimmt, aber von Schwarz kommt das als Überraschung. Indem er die Springer tauscht, hofft Schwarz die Spannung im Zentrum zu vermindern und so nach anschließendem ...d7-d5 leichter auszugleichen.

Es wäre für Weiß gefährlich, auf e5 zu nehmen: 5.Sxe5 De7, wonach 6.Sd3?? Sf3 matt ist und 6.f4 d6 7.Sd3 Lf5!? dem Schwarzen eine gefährliche Initiative für den Bauern gibt.

Manchmal sieht man 4...Lc5. Dann kann Weiß einen Gabelkniff anwenden, um die Lage im Zentrum zu klären: 5.Sxe5!?, und jetzt ist 5...Sxe5 6.d4 schön für ihn, weshalb 5...Lxf2+ 6.Kxf2 Sxe5 7.e4 kritisch ist. Weiß hat das Läuferpaar und ein im Aufbau befindliches breites Zentrum, aber er muss mit seiner lockeren Königsstellung ein wenig vorsichtig sein. Nun gibt 7...c5 8.d4! Weiß bequemen Vorteil, weshalb Schwarz vielleicht das vorsichtige 7...d6 vorziehen sollte, wonach 8.d4 Sg6 9.h3 dem Weißen Raum und einen starken schwarzfeldrigen Läufer gibt, allerdings bei einer gewissen Fragilität seiner Bauernstruktur.

5.Sh4
Eine ebenso unerwartete Antwort. Der Springer flüchtet an den Brettrand! Weiß hofft, dass der scheinbare Zeitverlust mit e2-e3 wieder gut gemacht werden kann. Natürliche Entwicklung mit 5.Lg2 scheint vorzuziehen zu sein, wonach 5...Sxf3+ 6.Lxf3 Lb4 ähnlich der Hauptvariante mit 4.g3 Lb4 ist, aber ohne Springer auf c6 und f3. Weiß könnte hier über einen sehr kleinen Vorteil verfügen, aber wenn dies das Beste für ihn ist, dann werden wir in Zukunft noch mehr von 5...Sd4 sehen.

5...c6!

Schwarz ergreift die Chance, den Vorstoß ...d7-d5 auf eine Weise zu unterstützen, die ihm normalerweise nicht zur Verfügung steht.

Partie 31
□ Gulko ■ C.Hansen
Esbjerg 2000

1.c4 e5 2.Sc3 Sf6 3.Sf3 Sc6 4.g3 Sd4 5.Sh4 c6 6.e3 Se6 7.d4?!

Dies führt zu Schwierigkeiten. Weiß hätte sich mit ruhiger Entwicklung mit 7.Lg2 begnügen sollen.

7...exd4 8.exd4 d5!

Im Zentrum ist es losgegangen und was macht der Springer auf h4? Vielleicht hätte Weiß ihn mit 9.Sf3 sofort ins Zentrum zurück bringen sollen. Nach dem Textzug verliert er rasch die Kontrolle über das Geschehen.

9.c5?

 WARNUNG: Ein genereller Bauernvorstoß ohne Figurenunterstützung kann nur zur Katastrophe führen.

9...b6! 10.b4 a5 11.Sa4 (Diagramm 26)

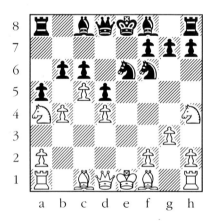

Diagramm 26

Die versprengten Springer des Weißen

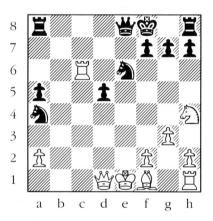

Diagramm 27

Ein Abzugsschach lauert

In dem Versuch, das Aufbrechen der Damenflügelbauern zu verhindern, zieht ein zweiter weißer Springer an den Brettrand. Jetzt gibt es eine Angst einflößende Symmetrie zwischen den Springern auf a4 und h4.

11...Sd7! 12.b5 Lb7

Jetzt hat sich der Schwung der weißen Bauern erschöpft, und ihr Zusammenbruch bringt die Grundfesten der weißen Stellung zum Einsturz.

13.La3 bxc5 14.dxc5 Sdxc5 15.Tc1 Sxa4 16.Lxf8 Kxf8 17.bxc6

Ein Zwischenzug, der zu einer schnellen Niederlage führt. Die einzige Möglichkeit war 17.Dxa4.

17...Lxc6! 18.Txc6 De8 (Diagramm 27)

Angesichts von 19.Dxa4 Sc5+, wonach die weiße Dame fällt, gewinnt der Angriff auf den Turm Zeit für einen entscheidenden Abzugsangriff.

19.Tc1 Sf4+ 20.Kd2

Ebenfalls hoffnungslos ist 21.Le2 Sb2! und ein großes Schach auf d3 folgt.

20...De4! 21.gxf4 Dxf4+ 22.Ke1 De4+ 23.Kd2 Db4+ 24.Ke2 De4+ 25.Kd2 Dxh4 26.Df3 Db4+ 0-1

27.Ke2 Te8+ gewinnt schnell für Schwarz.

Drachen mit vertauschten Farben

Einleitung

Ich schlage vor, dass der Leser damit beginnt, die Beispielpartien schnell durchzuspielen, um ein Gefühl für diese Variante zu bekommen.

Theoretisch?

Eine Variante, die Kasparow, Karpow und Topalow gespielt haben, hat naturgemäß ihren Anteil an Theorie angesammelt. Doch wichtig ist es, über die Angriffsmethode des Weißen am Damenflügel Bescheid zu wissen, sowie über die Ressourcen, die Schwarz zur Verfügung stehen, um dem zu begegnen.

Strategien

1.c4 e5 2.Sc3 Sf6 3.Sf3 Sc6 4.g3 d5 5.cxd5 Sxd5 6.Lg2 Sb6 (Diagramm 1)

Diagramm 1

Schwarz hat mehr Raum

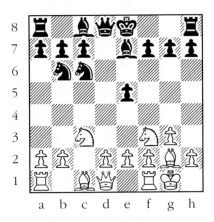

Diagramm 2

Der Drachen mit vertauschten Farben

Der Springer zieht sich sofort zurück, um die Dame zu unterstützen, den Weißen davon abzuhalten, mit d2-d4 vorzustoßen. Schließlich hat Schwarz Raumvorteil und möchte ihn behalten!

7.0-0 Le7 (Diagramm 2)

Schwarz hat das Spiel in einen Drachensizilianer mit vertauschten Farben gelenkt. Aber ein Vergleich der beiden Versionen – eine für Weiß, die andere für Schwarz – ist von überraschend begrenztem Wert. Dies liegt daran, weil die Spielphilosophie ausgesprochen unterschiedlich ist. Wenn sich Weiß auf die sizilianische Drachenvariante einlässt, dann erwarten wir von ihm nicht unbedingt, sich in die Jugoslawische Variante oder ein anderes scharfes Abspiel zu stürzen, aber wir erwarten eine direkte, aggressive Aufstellung seiner Figuren. Weshalb mit Weiß eine Idee zu spielen, die ein Äquivalent zu 6...Sb6 wäre, zu hochgezogenen Augenbrauen führen würde – das heißt, nach 1.e4 c5 2.Sf3 Sc6 3.d4 cxd4 4.Sxd4 Sf6 5.Sc3 g6 würden wir 6.Sb3, was den Springer ohne guten Grund dezentralisiert, als schlecht ansehen. Wenn man dies weiter ausspinnt, würden wir nach 6.Sb3 Lg7 7.Le2 0-0 auch nicht viel von 8.Le3 halten, da wir sehen, dass das aggressive 8.Lg5 möglich ist.

Wenn Weiß gegen den Drachen spielt, versucht er Vorteil zu behalten, selbst in einer ruhigen Variante, während Schwarz im Drachen mit vertauschten Farben versucht, eine solide Stellung aufzubauen und noch nicht daran denkt, die Initiative zu ergreifen. Das Mehrtempo oder sein Fehlen macht den ganzen Unterschied aus. David Bronstein hat das Recht, als Nächster zu ziehen, einmal als die mächtigste Waffe im Schach beschrieben. Was die Eröffnungstheorie betrifft, so bildet es sicherlich die ganze Basis des Kampfes.

Um zusammenzufassen, Weiß hat ein Mehrtempo, aber er kann es nicht leicht ausnutzen, da Schwarz nicht die Absicht hat, ihn anzugreifen. Aus diesem Grunde führt der Drachen mit vertauschten Farben im Allgemeinen zu einem positionelleren Kampf als der Drachensizilianer.

 TIPP: Keine Angst – mit Weiß stehen Ihnen in dieser Variante keine massiven Königsangriffe bevor. Aber denken Sie daran, wenn Sie den Drachensizilianer gerne mit Schwarz spielen, bedeutet das nicht automatisch, dass Sie mit Weiß auch gerne den Drachen mit vertauschten Farben spielen.

Der anfällige Springer auf c6

Alles ist gut für Schwarz, außer einer Sache – der Druck des Weißen auf der Diagonale h1-a8 und vor allem die Anfälligkeit des Springers auf c6 für einen Angriff. Fast jede andere Figur kann auf ein Feld gestellt werden, wo sie vor einem Angriff sicher ist, aber der arme Springer muss auf dem Feld c6 stehen bleiben, ein unglückseliger Schnittpunkt der Kraft des Läufers auf g2 und des Turms auf c1 oder der Dame auf c2. Der Springer ist verpflichtet auf c6 zu bleiben, um den Bauern e5 zu schützen und zu helfen, d2-d4 (oder d3-d4) von Weiß zu verhindern. Der Springer ist eine solch wichtige Figur, dass Weiß manchmal bereit ist, die Qualität aufzugeben, um ihn zu beseitigen.

Der weiße Druck am Damenflügel

Der kann mit a2-a3 und b2-b4 erhöht werden, mit zwei Hauptideen:

1. Se4 (oder manchmal Sa4) zu spielen, gefolgt von Sc5, wonach der Springer den Bauern b7 angreift und nur mit ...Lxc5 beseitigt werden kann, wonach die Antwort b4xc5 dem Weißen das Läuferpaar und einen Bauern mehr im Zentrum gibt. Die Idee Sc5 wird manchmal auch durch Tc1 oder Dc2 unterstützt.

2. Den Springer von c6 mit b4-b5 zu vertreiben, um den Bauern e5 zu gewinnen.

Wohin soll der Turm gehen? Weiß muss entscheiden, wo er seinen Damenturm hinstellen will. Er kann nach b1 gehen, um den Vorstoß b2-b4 zu unterstützen oder er kann zurückgehalten und später nach c1 gestellt werden, wo er Druck auf der c-Linie und vor allem Druck gegen den Springer auf c6 ausübt. Auf c1 würde er auch die Idee Se4 und Sc5 unterstützen. Allgemein gesprochen, wenn Weiß Lb2 spielt – ein nützlicher Entwicklungszug, der auf den Bauern e5 zielt – dann wird er Tc1 wählen, da der Turm auf b1 durch den Läufer blockiert würde.

> **HINWEIS: Weiß spielt oft d2-d3, aber dieser Zug, obwohl im Plan der Dinge notwendig, ist zu einem frühen Zeitpunkt normalerweise nicht erzwungen. Deshalb kann ihn Weiß manchmal gewinnbringend aufschieben, und das Tempo sofort nutzen, um am Damenflügel zu expandieren.**

Das schwarze Gegenspiel

Die gute Nachricht für Schwarz ist, dass er Raumvorteil hat und sich leicht entwickeln kann. Es ist unwahrscheinlich, dass sich sein König einem direkten Angriff ausgesetzt sieht, sobald er erst kurz rochiert hat. Allerdings muss er sich gegen den oben beschriebenen Druck am Damenflügel genau verteidigen. Schwarz spielt ...f7-f6, um e5 zu stützen – er glaubt, dass er dieses leichte strukturelle Zugeständnis machen kann, da er ansonsten solide steht. Oft begegnet er b2-b4 mit ...a7-a5, was den Bauern praktisch dazu zwingt, nach b5 vorzurücken. Im Allgemeinen hat Schwarz vor diesem Vorstoß weniger Angst als davor, dem Bauern zu gestatten, auf einem Feld zu bleiben, auf dem er die Idee mit Sc5 unterstützt. Nach b4-b5 kann der schwarze Springer von c6 nach d4 nach vorne hüpfen, manchmal sogar dann, wenn dies bedeutet, den Bauern e5 zu opfern.

Partie 32
☐ **Karpow** ■ **Hjartarson**
Seattle 1989

1.c4 e5 2.Sc3 Sf6 3.g3 d5 4.cxd5 Sxd5 5.Lg2 Sb6 6.Sf3 Sc6 7.0-0 Le7 8.a3

Weiß verliert keine Zeit und beginnt mit der Expansion am Damenflügel.

8...Le6 9.b4 0-0 10.Tb1!

Definitiv nicht 10.b5?! Sd4 11.Sxe5?? Lb3 12.De1 Sc2. Es ist ebenfalls genauer, den Turm sofort nach b1 zu stellen, als 10.d3 zu spielen, was das störende 10...a5!? 11.b5 Sd4 einlädt, erneut mit Angebot des e-Bauern. Dieses Mal verliert 12.Sxe5 nicht forciert, aber gibt Schwarz nach 12...Lf6 durch die offenen Linien sicherlich reichlich Kompensation.

10...f6

Im Gegensatz zur Aufregung nach ...Sd4! in der obigen Anmerkung ist Schwarz dank Karpows präzisem Spiel angesichts der Drohung 11.b5 mehr oder weniger verpflichtet diesen defensiven Zug zu spielen.

11.d3

Erst jetzt gestattet sich Weiß den Luxus dieses Zuges.

11...Dd7?

Dies ist ein Routineentwicklungszug ohne klaren Plan. Noch schlimmer, er stellt die Dame auf ein Feld, wo sie nach Se4 und Sc5 zum Angriffsziel wird. Da Weiß über einen offensichtlichen Weg verfügt, um seine Stellung zu verbessern – nämlich den Druck am Damenflügel zu erhöhen – ist es nicht gut, wenn Schwarz versucht, alles sauber und geordnet zu halten. Er muss dynamische Chancen bekommen selbst auf Kosten der Lockerung seiner Bauernstruktur sonst gerät er allmählich in Schwierigkeiten. Weiß würde nach 11...Sd4 12.Lb2 Sxf3+ 13.Lxf3 c6 14.Se4 usw. Vorteil behalten, aber wahrscheinlich am Besten war 11...a5!?, was das Thema der nächsten – sehr kurzen! – Partie ist.

12.Se4!

Natürlich lässt sich Karpow die Chance nicht entgehen, Schwarz positionell einzuschnüren.

12...Sd5 13.Dc2 b6? (Diagramm 3)

Ein Fall, wo die Heilung schlimmer ist als die Krankheit. Schwarz möchte den Springer von c5 fernhalten, aber dies erzeugt eine schreckliche Schwäche auf der c-Linie. Er musste sich mit 13...a5! usw. auf den Kampf einlassen.

14.Lb2 Tac8 15.Tbc1 Sd4 16.Lxd4!

Das korrekte Schlagen. 16.Sxd4 exd4 17.Lxd4? Sxb4 ist nichts für Weiß.

16...exd4 17.Dc6!

Weiß muss den Schwarzen daran hindern, den Bauern d4 mit ...c7-c5 zu unterstützen.

17...Dxc6 18.Txc6 Ld7 19.Sxd4!

Weiß zerstört das gegnerische Zentrum, wonach sein weißfeldriger Läufer sehr stark wird. Im Gegensatz dazu wird der schwarze beinahe nutzlos, da er von seinen eigenen Bauern behindert wird und nichts zum Angreifen finden kann. Da Weiß bald einen zweiten Bauern für die Qualität einsammeln wird, ist es kaum möglich, dies als ein Opfer zu bezeichnen – es gibt dabei überhaupt kein Risiko. Beachten Sie, dass Weiß diese starke Fortsetzung nicht gehabt hätte, wenn er routinemäßig mit 16.Sxd4 zurückgeschlagen hätte.

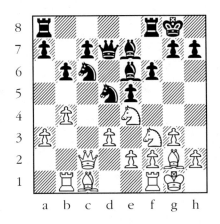

Diagramm 3

Schwarz schwächt c6

Diagramm 4

Weiß dominiert

19...Lxc6 20.Sxc6 Tce8 21.Tc1 f5 22.Sd2 Sf6 23.Sxa7 Ld6 24.e3 c5 25.Sc4 Lb8 26.Sc6 b5 27.S4a5 cxb4 28.axb4 Sd7 29.d4 (Diagramm 4) 29...g5

Jetzt ist Weiß bereit, Schwarz von seinem Läufer zu befreien, da er sieht, dass einen Turm auf die siebte Reihe zu bringen einen weiteren Bauern gewinnen wird.

30.Sxb8! Txb8 31.Tc7 Sf6 32.Sc6 Tb6 33.Se7+ Kh8 34.Sxf5

 TIPP: Es ist oft möglich, sich gegen einen Freibauern zu verteidigen, und manchmal können sogar vereinzelte Freibauern gestoppt werden – aber verbundene Freibauern gewinnen gewöhnlich sehr leicht.

34...Ta6 35.Tc1 Ta2 36.h3 Tb2 37.e4 Txb4 38.g4 h5 39.e5 hxg4

Verzweiflung; andernfalls walzen die Bauern einfach nach vorne.

40.exf6 gxh3 41.Lxh3 Txf6 42.Tc8+ Kh7 43.Tc7+ Kg6 44.Tg7+ Kh5 45.f3 1-0

Ein hübsches Mattfinale.

Partie 33
□ Suba ■ Garcia
Malaga 2001

1.c4 e5 2.Sc3 Sf6 3.g3 d5 4.cxd5 Sxd5 5.Lg2 Sb6 6.Sf3 Sc6 7.0-0 Le7 8.a3 Le6 9.b4 0-0 10.Tb1 f6 11.d3 a5!?

Anstelle des unentschlossenen 11...Dd7 in der vorherigen Partie, greift Schwarz sofort b4 an. Dies könnte gut die beste Idee sein, weshalb ich mich vermutlich entschuldigen sollte, sie in einer Partie zu zeigen, die Schwarz in 15 Zügen verliert, aber ich konnte einfach nicht widerstehen!

12.b5 Sd4 13.Sd2 (Diagramm 5)

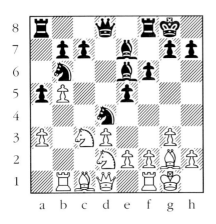

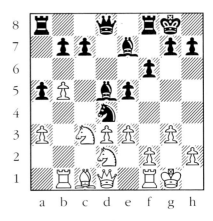

Diagramm 5	Diagramm 6
Wie verteidigt man b7?	Ups!

Nach diesem ruhigen Rückzug hatte Schwarz nicht den Wunsch, seinen Bauern b7 mit einem passiven Zug der Dame oder des Turms zu verteidigen. Stattdessen verfiel er auf eine Möglichkeit, die er für die vollständige Lösung seiner Probleme hielt...

13...Sd5??

Sehr natürlich: Schwarz rezentralisiert seinen Springer und bietet Figurentausch an, um seine Stellung zu befreien. Zweifellos hat er 14.Sxd5 Lxd5 15.Lxd5 Dxd5 mit gutem Spiel in Betracht gezogen, aber das andere Schlagen hat er nicht in Betracht gezogen. Tatsächlich hätte 13...Dc8 Weiß nicht mehr als einen kleinen Vorteil gegeben. Am Besten ist vielleicht 13...Ld5!, was den Figurentausch auf andere Weise anbietet. Dann gibt es nach 14.Sxd5 Sxd5 die Drohung einer Gabel auf c3 und 15.Lb2 a4!? sieht gut für Schwarz aus.

14.Lxd5! Lxd5 15.e3 (Diagramm 6) 1-0

Schwarz gab auf, da er nach 15...Se6 16.e4 eine Figur verliert. Der Läufer wird im Zentrum des Bretts gefangen. Dies war wirklich eine teuflische Falle, da 13...Sd5 richtig und 14.Lxd5 falsch aussah. Das zeigt einfach, dass man nicht vorsichtig genug sein kann, wenn man sich auf seinen Instinkt verlässt. Ich erinnere mich, dass der rumänische GM Florin Gheorghiu einmal in einem ähnlichen Szenario den Gewinn einer Figur übersehen hat.

Partie 34
□ **Kasparow** ■ **Salow**
Moskau 1988

1.c4 e5 2.Sc3 Sf6 3.Sf3 Sc6 4.g3 d5 5.cxd5 Sxd5 6.Lg2 Sb6 7.0-0 Le7 8.a3 Le6 9.d3

Weiß vermeidet das sofortige 9.b4 0-0 10.Tb1. Dieses Vorgehen hält die Möglichkeit Lb2 und Tc1 offen.

9...0-0 10.b4 Sd4

Salow strebt nach sofortiger Aktion, aber landet einfach nur in einer etwas schlechteren Stellung. Stattdessen führt 10...f6 mit Zugumstellung zur Partie Bacrot-Topalow (Partie 35).

11.Lb2!

Weiß entwickelt sich einfach. Viel zu riskant ist 11.Sxe5?. Dann muss Weiß neben 11...Lf6 mit 11...Sb3 rechnen, was den Turm angreift und die Gabel 12...Dd4 plant.

11...Sxf3+ 12.Lxf3 c6 13.Se4 Sd7

Verteidigt sich gegen 14.Lxe5 und richtet sich gegen Sc5.

14.Dc2

Weiß ist wegen seines potenziellen Drucks am Damenflügel mit bequemem Vorteil verblieben. Jetzt ist es äußerst lehrreich zu sehen, wie Kasparow seinen jungen Gegner überspielt.

14...Ld5 15.Sd2 Lxf3 16.Sxf3 Ld6 17.Sd2!

Mit der Absicht, den Springer gegen den Läufer zu tauschen, was Weiß die langfristig besseren Aussichten gibt.

17...De7 18.Se4 Tae8

18...Lc7 19.b5 sieht unbequem für Schwarz aus.

19.Sxd6 Dxd6 (Diagramm 7) 20.a4!

Weiß beginnt den berühmten Minoritätsangriff, der am Besten durch das Abgelehnte Damengambit bekannt ist. Er wird so genannt, weil die zwei Bauern des Angreifers die drei des Verteidigers terrorisieren. Hier wird b4-b5 den Bauern c6 untergraben und ein Zugeständnis erzwingen.

20...Dxb4? 21.La3 bringt Weiß die Qualität ein.

20...f5 21.b5 c5

Vielleicht dachte Schwarz um diesen Zeitpunkt herum, dass er angesichts seines Raumvorteils im Zentrum und der Aussicht auf einen Königsangriff gut steht. Tatsächlich, wenn er jetzt am Zug wäre, dann würde ihm ...f5-f4 das Grundgerüst eines starken Angriffs geben, da Weiß der weißfeldrige Läufer zur Verteidigung fehlt. Deshalb muss Kasparow einen Weg finden, um den Angriff des Schwarzen zu neutralisieren und die Überlegenheit seines Läufers über den Springer im Endspiel nachzuweisen.

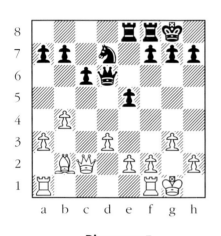

Diagramm 7

Weiß hat Läufer gegen Springer

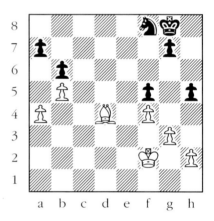

Diagramm 8

a7 und b6 sind schwach

22.e3!

Weiß muss sofort um die Kontrolle der Zentrumsfelder kämpfen. Die Möglichkeit dem von Schwarz geplanten Angriff mit d3-d4 oder f2-f4 zu begegnen, ist viel wichtiger als das auf f3 entstehende Loch oder der Umstand, dass d3 jetzt zum rückständigen Bauer wird.

22...Tf7

Nach 22...f4 23.exf4 exf4, mit dem Plan 24...Se5 mit starkem Angriff, kann Weiß 24.d4! spielen, was lang genug die Kontrolle über das Feld e5 gewinnt, um den schwarzen Springer zu frustrieren – 24...cxd4 (oder 24...fxg3 25.hxg3) 25.Dc4+ (er könnte auch die Qualität mit 25.La3 nehmen, obwohl das riskanter wäre) 25...Kh8 26.Dxd4 Dxd4 27.Lxd4, wenn seine bessere Leichtfigur dem Weißen Endspielvorteil gibt.

23.Tfe1 Sf8 24.Dc4!

Hier verhindert die Dame ...Dd5, fesselt den Turm auf f7 und hilft den Vorstoß d3-d4 zu unterstützen.

24...Td8 25.Tad1 b6 26.Kg2 Sg6 27.f4!

Weiß unterbindet jedes Gegenspiel und erzwingt die Öffnung der Diagonale für seinen Läufer.

27...exf4 28.exf4!

Wir alle lernen zu Beginn unserer Schacherfahrungen mit den Bauern zum Zentrum zu schlagen. Hier ist eine der vielen Ausnahmen. Nach 28.gxf4? erhält Schwarz mit dem sofortigen 28...Sh4+ einen starken Angriff. Der Textzug erweckt den Turm auf der e-Linie zum Leben und hält den gegnerischen Springer in Schach.

28...Dd5+ 29.Kf2!

Weiß bringt den König näher ans Zentrum. Natürlich würde er sich freuen, wenn Schwarz mit 29...Dxc4 30.dxc4 die Bauernstruktur für ihn verbessern würde.

29...Tfd7 30.Tc1!

Ein weiterer großartiger positioneller Zug. Auf den ersten Blick sieht er seltsam aus, da der Turm die Deckung des Bauern d3 aufgibt und auf eine blockierte Linie zieht. Tatsächlich bereitet Kasparow ein starkes, zeitweiliges Bauernopfer vor, das die c-Linie öffnen wird.

30...h5

Leider ist 30...Dxd3 nicht erlaubt, während 30...Dxc4 31.dxc4 Td2+ 32.Te2 dem Schwarzen einmal mehr ein schlechtes Endspiel gibt.

31.Dxd5+ Txd5 32.d4! cxd4 33.Tc7

Der Bauer auf d4 kann nicht vorrücken, ohne dass g7 fällt, aber wenn Schwarz nichts tut, dann fallen seine Bauern am Damenflügel. Deshalb hat er kaum andere Möglichkeiten, als mehrfachen Abtausch und den Übergang in ein schreckliches Läufer-gegen-Springer Endspiel zuzulassen.

33...T8d7 34.Txd7 Txd7 35.Td1 Sf8 36.Txd4 Txd4 37.Lxd4 (Diagramm 8)

In solchen Stellungen ist der langschrittige Läufer immer stärker als der Springer, aber hier ist es für Schwarz besonders schlimm, da die auf den schwarzen Feldern festgelegten Bauern a7 und b6 leichte Angriffsziele darstellen.

37...Se6 38.Ke3!

Schwarz entkommt nach 38.Le5 Sc5 39.Lb8 Sxa4 40.Lxa7 Sc3, indem er alle Damenflügelbauern beseitigt, während das König- und Bauernendspiel verloren wäre: nach 38...Sxd4 39.Kxd4 Kf7 folgt 40.Ke5 und der König nimmt die Damenflügelbauern.

38...Kf7 39.Le5 Sc5 40.Kd4!

Die anfälligen schwarzen Bauern können nicht fliehen, weshalb die Deckung des

Bauern b5 Vorrang hat.

40...Sxa4 41.Lb8 Ke6 42.Lxa7 g6 43.Kc4

Schwarz hat keine gute Antwort auf 44.Kb4, wonach der Springer den Bauern b6 aufgeben muss.

 TIPP: Die beste Möglichkeit, einen Endspielvorteil auszunutzen, besteht im Schaffen eines 'entfernten' Freibauern – das heißt, ein Bauer, der sich auf der Seite des Bretts befindet, auf der die Masse der Bauern nicht stehen.

43...h4 44.gxh4 Sb2+ 45.Kc3 Sa4+ 46.Kb4 Sc5 47.Lxb6 Sd3+ 48.Kc4 Sxf4 49.Lf2 Sh3 50.La7 Kd7 51.Kd5 Sf4+ 52.Ke5 Sh5 53.Lc5 f4 54.Lf2 Ke7 55.Ke4 Ke6 56.Ld4 Kd6 57.Kf3 Kd5 58.b6 1-0

Der König muss sich nach c6 zurückziehen, wonach Weiß mit Kg4 usw. auf den Bauern g6 losgeht.

Eine wunderbare positionelle Vorstellung von Weiß.

Partie 35
☐ **Bacrot** ■ **Topalow**
Dubai 2002

1.c4 e5 2.Sc3 Sf6 3.Sf3 Sc6 4.g3 d5 5.cxd5 Sxd5 6.Lg2 Sb6 7.0-0 Le7 8.d3 0-0 9.a3 Le6

Stattdessen könnte Schwarz das Raum gewinnende b2-b4 mit 9..a5 verhindern. Allerdings verfügt Weiß über eine starke Antwort, die von Suba entdeckt wurde: 10.Le3 Te8 11.Tc1 Lg4. Jetzt erlaubt 12.Sa4? 12...Sd4 mit Gegenspiel, aber stattdessen ist das einfache 12.Te1!, was e2 verteidigt und so ...Sd4 den Stachel zieht, stark – 12...Lf8 13.Sa4 Sxa4 14.Dxa4 Ld7 15.Db3 und Weiß hat klarenVorteil.

10.b4 f6

Der sicherste Zug. Schwarz deckt e5 noch einmal und trachtet nach Gegenspiel mit a7-a5.

10...Sd4 sahen wir in der Salow-Partie.

11.Lb2

Bacrot stellt den Läufer nach b2 und bewahrt die Möglichkeit Tc1. Hier führt 11.Tb1 zu den Karpow- und Garcia-Partien, wo wir 11...a5 empfehlen – siehe die Anmerkungen zu der Garcia-Partie. Topalow wendet den gleichen Gegenvorstoß gegen 11.Lb2 an.

11...a5!? 12.b5 Sd4 13.Sd2 c6

Hier verliert 13...Sd5? eine Figur, und zwar auf die gleiche Weise wie in der Garcia-Partie: 14.Lxd5 Lxd5 15.e3 usw.

WARNUNG: Der in den Anmerkungen zu der Garcia-Partie empfohlene Zug – 13...Ld5 – sieht hier eindeutig riskant aus, da Weiß Lb2 anstelle von Tb1 gespielt hat: nach 14.Sxd5 Sxd5 droht keine Gabel auf c3 und Weiß hat Ideen wie Lxd4 und Db3. Also spielen Sie das hier nicht!

Stattdessen entscheidet sich Topalow, die Diagonale mit 13...c6 zu blockieren. Dies bedeutet hinzunehmen, dass die Damenflügelbauern auseinander gerissen werden. Andererseits kann Schwarz auf eine insgesamt solide Stellung mit aktiven Figuren bauen. Die Idee mit 13...c6 funktioniert besser, wenn Weiß wie in der vorliegenden Partie Lb2 und nicht Tb1 (wie in den Karpow- und Garcia-Partien) gespielt hat. Und zwar deshalb, weil Weiß auf der b-Linie keinen unmittelbaren Druck gegen die neu geschaffene Schwäche ausübt.

14.bxc6 Sxc6 15.Sb5? (Diagramm 9)

Weiß plant mit Tc1 einen Angriff gegen c6, aber dies verliert einfach Zeit. Natürlich ist 15.Tc1, obwohl Schwarz nach 15...Dd7 solide genug steht und ein harter Kampf bevorsteht.

15...a4! 16.Tc1 Ta5!

Jetzt hat Weiß nichts Besseres, als das Ende seiner Expedition am Damenflügel zu verkünden.

17.Sc3 Tf7 18.f4?

Weiß versucht aktiv zu spielen. Es war sehr schwierig, einfach dazusitzen und nichts zu tun, vor allem nach dem Fiasko am Damenflügel, aber dieser impulsive Vorstoß schwächt einfach nur die schwarzen Felder im Zentrum. Vielleicht war 18.Dc2 Sd4 19.Db1 der beste Weg für Weiß, nichts zu tun.

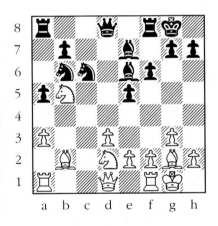

Diagramm 9

Der erste Fehler des Weißen

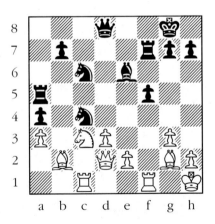

Diagramm 10

Weiß wird bestraft

18...exf4 19.Txf4 f5!

Ein thematischer Zug, der den weißen Figuren das Feld e4 nimmt und Vorbereitungen trifft, den Turm mit Lg5 zurück zu drängen, wonach der Läufer das Loch auf e3 ausnutzen kann. Nach seiner ungenauen Antwort kommt es für Weiß noch schlimmer.

 HINWEIS: Laut Jon Speelman sind drei 'mittelschwere' Fehler von Weiß und zwei von Schwarz erforderlich, um eine verlorene Stellung zu erhalten. Weiß begeht jetzt seinen dritten und fatalen Fehler.

20.Kh1?

Vielleicht sollte er 20.Tf1 spielen ohne dazu gedrängt zu sein, da der Textzug Schwarz eine Gewinnkombination gestattet.

20...Lg5 21.Tf1 Lxd2! 22.Dxd2 Sc4! (Diagramm 10)

Topalow nutzt die Fesselung auf der d-Linie aus. Der einzige Zug, der den Läufer gedeckt hält, kostet Weiß die Qualität.

23.Dc2 Se3

Weiß wird schwer dafür bestraft, dieses Loch mit 18.f4 geschaffen zu haben.

24.Dd2 Sxf1 25.Txf1 h6 26.Tf4 Lb3 27.De1 Se7 28.Df2 Sd5 29.Dd4 Dd7 30.Sxd5 Lxd5 31.e4 Lc6 32.Dc3 Tb5 0-1

Es ist nicht sehr sinnvoll gegen einen Spieler mit 2700 mit einer Qualität weniger weiter zu spielen.

Kapitel Sieben

Schwarz spielt einen königsindischen Aufbau

- Einleitung
- Das Botwinnik-System
- Der Standardaufbau

Einleitung

In diesem Kapitel schauen wir uns alle Varianten an, in denen Schwarz mit Antworten im königsindischen Stil auf die Englische Eröffnung reagiert. Diese reichen von dem abseitigen 1.c4 Sf6 2.Sf3 g6 3.b4 bis zu den Hauptvarianten der Vierspringervariante.

Das Botwinnik-System

Dies ist eine sehr interessante Antwort von Weiß. Sie wird durch den weißen Zug e2-e4 charakterisiert, wie in folgendem Abspiel: **1.c4 e5 2.Sc3 Sc6 3.g3 g6 4.Lg2 Lg7 5.e4 (Diagramm 1)**

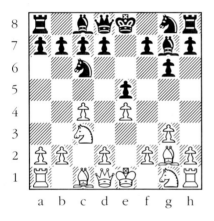

Diagramm 1

Botwinnik-System

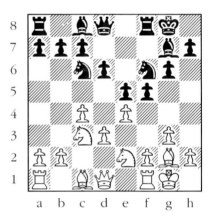

Diagramm 2

Weiß kontrolliert f4

Es sieht so aus, als sei Weiß verrückt geworden! Er hat seinen Läufer auf g2 eingeschlossen und ein Loch im Zentrum auf d4 geschaffen! Diese Einwände gegen 5.e4 sind berechtigt, aber der Zug hat auch viele gute Seiten.

Theoretisch?

Im Vergleich zu den Hauptvarianten des Königsinders gibt es hier kaum Theorie zu lernen. Nichtsdestotrotz müssen Sie ein wenig über die wichtigsten Kampfpläne beider Spieler wissen.

Hemmung des schwarzen Königsangriffs

Zunächst lohnt es sich daran zu erinnern, dass eine gute Strategie die

Bedürfnisse aller Figuren und nicht nur einer oder zwei berücksichtigt. Der Läufer auf g2 ist gewiss nicht glücklich, dass sein Weg nach d5 und zum Damenflügel versperrt ist, aber e2-e4 ist ein wichtiger Zug im Gesamtplan des Weißen. Eine der grundlegenden Ideen des Botwinnik-Systems ist es, dem geplanten schwarzen Angriff am Königsflügel die Zähne zu ziehen. Dieser direkte Angriff – bei dem Schwarz in dem Versuch matt zu setzen Züge wie ...Sh5, ...f5-f4 und ...g6-g5 spielt – kann sehr gefährlich sein, wenn Weiß im Standardstil der Englischen Eröffnung gegen den königsindischen Aufbau spielt. Sie können sehen, dass ich aus Erfahrung spreche, weil ich weiter unten eine Partie angeführt habe, in der ich matt gesetzt wurde! Psychologisch gesehen ist es auch eine gute Idee, einem Spieler, der einen Königsangriff plant, Hindernisse in den Weg zu stellen: er könnte seine eigene Stellung zerstören, indem er gegen die ultrasolide Festung des Weißen anrennt. Aber warum genau steht Weiß in dieser Variante sicherer? Schauen wir uns an, wie sich die Dinge ausgehend von dem vorherigen Diagramm entwickeln könnten: **5...d6 6.Sge2 f5 7.d3 Sf6 8.0-0 0-0 (Diagramm 2)**

Hier brennt Schwarz darauf, ...f5-f4 zu spielen, aber Weiß übt Extrakontrolle über dieses Feld aus, weil er seinen Springer nach e2 gestellt hat. Wenn nötig, könnte Weiß selber f2-f4 spielen, um die Dinge zu klären, und die schwarzen Königsflügelbauern daran zu hindern, vorwärts zu stürmen. Doch so lange Schwarz nichts droht, würde Weiß diesen Vorstoß unterlassen – es sei denn, er könnte vorteilhaft geschehen – da dies eine gewisse Schwächung seines eigenen Zentrums mit sich bringt. Wahrscheinlich würde sich Weiß zu f2-f3!? bequemen, um die Kontrolle über e4 zu verstärken.

Aus all dem wird klar, dass Sf3 zu spielen überhaupt nicht in den weißen Aufbau passt, weil es f4 weniger gut gedeckt lässt und den Bauern f2 blockiert. Deshalb muss Weiß die Entwicklung seines Königsspringers zurückhalten – Sie können nicht die Hauptvariante des Botwinnik-Systems spielen, wenn Sie mit der Réti-Zugfolge 1.Sf3 beginnen wollen.

Die Felder d5 und d4

In der Praxis erweist sich das Feld d5 für gewöhnlich als sehr viel nützlicher für Weiß als das Feld d4 für Schwarz. Der Grund dafür wird besser verstanden werden, wenn wir, ausgehend von dem oben stehenden Diagramm, **9.Sd5!** betrachten **(Diagramm 3)**

Der schraubstockartige Griff des Weißen auf das Feld d5 hat es ihm erlaubt, seinen Springer auf einen ausgezeichneten Posten genau im Herzen des Zentrums zu stellen. Genau genommen ist das Feld d5 kein Vorpostenfeld, da es immer noch von einem schwarzen Bauern kontrolliert werden kann. Doch in der Praxis kostet es Schwarz Zeit und Mühe, ...c7-c6 zu organisieren, um den Springer zu vertreiben, weshalb das Untier oft schön stehen gelassen wird. Wenn Schwarz ihn mit 9...Sxd5 beseitigt, dann kann Weiß nach 10.cxd5 mit Tc1, Dc2 usw. einen Angriff gegen den Bauern c7 beginnen.

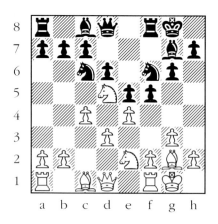

Diagramm 3
Der ausgezeichnete Springer d5

Der Springer auf d5 arbeitet gut mit Lg5 zusammen, wonach die Fesselung des Springers sehr lästig ist. Zum Beispiel kann Schwarz nach 9...Le6 10.Lg5 die Fesselung nicht mit 10...h6? aufheben, da 11.Sxf6+ Lxf6 12.Lxh6 einen Bauern gewinnt. Im Gegensatz dazu, und obwohl Schwarz ein wirkliches Vorpostenfeld auf d4 hat – ein Springer, der dort steht, kann nicht durch einen Bauern vertrieben werden – ist d4 sehr viel weniger wertvoll als das Feld d5 für Weiß. Und zwar deshalb, weil ein Springertausch auf d5 die weiße Bauernstruktur verbessert und den Weg für einen Angriff auf c7 ebnet, während Schwarz keinen Nutzen von einem Tausch auf d4 hat. Tatsächlich muss Schwarz nach 9...Sd4? 10.Sxd4 exd4 11.exf5 11...gxf5 spielen, wonach er mit einem schwachen Bauern auf f5 und einem toten Feld auf f4 verbleibt, da ihn 11...Lxf5 12.Sxf6+ Dxf6 13.Lxb7 einen Bauern kostet.

Gewinnpläne

Während die Anfangsgedanken des Weißen im Botwinnik-System darauf gerichtet sind, die schwarzen Angriffsbemühungen am Königsflügel zu stoppen, sollte dies nicht als ein rein defensives System betrachtet werden. Mit Sd5! macht Weiß klar, dass er auch aggressive Absichten hat. Seine Gewinnchancen ergeben sich meist durch Druck auf der c-Linie oder gegen die gegnerischen Zentrumsbauern. Wie in der Beispielpartie zu sehen sein wird, kann der Vorstoß c4-c5 eine strategische Schlüsselrolle spielen.

Und was macht Schwarz, während all dies vor sich geht? Normalerweise massiert er seine Figuren im Zentrum und hofft, dass Weiß die Kontrolle verliert und ihn schließlich doch noch einen Königsangriff entwickeln lässt. Der schwarze Aufbau enthält viel latente Kraft; schon ein paar unvorsichtige Züge von Weiß reichen aus, um den königsindischen Löwen aus seinem Käfig zu lassen. Nichtsdestotrotz muss Schwarz in diesem Aufbau sehr geduldig sein.

Zugfolgen und das Botwinnik-System

Die Tücken der Zugfolge sind hier sogar noch wichtiger als in anderen Varianten der Englischen Eröffnung. Es macht einen großen Unterschied, ob Schwarz 1...e5 oder 1...Sf6 gespielt hat.

Nach 1.c4 e5 2.Sc3 Sc6 3.g3 g6 4.Lg2 Lg7 5.e4 d6 6.Sge2 würde ich so weit gehen zu sagen, dass 6...Sf6, obwohl dies sehr natürlich aussieht, tatsächlich eine zweifelhafte Entscheidung ist. Das beste Feld für den Springer ist zweifellos f6, aber wenn Schwarz seinen f-Bauern vorstoßen will, dann muss er Zeit mit ...Sh5 verlieren. Deshalb ist es viel besser, sofort 6...f5 zu spielen. Mich erinnert das an Philidors Maxime, dass die Bauern die Seele des Schachs sind: hier haben die Bedürfnisse des Bauern f7 sicher Vorrang vor den Wünschen des Springers. Nach 6...Sf6 7.d3 0-0 8.0-0 Le6 9.Sd5 ist Schwarz solide aufgestellt, aber es ist schwerer für ihn Gegenspiel zu entwickeln als in der Hauptvariante.

Natürlich, wenn Schwarz mit dem sehr beliebten 1...Sf6 begonnen oder den Springer zu einem anderen frühen Zeitpunkt entwickelt hat, dann verfügt er nicht über den Luxus zuerst ...f7-f5 zu spielen. Nun gut, in diesem Fall denke ich, dass er es vermeiden sollte, ...e7-e5 zu spielen, bis er weiß, dass Weiß nicht das Botwinnik-System spielen wird. Zum Beispiel 1...Sf6 2.Sc3 g6 3.g3 Lg7 4.Lg2 0-0 5.d3 d6, und wenn jetzt 6.Sf3 oder 6.e3 folgt, dann kann Schwarz glücklich 6...e5 spielen. Wenn andererseits Weiß den Botwinnik-Aufbau spielen will, dann muss er hier 6.e4 spielen, da ihm die nützlichen Wartezüge ausgegangen sind. Aber nach 6.e4 kann Schwarz 6...e5 zugunsten von 6...c5! vermeiden, wonach nur der weiße Läufer auf g2 eingeschlossen ist, während der Läufer g7 eine offene Diagonale und Einfluss auf das Feld d4 hat. Angesichts dessen glaube ich nicht, dass Weiß e2-e4 spielen sollte, bevor sich Schwarz mit ...e7-e5 verpflichtet hat. Dann leidet der Läufer auf g7 unter den gleichen Einschränkungen wie der weiße.

Um es zusammenzufassen – wenn Sie Weiß haben und Schwarz vermeidet nach 1...Sf6 ...e7-e5, dann sollten Sie auf das Botwinnik-System zugunsten einer anderen Variante verzichten; wenn Sie Schwarz haben und mit 1...Sf6 eröffnen, dann sollten Sie mit ...e7-e5 warten, bis Weiß nicht mehr länger das Botwinnik-System spielen kann. Im oben angegebenen Beispiel war dies Zug sechs.

Die beste Anti-Botwinnik Zugfolge für Schwarz

Seltsam genug, gibt die Zugfolge des Leningrad-Holländers Schwarz die größte Flexibilität, um dem Botwinnik-System zu begegnen.

1...f5 2.Sc3 Sf6 3.g3 g6 4.Lg2 Lg7 5.d3 0-0 6.e4 (Diagramm 4)

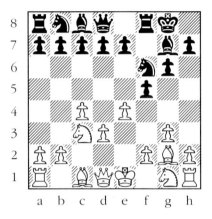

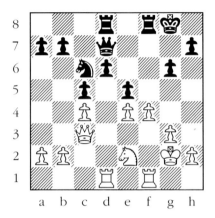

Diagramm 4	Diagramm 5
Der Botwinnik-Griff?	Mit der Absicht ...Sd4

Erneut muss Weiß dies sofort spielen, wenn er einen Botwinnik-Aufbau will. Zum Beispiel zieht 6.Sf3 im Falle eines nachfolgenden e2-e4 den Springer auf das falsche Feld (er gehört nach e2). Jetzt kann Schwarz **6...fxe4** spielen.

Dieser Abtausch ist gewöhnlich ein positioneller Fehler, wenn Schwarz bereits ...e7-e5 gespielt hat, da er einfach nur den weißen Druck auf d5 erhöht und Weiß potenziellen Druck auf der d-Linie gibt. Aber der 15. Zug des Schwarzen wird zeigen, dass dies hier eine gute Idee ist.

7.dxe4 d6 8.Sge2 c5!

Schwarz übt nützlichen Einfluss auf d4 und e5 aus.

9.0-0 Sc6 10.f4 Le6!

Indem er c4 angreift, gewinnt Schwarz Zeit für seinen Plan, die weißfeldrigen Läufer abzutauschen.

11.Sd5 Dd7 12.Dd3 Lh3 13.Ld2 Lxg2 14.Kxg2

Der Abtausch der Läufer hat den weißen Königsflügel merklich gelockert.

14...Tad8 15.Tad1 e6!

Dieser Zug, um den Springer von d5 zu vertreiben, wäre unmöglich gewesen, wenn Schwarz frühes ...e7-e5 gespielt hätte.

16.Sxf6+ Lxf6 17.Lc3 Lxc3 18.Dxc3 e5! (Diagramm 5)

Ein ausgezeichneter positioneller Zug, der ...Sd4 beabsichtigt, wonach der schwarze Springer das Zentrum beherrscht oder Schwarz nach einem Tausch auf d4 einen gedeckten Freibauern erhält. Hier wurde in Gelfand-Kindermann, Biel 1995, Remis vereinbart. Offensichtlich war Schwarz mit einem Remis gegen diesen sehr starken Gegner zufrieden, denn objektiv gesehen hat er hier Vorteil.

Als sollten Sie 1...f5 spielen und einen Holländer riskieren?! Natürlich würden die meisten Spieler nur ungern 1...f5 spielen, denn Weiß könnte mit 2.d4! schmutzige Tricks anwenden und die Partie plötzlich in das Fahrwasser einer holländischen Hauptvariante steuern. Aber wenn Sie überzeugt sind, dass Ihr Gegner ein eingefleischter Englisch-Spieler ist und nie 2.d4 oder nachfolgendes d2-d4 riskieren würde, dann ist dies die Zugfolge, die Sie wählen sollten. Selbst wenn Weiß nach 1...f5 eine andere Variante der Englischen Eröffnung spielt, würden Sie bald auf königsindisches Gebiet überleiten, zum Beispiel führt 1.c4 f5 2.Sf3 Sf6 3.g3 g6 4.Lg2 Lg7 5.0-0 d6 6.Sc3 e5 7.d3 zur weiter unten aufgeführten Thipsay-Partie.

Partie 36
□ **Psachis** ■ **Danielsen**
Torshavn 2000

1.c4 e5 2.Sc3 Sc6 3.g3 g6 4.Lg2 Lg7 5.e4 d6 6.Sge2 f5

Schwarz stößt den Bauern vor, bevor er seinen Springer nach f6 stellt – das beste Feld. Stattdessen könnte er auch versuchen, im Stile der Partie Hansen-Hodgson, die weiter unten im Kapitel aufgeführt wird, mit 6...Sge7 7.d3 h5 fortfahren, in der Hoffnung zu schnellem Angriff mit 8...h4 zu kommen. Der Zweck, den Springer nach e7 anstatt nach f6 zu ziehen, besteht darin, dass man 8.Lg5 mit 8..f6 beantworten kann, was den Läufer vertreibt. Allerdings glaube ich, dass 8.h4!, was den Bauern sofort stoppt, gut für Weiß sein sollte. Nach 8...0-0 9.0-0 bedeutet die Einschaltung von h4/h5 dann, dass nachfolgendes ...f7-f5 von Schwarz ein Loch auf g5 erzeugt.

7.d3 Sf6 8.0-0 0-0 9.Sd5

Dies ist die Schlüsselstellung der Variante und wurde oben erörtert.

9...Le6

Schwarz stellt sich auf die drohende Fesselung ein, indem er Vorbereitungen trifft, mit der Dame aus dem Weg zu gehen.

Stattdessen könnte er den Springer mit 9...Se7 herausfordern, mit der Idee ...c7-c6. Dann gibt 10.Sxf6+ Lxf6 11.Lh6 Lg7 (vielleicht sollte Schwarz mit 11...Tf7 eine gewisse Spannung bewahren, obwohl 12.Dd2! eine solide Entgegnung ist) 12.Lxg7 Kxg7 13.d4 Weiß bequemen Vorteil im Zentrum, da der schwarze Königsflügel ziemlich leer aussieht. Der Springer und der Läufer, von denen Schwarz gehofft hatte, dass sie den Angriff auf den weißen König anführen würden, sind verschwunden.

10.Lg5!

Der weiße Läufer und der weiße Springer bilden ein eindrucksvolles Figurenduo auf der fünften Reihe.

10...Dd7 11.Dd2 Tf7

Es sieht logisch aus, die Türme auf der f-Linie zu verdoppeln, aber 11...Sh5! **(Diagramm 6),** wonach Weiß bereits mit 12...f4 rechnen muss, war genauer.

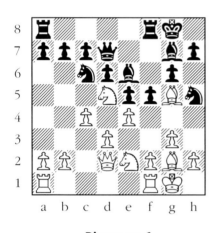

Diagramm 6

Schwarz sucht Gegenspiel

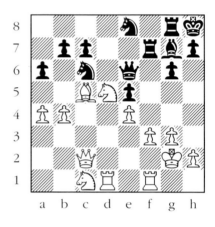

Diagramm 7

Der Springer zieht um

Nach 12.exf5 muss Schwarz entscheiden, ob er mit seinem Läufer oder mit seinem Bauern zurücknimmt. Es gibt den alten Ausspruch, der Botwinnik zugeschrieben wird, dass jeder russische Schuljunge weiß, dass Schwarz in solchen Situationen mit dem Bauern auf f5 zurückschlagen sollte, um das Feld e4 gedeckt zu lassen. Doch nach 12...gxf5 13.f4! lähmt die feste Blockade auf dem Feld f4 den schwarzen Angriff – die f-Linie bleibt geschlossen, so dass der schwarze Turm nicht zum weißen König gelangen kann, und die Diagonale c8-h3 ist blockiert, so dass Schwarz nicht den Läufertausch mit ...Lh3 anbieten kann, um die weißen Felder vor dem weißen König zu schwächen.

Deshalb sieht 12...Lxf5! besser aus. Dann kann Weiß versuchen, mit 13.b4 Raum am Damenflügel zu gewinnen, aber Schwarz hat eine feste Struktur und aktive Figuren.

Ich bin sicher, dass ein brillanter Stratege wie Botwinnik trotz des obigen Ratschlags mit dem Läufer zurückgenommen hätte; er hätte die wahre Natur der Stellung erkannt.

WARNUNG: Spielen Sie nie nach Regeln und Geboten, ohne sich die tatsächliche Stellung vor Ihnen anzuschauen. Die Figuren ziehen immer auf die gleiche Weise und Matt beendet die Partie – aber alles andere ist ungewiss.

12.f3

Weiß errichtet auf f3 eine Barriere (für die schwarzen Türme). Wenn Schwarz kein Gegenspiel entwickelt, dann wird Weiß einen Durchbruch am Damenflügel mit c4-c5 mit klarem Vorteil vorbereiten. Ich stelle mir vor, dass jemand mit einem Namen wie G. Kasparow mit Schwarz einen Weg finden würde, um die Dinge am Königsflügel lebhafter zu gestalten, um seinen Gegner danach mit einem wundervollen Stück taktischer Hexerei zu verblüffen. Nichtsdestotrotz, ich glaube, bei geringeren Sterblichen hat Weiß hier die viel besseren Chancen.

12...Taf8 13.Tac1 fxe4

Schwarz entscheidet, dass er hier schlagen muss, um den Weg für ...Lh3 frei zu räumen. Allerdings ist der Bauer d6 nun viel anfälliger für einen Frontalangriff. Nun können wir sehen, dass die Dinge für Schwarz so viel besser liegen würden, wenn er 11...Sh5! gespielt, und den Weißen dazu gebracht hätte, mit 12.exf5 die Bauern selber zu tauschen.

14.dxe4 Se8

Ein ungeschickt aussehender Zug, aber aus einem bestimmten Grund möchte Schwarz als Auftakt zu ...Lh3 die Stellung sichern. Doch den Springer auf die Grundreihe zurückfallen zu lassen ist kein überzeugender Weg, um einen Angriff zu beginnen.

15.Le3 Lh3 16.c5!

Weiß hat seine Vorbereitungen abgeschlossen und führt jetzt den thematischen Vorstoß aus. Die schwarze Strategie ist gescheitert, da er über keine Aktivität am Königsflügel verfügt.

16...Lxg2 17.Kxg2 a6 18.Tcd1 Dc8 19.Dc2 Kh8 20.b4 Tg8 21.a4 dxc5

Schwarz muss den Kampf um d6 aufgeben oder er wird mit b4-b5 usw. überrannt. Jetzt wird der Bauer e5 zum Angriffsziel.

22.Lxc5 De6 23.Sc1! (Diagramm 7)

Eine ausgezeichnete Umgruppierung des Springers. Von d3 aus greift er e5 an und unterstützt auch den Läufer auf c5, wenn die nächste Welle des Angriffs am Damenflügel beginnt.

23...Lf8 24.Sd3 Ld6 25.Db2 Tgf8 26.b5 axb5 27.axb5 Sb8 28.b6!

Weiß greift den Verteidiger des Verteidigers an. Nach 28...c6 29.Lxd6 Sxd6 30.Sxe5 ist das schwarze Zentrum zerstört.

28...Sd7 29.S3f4!

Plötzlich ist die schwarze Dame gefangen!

 TIPP: Günstige taktische Möglichkeiten ergeben sich automatisch, wenn Sie den strategischen Kampf gewonnen haben.

29...Txf4 30.Sxf4 Txf4

Ich vermute Schwarz war in Zeitnot, da es leichter war, aufzugeben. Ein wenig Feuerwerk bringt die Dinge zu einem Ende.

31.Lxd6 Sxd6 32.gxf4 Sc4 33.bxc7 Dc6 34.Txd7 Dxd7 1-0

Nach 34...Sxb2 35.Td8+ hat Weiß eine neue Dame, genau wie jetzt nach 35.Dxb7.

Der Standardaufbau

Strategien

Wenn Weiß das Botwinnik-System vermeidet, dann wird es einen Kampf zwischen dem weißen Bauernzentrum c4/d3 und dem schwarzen Bauernzentrum d6/e5 geben. Hier ist eine sehr nützliche Faustregel, um sich für die beste Strategie in jeder gegebenen Stellung zu entscheiden: versuchen Sie Ihrem am weitesten vorgerückten Bauern einen Bauern an die Seite zu stellen. Das beste Beispiel dafür ist, dass es nach 1.e4 eine gute Idee ist, 2.d4 zu spielen, wenn der Gegner das erlaubt. In dem hier erörterten Englischen Aufbau gegen den königsindischen Aufbau befindet sich die weiße Bauernspeerspitze auf c4, was nahe legt, dass Weiß b2-b4 oder d2-d4 vorbereiten sollte.

Der führende schwarze Bauer steht auf e5, was ...f7-f5 oder ...d7-d5 nahe legt. Wie man sehen wird, entwickeln die Spieler ihre Pläne tatsächlich auf der Grundlage dieser Züge, wobei Weiß allerdings im Allgemeinen vermeidet zu versuchen, einen Bauern nach d4 vorzurücken, da ein solcher Zug zumindest inkonsequent und ein Zeitverlust wäre, wenn er bereits vorhergehendes d2-d3 gespielt hat. Wenn Weiß c2-c4 und d2-d4 hätte spielen wollen, dann hätte er 1.d4 spielen sollen!

Die von beiden Spielern gewählte Figurenaufstellung, um ihre Pläne umzusetzen – oder den Gegner daran zu hindern, die gewünschte Strategie durchzuführen – kann in etliche, klar unterschiedliche Szenarien unterteilt werden.

Theoretisch?

Nicht sehr, aber Sie können in Szenario Eins dennoch schnell verlieren, wenn es Ihnen nicht gelingt, die relative Stärke der Angriffe von Weiß und Schwarz auf dem Damenflügel bzw. auf dem Königsflügel richtig einzuschätzen. Natürlich bedeutet dies, dass Szenario Eins Ihnen auch die meisten Gewinnchancen bietet, da Ihr Gegner ebenfalls vor schwierigen Problemen steht! Aber wenn Sie Sicherheit suchen, dann sind Szenario Zwei und Vier die sichersten Methoden für Weiß, die Stellung zu behandeln.

Szenario Eins: Schwarz hat ...Sf6 verzögert

Wenn Schwarz eine Zugfolge gewählt hat, die es ihm gestattet, ...f7-f5 vor ...Sf6 zu spielen, dann kommt es oft zu einem direkten Kampf zwischen dem weißen Druck am Damenflügel und dem schwarzen Königsangriff. Die folgende Stellung kann als archetypisch betrachtet werden und wird nach folgenden Zügen erreicht: **1.c4 e5 2.Sc3 Sc6 3.g3 g6 4.Lg2 Lg7 5.Sf3 d6 6.d3 f5 7.0-0 Sf6 (Diagramm 8)**

Dank des Umstands, dass er ...Sf6 verzögert hat, ist der schwarze Aufbau optimal für einen Angriff am Königsflügel. Durch diese Verzögerung war er in der Lage den Vorstoß ...f7-f5 ohne jede Mühe durchzusetzen. Jetzt kann das Spiel weitergehen mit:

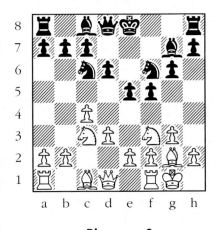

Diagramm 8
Schwarz hat ...f7-f5 gespielt

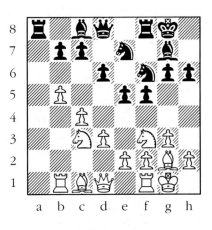

Diagramm 9
Eine Schlüsselstellung

8.Tb1

Die Alternative 8.Lg5 wird weiter unten betrachtet. Indem er den Turm nach b1 stellt, bereitet Weiß Raumgewinn am Damenflügel mit b2-b4 gefolgt von b4-b5, a2-a4 usw. vor. Die erste Entscheidung, die Schwarz treffen muss, ist, ob er den Plan des Weißen behindert, und zwar mit ...

8...a5!?

Das ist nur eine zeitweilige Maßnahme, da Weiß nach...

9.a3 0-0 10.b4 axb4 11.axb4

seinen Vorstoß durchgesetzt hat. Allerdings verfügt der schwarze Turm über eine gebrauchsfertige, offene a-Linie. Dies ist zweischneidig, da Schwarz nicht die Absicht hat, am Damenflügel anzugreifen und die offene Linie leicht in die Hände des Weißen fallen könnte. Allerdings hat Schwarz die Bauernfront um eine Reihe verkürzt, so dass er keinen potenziell schwachen Bauern auf a7 besitzt. Die übereinstimmende Meinung scheint zu sein, dass 8...a5 eine gute Idee ist. Schauen wir uns an, wie sich das Spiel entwickeln kann.

11...h6

Dieser Zug verfolgt mehrere Ziele. Zum Beispiel unterbindet er Lg5 und könnte sehr gut dazu dienen, einen Bauernvorstoß am Königsflügel mit ...g6-g5 zu unterstützen. Der Hauptgrund für den Textzug ist allerdings, ...Le6 vorzubereiten, ohne durch Sg5 angegriffen zu werden. Nach 11...Le6 12.b5 Se7 13.Sg5 hat Schwarz angesichts des Angriffs auf b7 nichts Besseres als 13...Lc8.

12.b5 Se7 (Diagramm 9)

Der schwarze Aufmarschplan am Königsflügel

Weiß muss seinen Druck am Damenflügel erhöhen, da nichts zu tun nicht in Frage kommt: Schwarz wird seinen eigenen Angriff am Königsflügel entfalten. Wenn Weiß darauf besteht zu 'passen', dann kann ich Ihnen versprechen, dass es ein Matt in zehn Zügen geben wird: ...g6-g5, ...f5-f4, ...De8, ...Dh5, ...Lh3, ...Sg4, ...f4xg3, ...Lxg2, ...Txf3 und ...Dxh2 matt.

Oder Schwarz könnte, wenn er positioneller gesinnt sein sollte, ...Le6 spielen, dann ...Tb8 (um sich gegen einen Angriff auf b7 nach Sd2 zu schützen), dann ...Dd7, um vor einem Angriff mit ...g6-g5, ...f5-f4 und ...Lh3 seine Figuren im Zentrum zu konzentrieren. Natürlich müsste der Vorstoß ...f5-f4 von Schwarz sorgfältig erwogen werden, da er die Kontrolle des Feldes e4 durch Bauern aufgibt. Mit anderen Worten, damit der Plan erfolgreich ist, muss der schwarze Druck auf der f-Linie und/oder die Möglichkeit zu ...Lh3 die Schwächung seiner Kontrolle der weißen Felder aufwiegen.

 WARNUNG: Wenn er mit in dieser Variante mit b2-b4 vorrückt, dann muss Weiß auf den plötzlichen Gegenschlag ...e5-e4 aufpassen, was wegen der Wirkung des Läufers auf der langen Diagonale Material gewinnt.

Das weiße Vorrücken am Damenflügel

Was sollte Weiß tun? Er könnte mit 13.b6 losschlagen. Nach 13...cxb6 ist dann das schwarze Zentrum geschwächt und die b-Linie geöffnet – alles lediglich für einen Doppelbauern, den Schwarz nach 14.Db3 Ta6 15.Le3 nicht einmal halten kann. Deshalb wäre 13...c6 eine viel bessere Antwort des Schwarzen. Dies hält das Zentrum intakt und gibt dem Feld d5 einen weiteren Beschützer. Dennoch könnte Weiß mit 14.c5!? vielleicht einen kleinen Vorteil reklamieren, weshalb 13...c5!, was den Damenflügel abriegelt und jedwedes c4-c5 unterbindet, das Beste wäre. Es stimmt, das schafft ein Loch auf d5, aber dieses Feld ist gut gesichert und wird es nach nachfolgendem ...Le6 noch etwas mehr sein. Mit schönem, festem Zentrum und da kein Angriff des Weißen auf dem Damenflügel in Sicht ist, kann Schwarz seinen eigenen Königsangriff in Ruhe beginnen. Weiß könnte mehr Kräfte mit 13.Db3 oder 13.Lb2 heranziehen, aber er hat eine dynamische Alternative:

13.c5!? (Diagramm 10)

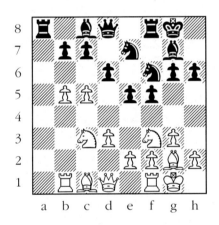

Diagramm 10
Weiß bricht den Damenflügel auf

Schwarz verfügt jetzt über eine große Zahl an möglichen Antworten: Manche führen zu einer anständigen Stellung, während andere ausgesprochen schlecht sind.

Möglichkeit Eins: Den Bauern mit 13...dxc5 nehmen

Natürlich ist das antipositionell, da sich Weiß jetzt den Bauern e5 mit 14.Sxe5 schnappen kann, wonach er sein Ziel, das schwarze Zentrum zu zerstören, erreicht hat. Dennoch, Taktik kommt immer vor Strategie, auch in der Englischen Eröffnung! Und lebt Weiß nicht gefährlich, wenn er direkt vor den

Augen des schwarzfeldrigen Läufers einen Bauern schnappt?

Deshalb sollten wir besser prüfen, ob Weiß nicht eine Figur verliert: 14...Dd4. Dies sieht stark aus, da die beiden Springer aufgegabelt werden. Aber das einfache 15.Db3+ Kh7 16.Sf3 vermeidet ein Desaster, während Weiß alle positionellen Trümpfe behält. Wenn man tiefer schaut, gibt es den kleinen Trick 15.Sc4 Dxc3?? 16.Lb2 mit Damengewinn, aber es ist vollkommen unnötig, diesen Trick zu sehen, bevor man 13.c5 riskiert, da 15.Db3+ vollkommen sicher ist.

Möglichkeit Zwei: Das Loch ausnutzen, das Weiß auf d5 hinterlassen hat

Ein anderer Versuch für Schwarz ist 14...Sfd5, was den Läufer auf g7 von der Leine lässt. Dann scheint Schwarz nach 15.Sxd5 Sxd5 zwei Drohungen zu haben – eine Springergabel auf c3 und ...Lxe5. Tatsächlich erkennen wir, dass ...Sc3 immer mit Db3+ gekontert werden kann, also ist das keine Drohung. Doch in jedem Fall kann Weiß mit 16.Lb2 den Springer decken und ...Sc3 ganz und gar ausschalten. Jetzt geschieht nichts taktisches, was bedeutet, dass die bessere Bauernstruktur des Weißen das Schlüsselelement der Stellung ist. Doch erneut ist es für Weiß möglich, eine taktische Lösung für das Problem zu finden – sowohl nach 16.Sxg6! (mit der Absicht 16...Sc3 17.Db3+) als auch nach 16.Lxd5+! Dxd5 17.Sxg6 hat Weiß Materialvorteil. Aber ich wiederhole, Sie mussten nichts davon sehen, um 13.c5! zu rechtfertigen – so lange es kein Material verliert, ist es gut für Weiß!

Möglichkeit Drei: Den d-Bauern mit 13...d5 vorrücken

Schwarz bietet den Bauern e5 an. Wenn Weiß das Angebot ablehnt, dann gibt er zu, dass seine Strategie ein vollkommener Fehlschlag war, da Schwarz mit ...e5-e4 vorwärts stürmen, den Springer von c3 mit ...d5-d4 vertreiben oder einfach das Zentrum halten kann. Dann würde 13.c5 wie ein dummer Zug aussehen, da er allen Bauerndruck auf d5 aufgegeben hat. Also ist die einzige Antwort 14.Sxe5. Schwarz kann dem weißen Springer nach 14...d4 15.Sa4 Sfd5 gewisse Unbequemlichkeiten bereiten, aber 16.f4!? oder 16.Sc4 sehen besser für Weiß aus. Wie Steinitz sagen würde 'ein Mehrbauer ist ein paar Schwierigkeiten wert.'

Möglichkeit Vier: Den Bauern mit 13...e4!? vorrücken

Die Idee des Schwarzen ist, dass Weiß die Kontrolle von d5 durch Bauern aufgegeben hat, so dass dieser kühne Vorstoß mit ...d6-d5 stark unterstützt werden kann. Nach 14.dxe4 fxe4 15.cxd6! (ein wichtiger Konter) 15...cxd6 (Nach 15...exf3 16.dxe7 Dxe7 17.Lxf3 hat Schwarz einen Bauern weniger) 16.Sd4 d5 haben beide Seiten ihre Ziele erreicht: Weiß hat das schöne Feld d4 für seinen Springer erobert, während Schwarz ein Bauernzentrum errichtet hat.

Möglichkeit Fünf: Den Damenflügel mit 13...Sh5? ignorieren

Dies erwies sich in einer meiner eigenen Partien als schlecht für Schwarz nach

14.b6! d5? (nach 14...e4 15.Db3+ ist der Springer gedeckt und es folgt 16.dxe4, weshalb Schwarz 14...dxc5 15.bxc7 Dxc7 versuchen muss, obwohl 16.Sb5, mit der Absicht Le3, dem Weißen gewaltige Initiative für den Bauern gibt) 15.bxc7 Dxc7 16.Sb5! Dxc5 17.Sxe5! (der Gabelkniff zerstört das schwarze Zentrum) 17...d4 (17...Lxe5 18.d4 und Schwarz verliert seinen wichtigen Läufer) 18.Sc4 f4 19.Sbd6 Ta7 20.Db3 Le6 21.La3 Lxc4 (die überwältigende Kraft der weißen Figuren gewinnt Material – 21...Dg5 22.Se4 und der Springer auf e7 fällt) 22.Lxc5 Lxb3 23.Lxa7 Ld5 24.Sb5 Lxg2 25.Kxg2 Sf5 26.Tfc1 1-0, McDonald-Quillan, Swansea 1987.

Möglichkeit 6: Das Zentrum mit 13...Le6! verstärken

Zweifellos die beste Idee. Schwarz bringt die Diagonale a2-g8 unter seine Kontrolle. Jetzt gewinnt 14.b6 dxc5 15.bxc7 Dxc7 16.Sb5 Db8 17.Sxe5! den Bauern zurück, da 17...Dxe5 18.Lf4 die Dame im Zentrum des Bretts fängt! Allerdings geben sowohl 17...g5 oder auch das undurchsichtige 17...La2 (18.Lf4!) dem Schwarzen eine Menge dynamisches Spiel, das die schlechtere Bauernstruktur kompensiert. Ein andere Variante ist 14.Ld2 Sd7! (zwingt Weiß zu einer Erklärung am Damenflügel, bevor er c7 mit b5-b6 unterminieren kann) 15.cxd6 cxd6 16.Sa4 b6!, was einen Stützpunkt für seinen Springer auf c5 schafft. Akopian-Anand, Belgrad 1988, ging weiter mit 17.Lb4 Sc5 18.Lxc5 dxc5 19.Dc2 Ta7!, und Schwarz schloss die Evakuierung der langen Diagonale mit unklarer Stellung ab.

Anstatt des sofortigen Versuchs eines Vorstoßes am Damenflügel mit 8.Tb1 kann Weiß **8.Lg5** spielen **(Diagramm 11)**

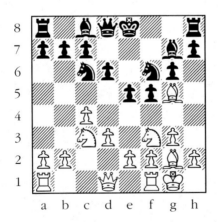

Diagramm 11
Weiß fesselt den Springer

Weiß ist bereit, seinen Läufer für den Springer auf f6 zu geben, um seinen

Einfluss auf d5 und e4 zu erhöhen und einen der potenziellen Angreifer am Königsflügel zu beseitigen. Das klingt gut, aber als ich das mit Weiß ausprobiert habe, erlitt ich in der folgenden Partie ein Desaster:

Partie 37
□ **McDonald** ■ **Thipsay**
Lloyds Bank London 1986

1.c4 e5 2.Sc3 Sc6 3.g3 g6 4.Lg2 Lg7 5.Sf3 d6 6.d3 f5 7.0-0 Sf6 8.Lg5 h6 9.Lxf6 Dxf6 10.Sd5

Weiß bringt das Feld, das er mit dem Abtausch auf f6 erobert hat, sofort unter Kontrolle.

10...Df7 11.b4!? 0-0

Weiß hoffte auf 11...e4 12.dxe4 Lxa1 13.Dxa1 0-0 14.b5, wonach er Druck und einen Bauern für die Qualität besitzt.

12.Tb1 g5 (Diagramm 12)

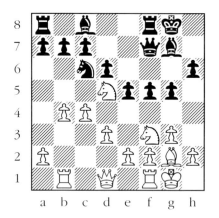

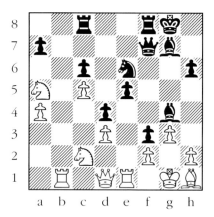

Diagramm 12	**Diagramm 13**
Die schwarze Expansion am Königsflügel	Die Bestie erwacht!

13.a4

Eine interessante Alternative war 13.Da4, was den Vorstoß b5-b6 beabsichtigt, um die Fesselung auf der a-Linie auszunutzen.

13...Sd8 14.b5 c6 15.Sb4 Le6

Der Springer wurde von d5 vertrieben, aber andererseits gibt es nun ein Angriffsziel auf c6. Leider hat mich das überschwänglich gemacht und ich begann ein vollkommen überambitioniertes Manöver mit meinen Springern.

16.Sd2 Tc8 17.Sb3

Interessant war 17.f4, zum Beispiel 17...exf4 18.gxf4 Ld4+ 19.Kh1. Der schwarzfeldrige Läufer des Schwarzen ist dann eine ausgezeichnete Figur, aber nicht alles ist perfekt, da der Springer auf d8 von seinen eigenen Figuren vollkommen eingeklemmt ist und der Läufer auf e6 nichts anzugreifen hat.

17...g4 18.bxc6 bxc6 19.Sa5 Dd7 20.Sa6? f4!

Weiß hat seine Springer zu dem seinem König am entferntest liegenden Punkt manövriert. Deshalb ist es keine Überraschung, dass er jetzt einem starken Angriff ausgesetzt wird.

21.Le4

21.Sb8 De8 lässt den Springer auf b8 ziemlich seltsam aussehen!

21...Df7 22.Sb4 d5

Dieser Zug signalisiert das vollständige Scheitern der weißen Eröffnungsstrategie: Er kann nicht mehr länger Druck auf c6 ausüben, da Schwarz das Zentrum unter seine Kontrolle gebracht hat.

23.Lh1 f3 24.exf3 gxf3

Mit seinem auf h1 begrabenen stolzen Läufer ist es kein Wunder, dass Weiß sich einer Übermacht gegenüber sieht, wenn der taktische Kampf beginnt.

25.Te1 Lg4 26.Sc2 d4 27.c5 Se6! (Diagramm 13)

Der Springer, der die meiste Zeit der Partie damit verbracht hat, untätig auf der Grundreihe zu stehen, wird eine Hauptrolle im Schlussangriff übernehmen.

28.Sc4 Dh5 29.Tb7 Sg5 30.h4 Sh3+ 31.Kf1 Lf6!

Schwarz spielt den Angriff mit großem Geschick. Der Läufer wird sich auf h4 opfern, um Linien gegen den König zu öffnen.

32.Te4 Lxh4 33.Sxe5

Es sieht so aus, als hätte Weiß eine Menge Gegenspiel bekommen, aber es kam:

33...Sxf2!

Dies sprengt die noch verbleibende Verteidigung des Weißen in die Luft.

34.gxh4 Sxe4!

Schwarz findet den korrekten Weg, um die weiße Dame zu gewinnen. Nicht sofort 34...Sxd1 35.Txg4+ (35...Kh8 36.Sg6+ usw.).

35.dxe4 Lh3+ 36.Kg1 f2+ 37.Kh2 Dxd1

Mein Gegner war in schwerer Zeitnot – normalerweise spiele ich solche Stellungen nicht weiter!

38.Sxd4 Dxh1+ 39.Kxh1 f1D+ 40.Kh2 Dg2 matt.

HINWEIS: Es könnte dem Weißen gegenüber unfair wirken, dass er nur nach Druck auf dem Damenflügel trachten darf, während Schwarz um höheren Einsatz spielt (Matt!). Aber während Schwarz manchmal einen spektakulären Sieg erringt – wie in der obigen Partie – sind die Chancen, dass Weiß zu Druck auf dem Damenflügel kommt, höher, weshalb es wahrscheinlicher ist, dass Weiß gewinnt oder remisiert anstatt zu verlieren.

Szenario Zwei: Weiß spielt Sge2

Die obige Partie zeigt die Kraft des schwarzen Aufbaus mit ...f7-f5, wenn Weiß nicht genau genug spielt. Deshalb ist es kein Wunder, dass sich Weiß anstelle von Sf3 oft dazu entscheidet, mit e2-e3 und Sge2 extra Vorsichtsmaßnahmen zu ergreifen, da dann der Königsspringer hilft, das Feld f4 zu kontrollieren. Dies behält sich auch die Option vor, das Feld f4 wenn nötig mit f2-f4 zu blockieren.

Partie 38
☐ **M.Gurewitsch** ■ **Kamsky**
Reggio Emilia 1991

1.c4 e5 2.g3 Sc6 3.Lg2 g6 4.Sc3 Lg7 5.Tb1

Ein nützlicher halber Wartezug, da Weiß nach 5...d6 6.b4 Raum am Damenflügel gewinnt, während 5...Sf6 mit 6.d3 und 7.Sf3 beantwortet werden kann, was den Springer nun, da Schwarz die Möglichkeit zu ...f7-f5 aufgegeben hat, auf ein aktiveres Feld als e2 stellt. Das vielleicht Beste an 5.Tb1 ist, dass Weiß jedem Vorstoß mit ...h7-h5 die Kraft nimmt, indem er Sf3 in Reserve hält – siehe Hansen-Hodgson weiter unten.

5...a5

Schwarz verhindert b2-b4. Eine andere Möglichkeit, wie sich das Spiel entwickeln konnte, war 5...f5 6.d3 Sf6 7.e3 0-0 8.Sge2.

6.d3 d6 7.e3

Da Schwarz nicht ...Sf6 gespielt hat, beschließt Weiß den Springer nach e2 zu stellen.

7...f5 8.Sge2 Sf6 9.b3

Weiß gibt den Plan einer Expansion am Damenflügel mit a2-a3 und b2-b4 zugunsten eines Plans mit Lb2 und f2-f4 auf, wonach er Druck auf das schwarze Zentrum ausübt. 5.Tb1 wird sich später in der Partie als nützlich erweisen, da ein weißer Springer das Feld b5 nutzt, das durch 5...a5 geschwächt wurde.

9...0-0 10.Lb2 Ld7?

Ein passives Feld für den Läufer. Eine sehr viel lebhaftere Herangehensweise ist 10...Le6, was den sofortigen Kampf um das Feld d5 beginnt. M.Gurewitsch-P.Nikolic, Antwerpen 1997, ging weiter mit 11.Sd5 Lf7 (damit er 12...Sxd5 spielen kann, ohne eine Figur durch die Gabel nach 13.cxd5 zu verlieren) 12.Sec3 Sxd5 13.Sxd5 Sb8!, was Vorbereitungen trifft, den Springer mit 14...c6 von seinem Zentralfeld zu vertreiben. Die schwarzen Rückzugsmanöver ...Lf7! und ...Sb8! sind sehr lehrreich.

11.Dd2 Tb8

Schwarz scheint keinen Plan zu haben und macht eine Reihe von recht ziellosen Zügen mit seinen Figuren.

12.0-0 b6?! (Diagramm 14)

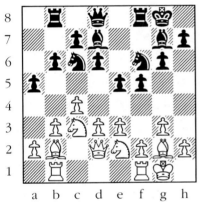

Diagramm 14

Der hässliche Damenflügel des Schwarzen

Diagramm 15

Wer legt wen herein?

Dies sieht hässlich aus, da es dem Springer auf c6 die Unterstützung nimmt. Das bedeutet auch, dass nachfolgendes ...c7-c6 von Schwarz, um einen Springer von d5 zu vertreiben, den schwarzen Damenflügel sogar noch schwächer macht.

13.Tbe1 Kh8 14.f4

Eine Menge Anhänger der Englischen Eröffnung mögen diese Art von Aufbau, da das weiße Zentrum jetzt beinahe unbezwingbar ist. Im Gegensatz dazu kann es für Schwarz – der durch seine Zugfolge gezeigt hat, dass er den Königsinder mag – eine frustrierende Erfahrung sein, festzustellen, dass er gegen die Wand läuft.

14...Sg4

Der Springer strebt nach h6, aber warum? Es war besser, ihn auf f6 zu lassen (wo er d5 verteidigt) und eine andere Figur umher zu ziehen.

15.Sd5

Unterdessen verstärkt Weiß zielstrebig seinen Griff auf d5 und b5.

15...Le6 16.h3 Sh6 17.Sec3 Dd7 18.Sb5 Tbc8 19.d4!

Schließlich entscheidet Gurewitsch, dass es Zeit für einen Bauernvorstoß im Zentrum ist. Jetzt gibt es die positionelle Drohung 20.Sdxc7! Txc7 21.d5, wonach Weiß seine Figur zurückgewinnt, das schwarze Zentrum jedoch ernsthaft unterminiert hat.

19...Lxd5 20.Lxd5 Sb4

Schwarz hatte sich darauf verlassen, dass dieser Zug, der 21...c6 mit Gabel droht, ihn aus seinen Schwierigkeiten retten würde, aber günstige taktische Möglichkeiten tauchen nur selten auf, wenn der strategische Kampf verloren wurde.

21.dxe5! dxe5

Nach 21...c6 22.Sxd6 cxd5 23.Sxc8 Txc8 24.a3 Sc6 25.cxd5 hat Weiß eine vernichtende Position.

22.a3 Sa6

Schwarz setzt sein Vertrauen weiterhin in die Drohung ...c7-c6. 22...Sxd5 23.Dxd5 Dxd5 24.cxd5 ist gut für Weiß, da Schwarz den schwachen c-Bauern angesichts von 24...c6 25.Sa7 nicht los wird.

23.fxe5! (Diagramm 15)

Weiß tappt in die 'Falle' und erhält eine Gewinnstellung.

23...c6 24.e6 De7 25.Lxg7+ Dxg7 26.Sd6 Tc7

26...cxd5 27.Sxc8 Txc8 28.cxd5 gewinnt leicht für Weiß, aber jetzt bringt 27.Lg2 Sc5, mit der Idee ...Sxe6, den Schwarzen ins Spiel zurück.

27.e4!

Der Killerzug. Die Freibauern sind nach 27...cxd5 28.exd5 überwältigend, selbst wenn Weiß nicht noch die Qualität dazu bekommt. Weiß könnte Sb5 und d5-d6 usw. spielen

 HINWEIS: Ein Paar Freibauern kann mehr als eine Figur wert sein, vor allem, wenn sie leicht die sechste Reihe erreichen können. Im Mittelspiel sind solche Bauern im Zentrum sogar noch stärker, da ihr Vorrücken Verwirrung in den Reihen der Verteidigungsfiguren stiftet.

27...Te7

Schwarz windet sich weiter, aber bleibt mit einem Freibauern weniger zurück.

28.exf5 gxf5 29.Lxc6 Sc5 30.Kh2 Sxb3 31.Dg2 Sc5 32.Ld5 Sd3 33.Te3 Se5

34.De2 Sg6 35.Tef3 Df6 36.Sxf5!

Ein entscheidender Durchbruch. Die schwarzen Türme haben keine Chance gegen die Dame, vor allem, da Weiß bald einen zweiten Freibauern haben wird.

36...Sxf5 37.Txf5 Dxf5 38.Txf5 Txf5 39.h4!

Der König wird, wenn nötig, sehr sicher auf h3 stehen. Schwarz kämpft jetzt verbissen, aber das Ende ist unausweichlich.

39...Tg7 40.Db2 Se7 41.Dxb6 Tf8 42.Dd6 Kg8 43.Le4 Tc8 44.c5 Kh8 45.De5 Sg8 46.c6 Tcc7 47.Dxa5 Sf6 48.Lf3 Tce7 49.Dd8+ Sg8 50.Dd4 Tc7 51.De5 Ta7 52.h5 Tac7 53.a4 Sh6 54.Kh3 Sg8 55.a5 Ta7 56.Le4 Tac7 57.g4 h6 58.Kg3 Tce7 59.Lg6 Tc7 60.Lf7 Txc6 61.e7 Sxe7 62.Dxe7 Tc3+ 63.Kh4 Txf7 64.De5+ 1-0

Ein Nachteil der Aufstellung mit Sge2 ist der, dass Weiß im Gegensatz zu der Aufstellung mit Sf3 den Vorstoß ...h5-h4 nicht mit Sxh4 beantworten kann. Hodgson nutzte das in der folgenden Partie perfekt aus.

Partie 39

☐ **C.Hansen** ■ **Hodgson**

Hamburg 2001

1.c4 e5 2.g3 Sc6 3.Lg2 g6 4.Sc3 Lg7 5.e3

Weiß trifft Vorbereitungen, seinen Springer nach e2 zu stellen. Wenn er ...h7-h5 verhindern wollte, dann hätte er wie Gurewitsch (oben) 5.Tb1 spielen können, und nach 5...d6 6.b4 h5? 7.Sf3! ist schwer zu sehen, warum Schwarz ...h7-h5 gespielt hat.

5...d6 6.Sge2 h5!? (Diagramm 16)

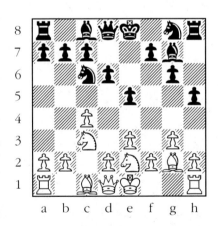

Diagramm 16

Schwarz reagiert auf Sge2

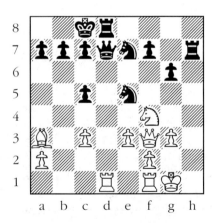

Diagramm 17

Kompromissloses Spiel!

Ein ehrgeiziger Gegenschlag am Königsflügel, außerhalb der Reichweite des weißen Springers auf e2.

7.d4?!

Eine logische Antwort, aber 7.h4 war sicherer.

7...exd4 8.Sxd4 Sge7

Der Springer schielt auf ein starkes Feld auf f5.

9.Sde2?

Zu passiv, obwohl 9.Sxc6 Sxc6 10.h3 (um die Kontrolle über g4 zu behalten) 10...Le6 sehr bequem für Schwarz wäre.

9...h4 10.0-0

Weiß rochiert in den Angriff hinein, zweifellos, weil er das Feld h1 für seinen Läufer frei machen wollte, da 10...h3 sonst lästig gewesen wäre.

10...hxg3 11.hxg3 Lh3 12.Lxh3 Txh3 13.Sf4 Th7 14.c5

Weiß gibt einen Bauern und versucht, den schwarzen Angriff, der nach ...Dd7, ...0-0-0 und ...Tdh8 bald entscheidend werden würde, abzuwehren.

14...Lxc3 15.bxc3 dxc5 16.Df3

Natürlich führt der Damentausch zu einem verlorenen Endspiel.

16...Dd7 17.La3 0-0-0 18.Tad1 Se5! (Diagramm 17) 19.De4

19.De2 Tdh8! 20.Txd7 Th1+ 21.Kg2 T8h2 matt.

19...Dxd1 20.Txd1 Txd1+ 21.Kg2 S7c6 22.Sh3 b6 23.g4 Kb7 24.Kg3 f5!

Eine entscheidende Linienöffnung.

25.gxf5 gxf5 26.Dxf5 Tg7+ 0-1

27.Kf4 Tf7 oder 27.Kh2 Sg4+ oder schließlich 27.Kh4 Td8!, und der weiße König hat keine Verteidigung.

Szenario Drei: Schwarz hat frühes ...Sf6 gespielt

Wenn Schwarz mit 1...Sf6 eröffnet oder ...Sf6 zu einem anderen frühen Zeitpunkt vor ...f7-f5 gespielt hat, dann entsteht eine ähnliche Stellung wie in Szenario Eins oben, wobei der schwarze Bauer aber noch auf f7 steht. Zum Beispiel **1.c4 e5 2.Sc3 Sf6 3.Sf3 Sc6 4.g3 g6 5.Lg2 Lg7 6.0-0 0-0 7.d3 d6 8.Tb1 (Diagramm 18)**

Jetzt ist es für Schwarz schwerer, Königsangriff zu entwickeln, da er dafür, den Springer aus der Bahn des f-Bauern ziehen muss, typischerweise mit ...Sh5. Der Springer könnte sich auf h5 als gut platziert erweisen, wenn es Schwarz gelingt, einen konzertierten Angriff mit ...f5-f4 zu entfalten, aber das ist ein riskantes Geschäft, da Schwarz den Kampf um die Schlüsselfelder im Zentrum d5 (mit ...Sh5) und e4 (sowohl mit ...Sh5 als auch mit ...f5-f4) aufgibt.

Weiß könnte diese Felder mit Sd5 und dem Manöver Sd2-e4 gut besetzen. Deshalb zieht es Schwarz, wenn er nicht frühes ...f7-f5 gespielt hat, oft vor, im Zentrum mit Zügen wie ...Le6 und ...c7-c6 gefolgt von ...d6-d5 zu spielen.

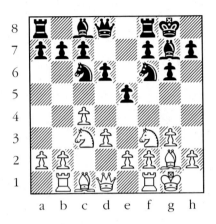

Diagramm 18

Schwarz ist nicht zu ...f7-f5 gekommen

Partie 40

□ **Barejew** ■ **Bacrot**

Sarajevo 2000

1.c4 e5 2.Sc3 Sf6 3.Sf3 Sc6 4.g3 g6 5.Lg2 Lg7 6.0-0 0-0 7.d3 d6 8.Tb1

Die Zugfolge bedeutet, dass Schwarz nicht in der Lage war, schnelles ...f7-f5 zu spielen.

8...a5

Stattdessen könnte Schwarz mit 8...Sd4 nach sofortiger Aktion trachten, wonach 9.Sxd4?! exd4 10.Sb5 Sg4 11.h3 c6! Schwarz die Initiative gibt, sowohl nach 12.hxg4 cxb5 13.cxb5 Lxg4 als auch nach 12.Sa3 Sh6 13.Sc2 Sf5. Weiß sollte hier mit 9.b4! seinen Vorstoß am Damenflügel fortsetzen.

9.a3 h6

Schwarz bereitet ...Le6 vor, indem er Sg5 unterbindet und auch Lg5 verhindert. In einer Partie aus dem gleichen Turnier hatte Bacrot 9...Te8 gespielt, wonach 10.Lg5 h6 11.Lxf6 Lxf6 12.b4 axb4 13.axb4 Lg7 14.b5 Se7 15.Db3 Weiß Druck am Damenflügel gab, M.Gurewitsch-Bacrot, Sarajewo 2000.

10.b4 axb4 11.axb4 Le6 12.b5 Se7 13.Db3 c6? (Diagramm 19)

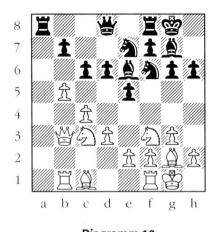

Diagramm 19

Schwarz schwächt d6

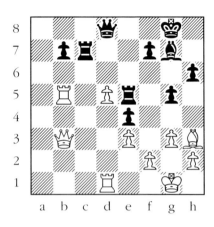

Diagramm 20

Eine helfende Hand

Schwarz möchte …d6-d5 spielen. Dies ist eine logische Idee, aber Barejew gelingt es, sicherzustellen, dass sie nicht funktioniert. Stattdessen steht Schwarz nach 13…Sd7! weiter sehr fest, zum Beispiel 14.La3 b6!? 15.Sd2 Tc8, mit der Idee …Sc5.

14.La3!

Im Gegensatz zu der obigen Anmerkung verfügt der Läufer hier über ein Angriffsziel auf d6. Hinter diesem Feld steht der Springer auf e7, der den Bauern d5 nach …d6-d5 decken wird – und der Läufer steht bereit, ihn zu beseitigen.

14…Te8 15.Tfc1 g5?!

Barejew schlägt das solidere 15…Dd7 oder 15…Kh7 vor.

16.e3 Lf5 17.Se1 Le6 18.Sc2!

Der Springer ergreift die Gelegenheit, auf ein aggressives Feld zu kommen.

18…d5

Dies führt zu Schwierigkeiten, aber 18…Lf5 verhindert den weißen Aufbau nicht: 19.Sb4! wonach Weiß im Falle von 19…c5 den Bauern b7 im Tausch für den Bauern d3 einsammeln kann – 20.Sbd5! Lxd3 21.Sxf6+ Lxf6 22.Sd5 Sxd5 (erzwungen) 23.Dxd3 Sb6 24.Lxb7 mit klarem Vorteil.

19.Lxe7 Txe7 20.Sb4!

Weiß bringt ein zeitweiliges Bauernopfer, um einen Freibauern auf dem Feld d5 zu etablieren.

20…dxc4 21.dxc4 cxb5 22.Sbd5! Lxd5 23.Sxd5 Sxd5 24.cxd5 e4

Der einzige Zug, um Weiß daran zu hindern, den Freibauern mit 25.e4 zu verstärken.

TIPP: Ein Freibauer ist gewöhnlich viel stärker, wenn er von einem anderen Bauern gedeckt wird.

Nichtsdestotrotz war 24...Ta5! eine hartnäckigere Verteidigung, um einen Freibauern zu behalten, der zumindest den Anschein der Rivalität zum Bauern auf d5 bewahrt.

25.Tc5

Jetzt gewinnt Weiß seinen Bauern zurück, wonach der Bauer auf d5 sehr viel wertvoller ist als der Bauer auf b7, der, obwohl ein Freibauer, viel zu weit zurück ist, um Schwarz irgendwelches Gegenspiel zu geben.

25...Tc8 26.Txb5 Te5 27.Td1 Tc7 28.Lh3! (Diagramm 20)

Der Läufer macht den Weg für den Freibauern frei. Der schwarze Läufer kann den Bauern nicht stoppen, da 28...Lf6 29.d6! Txb5 30.dxc7 für Weiß gewinnt.

28...Df6 29.d6 Txb5 30.Dxb5 Tc2 31.Lf5 Lf8 32.d7 Le7 33.d8T+!?

Ein Turm und keine Dame? Barejew analysierte diese Partie für den Informator 78 und die Notation dort bestätigt, dass er sich zur Unterverwandlung entschloss. Vielleicht dachte er, dass der scheußliche schwarze Läufer den Ruhm, die Dame zu schlagen, nicht verdient hätte. In jedem Fall verfügt Weiß nun über einen forcierten Gewinn.

33...Lxd8 34.De8+ Kg7 35.Txd8 Tc1+ 36.Kg2 Dxf5 37.Df8+ Kg6 38.Td6+ 1-0

38...f6 39.De8+ Kg7 40.Td7+ oder 38...Kh5 39.Dxh6+ Kg4 40.h3 und Schwarz wurde durch einen Bauern matt gesetzt.

Szenario Vier: Weiß spielt frühes b2-b4!?

Schließlich verfügt Weiß noch über eine interessante frühe Option mit **1.c4 Sf6 2.Sf3 g6 3.b4!? (Diagramm 21)**

Diagramm 21

Weiß bereitet Lb2 vor

Weiß macht sofort das Feld b2 frei, damit er mit Lb2 um die Kontrolle der Schlüsseldiagonale kämpfen kann. Das Spiel kann sich nach beispielsweise 3...Lg7 4.Lb2 d6 5.g3 0-0 6.Lg2 e5 7.d3 wie in Szenario Drei entwickeln. Schwarz könnte versuchen, den weißen Aufbau mit ...a7-a5 zu einem geeigneten Zeitpunkt zu stören, vielleicht sogar 3...a5!?, wonach Weiß am Besten daran tut, mit 4.b5 fortzufahren.

Partie 41
□ Kortschnoi ■ Belotti
Novi Sad 1990

1.c4 Sf6 2.Sf3 g6 3.b4 Lg7 4.Lb2 0-0 5.e3!?

Anstatt Lg2 vorzubereiten entschließt sich Weiß, den Läufer nach e2 zu stellen, von wo aus c4 überwacht werden kann.

5...c6

5...d6 6.d4!? ist interessant.

6.d4 d5

Jetzt ist die Partie in eine Art Slawisch übergegangen, wo Schwarz auf g7 fianchettiert hat.

7.Sbd2 Lg4

Zwei Tage nachdem diese Partie gespielt wurde, erreichte Kortschnoi die gleiche Stellung gegen GM Ian Rogers, der 7...a5!? 8.b5 cxb5 9.cxb5 Sbd7 10.Ld3 Se8 vorzog, wonach der Springer nach d6 manövriert wurde, um b5 anzugreifen, c4 zu kontrollieren und ...Lf5 für den Abtausch der Läufer zu unterstützen. Weiß behielt nach 11.La3 Sb6 12.0-0 Sd6 13.Tc1 einen leichten Vorteil.

8.Le2 Sbd7 9.h3!

Weiß sichert sich sofort das Läuferpaar. Stattdessen führte 9.0-0 Te8 10.Tc1 Tc8 11.Db3 Se4! für Schwarz nach 12.Tfd1 Sb6 13.cxd5 Sxd2 14.Txd2 cxd5 in Smyslow-Ftacnik, Beersheba 1990, schnell zum Ausgleich.

9...Lxf3 10.Lxf3 b5?

Weiß kann die Idee hinter diesem Zug widerlegen, wonach er sich als ernsthafte Schwächung des Damenflügels erweist. 10...Te8 11.b5!? könnte günstig für Weiß sein, der die Deckung von d5 aufweicht. Vielleicht ist 10...Sb6!? am Besten, wonach Schwarz nach 11.c5?! (11.Tc1!?) 11...Sbd7 froh sein kann, dass die c-Linie geschlossen ist.

11.cxb5 cxb5 12.a4! (Diagramm 22)

Es ist wichtig den Bauern b5 zu entfernen, bevor Schwarz die Möglichkeit 12...Sb6 hat, wonach der Springer sowohl a4 als auch c4 kontrolliert.

12...bxa4 13.Dxa4 Sb6 14.Db3 Dd7 15.0-0 Tfc8 16.Ta5 e6 17.Tfa1 Tc7

Schwarz kann sich nicht mit 17...Sc4 18.Sxc4 Txc4 befreien, angesichts von 19.Dxc4! dxc4 20.Lxa8 c3!? (hofft auf 21.Lxc3? Dc8 mit einem Doppelangriff auf a8 und c3) 21.La3! und die weißen Türme wiegen die Dame auf.

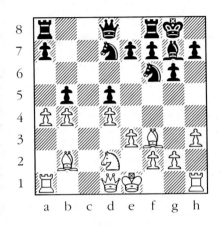

Diagramm 22

Weiß schlägt am Damenflügel zu

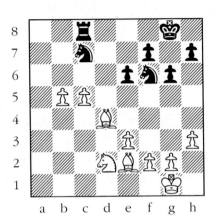

Diagramm 23

Die Bauern entscheiden

18.Tc5!

Der Turm ist hier perfekt aufgestellt, da er jedes Gegenspiel auf der c-Linie unterbindet.

18...Tb8 19.Le2 Lf8 20.Dc3!

Schwarz kann den Turm nicht vertreiben, da der Druck, den die weiße Dame und der weiße Läufer nach 20...Lxc5 21.dxc5 plötzlich auf dem Königsflügel ausüben, den Springer auf f6 gewinnen wird.

20...Sa8 21.b5 Tbc8

Schwarz bereitet das Nehmen auf c5 vor, aber das führt in den Ruin.

22.Txa7! Lxc5

22...Txa7 23.Txc8, oder 22...Txc5 23.dxc5 Dxa7 24.Dxf6 und auf h8 folgt matt.

23.Txc7 Sxc7 24.dxc5 d4

Schwarz hat sich auf diese Verteidigung verlassen, aber im Endspiel sind die weißen Freibauern und starken Läufer sehr viel stärker als der schwarze Turm und Springer.

25.Dxd4 Dxd4 26.Lxd4 (Diagramm 23) 26...Sce8 27.b6 e5 28.La6!

Weiß bewahrt die verbundenen Freibauern, da 28.Lxe5? Txc5 29.b7 Sd7! wegen des Konters 28...Tc2 alles andere als klar ist.

28...Td8

28...Ta8 29.b7.

29.Lxe5! Sd7

29...Txd2 30.b7 Sd7 31.c6! etc.

30.Ld4 Sxc5 31.Lxc5 Txd2 32.b7 Tb2 33.La7 Sc7 34.b8Q+ Txb8 35.Lxb8 Sxa6

Es scheint, als hätte Schwarz ein Desaster vermieden. In der Tat, wenn man den schwarzen Springer auf ein Feld wie e6 stellt, dann sollte Schwarz das Remis halten. In solchen Stellungen, in denen sich die Bauern nur auf einer Seite des Bretts befinden, ist es besser, einen Springer als einen Läufer zu haben, da der Springer Felder beider Farbe kontrollieren kann. Allerdings kann der Läufer auch etwas tun, was der Springer nicht kann...

36.Ld6!

Der Läufer macht den Springer vollkommen unbeweglich. Die einzige Hoffnung für Schwarz seine Figur zu retten, ist den Läufer von d6 zu vertreiben, aber der weiße e-Bauer verhindert dies gerade noch rechtzeitig.

36...f5 37.f3 Kf7 38.e4 fxe4 39.fxe4 Ke6 40.e5

Wenn Schwarz wartet, dann holt Weiß seinen König herbei. Stattdessen zieht Schwarz ein verlorenes König- und Bauernendspiel vor.

40...Kd5 41.Kf2 Sc5 42.Lxc5 Kxc5 43.Kf3 1-0

Kapitel Acht

Réti-Varianten

- Einleitung
- Die slawische Spielweise: 1...c6
- Die Damengambit Spielweise: 1...e6

Einleitung

Obwohl dies ein Buch über die Englische Eröffnung ist, schauen wir uns in diesem Kapitel Partien an, in denen Weiß 1.c4 spielt, und – um Zugumstellung zu Eröffnungen mit 1.d4 zu vermeiden – gezwungen ist, in Réti-Varianten einzulenken. Diese sind durch eine schwarze Bauernstruktur d5/c6 oder d5/e6 charakterisiert.

Die slawische Spielweise: 1...c6

Strategien

Da Slawisch eine beliebte Eröffnung gegen 1.d4 ist, ist es keine Überraschung, dass viele Spieler sie auch gerne gegen die Englische Eröffnung anwenden würden. Nach der typischen Folge **1.c4 c6 2.Sf3 d5 3.g3 Sf6 4.Lg2** möchte Schwarz das Bauerndreieck auf den weißen Feldern mit ...e7-e6 vollenden. Dies wird ihm ein sehr festes Zentrum geben, wobei der Bauer auf d5 eine solide Barriere gegen den Läufer auf g2 bildet. Allerdings würde er zunächst gerne seinen weißfeldrigen Läufer außerhalb dieser Struktur entwickeln, da der Läufer nach 4...e6 dazu verdammt wäre eine lange Zeit als passive Figur zu verbringen. Das bedeutet, dass Schwarz entscheiden muss, ob er **4...Lf5 (Diagramm 1)** – das New Yorker System – oder **4...Lg4 (Diagramm 2)** – das Capablanca-System – spielt.

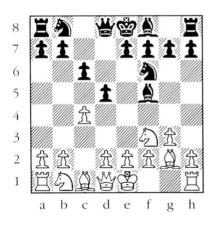

Diagramm 1

New Yorker System

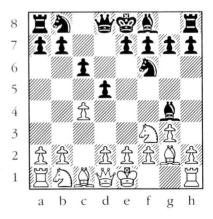

Diagramm 2

Das Capablanca System

Theoretisch?

Verglichen mit den scharfen Hauptvarianten des Slawen ist dies ein sehr ruhiges System für Schwarz. Der springende Punkt ist Db3 von Weiß, was zu Varianten führt, die zu Hause angeschaut werden müssen, bevor Sie eine Turnierpartie spielen.

Eine wichtiger Hinweis zur weißen Zugfolge

In der Praxis beginnen die meisten der Partien in diesen Varianten mit der Réti-Zugfolge **1.Sf3 Sf6 2.g3 d5 3.Lg2 c6 4.0-0 (Diagramm 3)** und jetzt 4...Lf5 oder 4...Lg4. Zwei Dinge sollte man bei dieser Folge im Vergleich zu der beachten, die mit 1.c4 c6 2.Sf3 d5 beginnt.

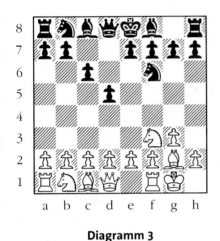

Diagramm 3

Eine nicht-Englische Stellung

Diagramm 4

Schwarz weigert sich zu kooperieren

Erstens hat Weiß bei der Zugfolge mit 1.Sf3 Weiß die Möglichkeit, ganz auf c2-c4 zu verzichten und seine Strategie stattdessen auf die Vorbereitung von e2-e4 auszurichten. Dies ist besonders gegen 4...Lf5 attraktiv, da es durch den Angriff auf den Läufer ein Tempo gewinnt. Eine typische Folge für Weiß wäre d2-d3, Sbd2 und De1 gefolgt von e2-e4. Die Erörterung dieses Vorgehens liegt außerhalb des Rahmens dieses Buchs (Weiß spielt nicht einmal c2-c4!), aber es ist eine Überlegung wert, wenn Sie vorhaben, Ihre Partien mit 1.Sf3 zu eröffnen.

Der zweite Punkt ist sehr viel relevanter für das vorliegende Kapitel. Im Gegensatz zu 1.Sf3 Sf6 hat Schwarz nach 1.c4 c6 2.Sf3 d5 seinen Springer noch nicht sofort auf f6 festgelegt. Dies wird im Capablanca-System wichtig, und zwar nach **1.c4 c6 2.Sf3 d5 3.g3 Lg4 4.Lg2 (Diagramm 4):** Schwarz kann 4...Sd7! spielen, was die Variante 4...Sf6 5.Se5 Lh5 6.cxd5 cxd5 umgeht.

Mithin schlage ich vor, dass Weiß bei seiner Zugfolge ebenfalls raffiniert vorgeht und mit **1.c4 c6 2.g3! d5 3.Lg2 (Diagramm 5)** beginnt, und darauf wartet, dass Schwarz seinen Springer auf f6 festlegt.

Jetzt ist 3...Lg4? nach 4.cxd5 cxd5 5.Db3 mit Angriff auf b7 und d5 einfach schlecht, während das riskante **3...dxc4** weiter unten analysiert wird. Deshalb hat Schwarz nichts Besseres als **3...Sf6**, worauf **4.Sf3** folgt, wonach wir uns wieder auf dem vertrauten Gelände nach **4...Lf5** oder **4...Lg4** bewegen, Schwarz allerdings überzeugt wurde, ...Sf6 spielen zu müssen. Ich habe diese Zugfolge in die folgenden Beispielpartien aufgenommen.

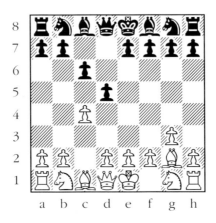

Diagramm 5
Es ist sinnvoll Sf3 zu verzögern

Das New Yorker System

Das New Yorker System, in dem Schwarz ...Lf5 zieht, wurde so getauft, weil es von Emanuel Lasker beim New Yorker Turnier 1924 angewandt wurde, um Rétis neu erfundene hypermoderne Eröffnung zu kontern (aus dem gleichen Grund wird es manchmal Lasker-System genannt). Es ist keine Überraschung, dass Lasker, der eine klassische Einstellung zu den Eröffnungen hatte, seinen Läufer entwickelt und auf ein Feld stellt, wo er einen wichtigen Punkt im Zentrum bewacht.

Der weiße Druck gegen b7

Während es möglich ist, dem New Yorker System mit rein positionellem Vorgehen, was b2-b3 und Lb2 beinhaltet, zu begegnen, werden wir uns hier auf Varianten konzentrieren, in denen Weiß sofort einen Versuch unternimmt, den grundlegenden Nachteil auszunutzen, den es hat, den weißfeldrigen

Läufer außerhalb der Bauernkette aufzustellen: nämlich die dadurch erzeugte Schwäche des Feldes b7. Es ist offensichtlich, dass ein ungedecktes Feld oder ein ungedeckter Bauer nur eine Schwäche ist, wenn man sie angreifen kann, und die beste Möglichkeit, dies zu tun, ist Db3. Natürlich, wenn Weiß erst einmal b2-b3 gespielt hat, dann kann man nicht mehr länger auf diesen Plan zurückgreifen, da Weiß seine Dame nicht mehr auf dieses Feld stellen kann.

Schauen wir, wie der Druck auf b7 in der Praxis funktioniert:

1.c4 c6 2.Sf3 d5 3.g3 Sf6 4.Lg2 Lf5 5.0-0

Weiß kann auch versuchen, die Schwäche von b7 mit 5.cxd5 cxd5 6.Db3 auszunutzen **(Diagramm 6)**.

Nun muss Schwarz vorsichtig sein, welches Feld er für seine Dame wählt. Nach 6...Dc7 7.Sc3 könnte sie nach nachfolgendem d2-d3 und Lf4 anfällig für einen Angriff werden. Im Falle von 6...Dd7 7.Se5! Dc7 8.Sc3 Dxe5 9.Dxb7 ist der Turm dem Tode geweiht, während 8...e6 9.Sb5! sehr lästig ist, da 9...Dxe5 10.f4 dieses Mal die Dame einsackt! Stattdessen begnügte sich Schwarz in V.Loginow-Z.Almasi, Budapest 1991, mit 8...Sc6, aber nach 9.Sxc6 bxc6 10.0-0 behielt er eine unangenehme Schwäche auf c6.

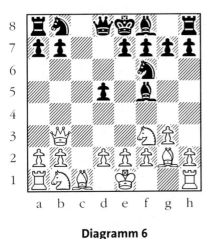

Diagramm 6

Sofortiger Angriff auf b7

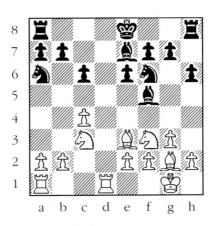

Diagramm 7

Ein schwacher Punkt auf c6

So ist das Sicherste für Schwarz 6...Dc8! 7.Sc3 e6 8.0-0 Le7 9.d3 Sc6 10.Lf4 0-0 11.Tac1, wonach Weiß nur leichten Druck am Damenflügel hat.

5...h6

Schwarz räumt das Feld h7 sofort für seinen Läufer. Dies ist eine nützliche Vorsichtsmaßnahme dagegen, dass Weiß in einem günstigen Moment Sh4 spielt und den Springer gegen den Läufer tauscht. Obwohl die Stellung ziemlich blockiert ist, würde das Läuferpaar wertvoll werden, sobald sich

Linien öffnen. 5...e6 ist stattdessen gradliniger, und Weiß kann den gleichen Plan probieren, der weiter unten empfohlen wird: 6.d3 Le7 7.Le3!? und 7...dxc4 8.dxc4 Dxd1 9.Txd1 führte in V.Loginow-Zetthofer, Oberwart 1996, zu einem schnellen Zusammenbruch, da Weiß den Druck an seinem Damenflügel vergaß – 9...Sa6?! (9...Sbd7) 10.Sc3 h6? **(Diagramm 7)** (Die richtige Verteidigung war 10...Sg4 11.Ld2 Lc5 12.Le1, wonach Weiß ein wenig zurück gedrängt wurde, aber sein positionelles Plus behält; jedenfalls steht der Springer auf d7 sowieso besser als auf a6) 11.Sd4! und jetzt erkannte Schwarz, dass, wenn er seinen Plan mit 11...Lh7 weiter ausführt, die Kombination 12.Sxc6! kommen würde, was einen gesunden Bauern gewinnt, da 12...bxc6?! 13.Lxc6+ die Qualität und zwei Bauern gewinnt. Schwarz vergrößerte sein Unglück sogar noch mit 11...0-0? (11...Tc8! klammert) wonach Weiß nach 12.Sxf5 exf5 nicht nur den Vorteil des Läuferpaars erhielt, sondern auch einen Bauern gewann, da es nach 13.Lh3 keine gute Möglichkeit gab, f5 zu verteidigen (13...g6 14.Lxh6).

6.d3 e6 7.Le3

Sieht ziemlich seltsam aus, ist aber vollkommen logisch. Wie oben festgestellt, hat der Läufer auf f5 die Verteidigung des Damenflügels im Stich gelassen, so dass Weiß den Bauern b7 angreifen will. Aber wenn er 7.Db3 spielt, dann schirmt 7...Db6 den Bauern ab und bietet einen unwillkommenen Damentausch an, da 8.Dxb6? axb6 mit der offenen a-Linie für den Turm und der etwas kompakteren Bauernstruktur die schwarze Bauernstruktur verbessert. Mithin spielt Weiß zunächst 7.Le3, was ...Db6 verhindert. Dann wird Schwarz nach 8.Db3 gezwungen sein, seinen Bauern b7 auf unbequemere Weise zu verteidigen. Schwarz kann diesem Plan vorbeugen, und zwar mit **7...dxc4 8.dxc4 Dxd1 9.Txd1 (Diagramm 8)**.

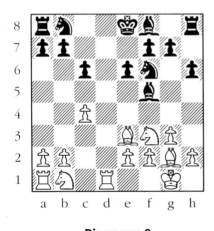

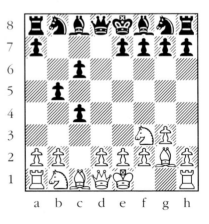

Diagramm 8
Schwarz zieht und ärgert einen Turm

Diagramm 9
Schwarz schnappt einen Bauern

Generell gesagt würde der Damentausch das schwarze Spiel erleichtern, aber nachdem er die Eröffnung damit verbracht hat, eine solide Barriere gegen den Läufer auf g2 zu errichten, ist es verständlich, dass er nicht damit anfangen möchte, sie abzubauen. Dennoch hätte dies Schwarz bessere Chancen auf Ausgleich gegeben. **9...Lc2!?** zwingt den Turm auf ein schlechteres Feld, zum Beispiel 10.Tdc1 Lh7, wenn der Turm die Kontrolle über die d-Linie aufgegeben hat, oder 10.Td2 Lh7 und die Drohung 11...Sg4 ist lästig für Weiß, da der Läufer auf e3 keinen Rückzug hat.

Schwarz nimmt auf c4

Nach **1.c4 c6 2.g3 d5 3.Lg2** könnte Schwarz zu einem bestimmten Zeitpunkt vor dem sechsten Zug versuchen, auf c4 zu nehmen und den Bauern festzuhalten, zum Beispiel **3...dxc4 4.Sf3 b5 (Diagramm 9)**

Dies ist ein riskanter Plan, dem man aber entschlossen begegnen muss:

5.a4 Lb7 6.b3!

Es ist sehr wichtig, dass Weiß bereit ist, einen Bauern zu opfern. Als Kompensation erhält er starken Druck gegen die Damenflügelbauern.

6...cxb3 7.Dxb3 a6 8.La3

Jetzt erhielt Weiß nach **8...Sf6 9.Sc3 e6 10.Lxf8 Txf8 11.0-0** ausgezeichnete Chancen in F.Schirm-G.Montavon, Hamburg 1997. Schwarz kann nicht rochieren, seine Damenflügelbauern sind anfällig und Weiß kann einen Bauerndurchbruch im Zentrum vorbereiten.

Ein anderer Versuch für Schwarz ist **4...Sf6 5.0-0 Sa6 6.Sa3 Dd5**, was versucht, den Bauern ohne das schwächende ...b7-b5 festzuhalten. Dennoch erhält Weiß nach **7.Te1 Dc5 8.b3! cxb3 9.d4 Dh5 10.Dxb3 e6 11.e4** immer noch nützliche Initiative für den Bauern, wie in J.Stocek-A.Filipenko, Pardubice 2000.

Wenn ein Bauer zu opfern Anathema für Sie ist (selbst wenn dies stark ist!) dann könnten Sie c4 sofort mit 3.b3 decken. Dies würde allerdings die aussichtsreichen Varianten, die auf Db3 beruhen, ausschließen.

Partie 42

☐ **Kortschnoi** ■ **Polugajewski**

London 1984

1.c4 c6

Wie es so oft der Fall ist, begann die Partie tatsächlich als Réti-Eröffnung: 1.Sf3 Sf6 2.g3 d5 3.Lg2 c6 4.0-0 Lf5 5.d3 h6 6.c4 e6.

2.g3 d5 3.Lg2 Sf6 4.Lg2 Lf5 5.0-0 h6 6.d3 e6 7.Le3 Le7?!

Wie in der Erörterung oben angedeutet, erleichtert der Damentausch mit 7...dxc4 8.dxc4 Dxd1 9.Txd1 die schwarze Verteidigungsaufgabe.

8.Db3 Dc8

Eine unangenehme Notwendigkeit, da Schwerfiguren wie die Dame es nicht mögen, dazu reduziert zu werden, Bauern zu verteidigen.

9.Sc3 0-0 10.Tac1!

In dieser Art von Struktur beantwortet Schwarz c4xd5 gerne mit ...c6xd5, nicht nur, weil das den Weg für ...Sc6 freimacht, was den Springer auf ein gutes Zentralfeld stellt, sondern auch, weil dies die Bauernstruktur im Zentrum symmetrisch hält – Weiß steht mit d3/e2 den Bauern d5/e6 gegenüber. Indem er seinen Turm nach c1 stellt und potenziellen Druck gegen die schwarze Dame ausübt, zwingt Weiß den Schwarzen, mit ...e6xd5 wieder zu nehmen. Dann wird die Entwicklung des schwarzen Damenspringers problematisch, und die Bauernstruktur ist aus Gründen, die in der Anmerkung zum 14. Zug dargelegt werden, günstig für Weiß.

10...Lh7 11.cxd5 exd5

Natürlich nicht 11...cxd5 12.Sxd5.

12.Se5!

Indem er das Wiedernehmen mit ...c6xd5 verhindert hat, hat Weiß ...Sc6 unterbunden. Jetzt macht er auch noch die andere Entwicklung 12...Sbd7 angesichts der Fesselung 13.Lh3! unattraktiv, da dies bereits 14.Sxd7 Sxd7 15.Sxd5 oder sogar das sofortige 14.Sxd5 droht. Beachten Sie, dass die Fesselung Lh3 nicht möglich gewesen wäre, wenn Schwarz mit ...c6xd5 hätte wiedernehmen können.

12...Ld6 13.Ld4

Weiß konsolidiert seinen Einfluss auf den schwarzen Zentrumsfeldern. Wieder fällt Schwarz nach 13...c5? 14.Sxd5 auseinander.

13...Lc7 14.e4! (Diagramm 10)

Der weiße Druck am Damenflügel bedeutet, dass Schwarz dort nichts Aktives mit seinen Bauern machen kann: Er kann sie nur in einer soliden Verteidigungsaufstellung lassen. Deshalb verändert Weiß die Bauernstruktur, so dass er eine 4-3 Bauernmehrheit am Königsflügel bekommt, während Schwarz eine 3-2 Mehrheit am Damenflügel hat. Weiß kann diesen Mehrbauern nutzen, um seinen Raumvorteil zu vergrößern, während der schwarze Extrabauer auf dem anderen Flügel keine positive Rolle spielt.

14...dxe4 15.dxe4 Sa6 16.Sc4 Sd7 17.a4!

Eine nützliche Vorsichtsmaßnahme, da die 'passiven' Bauern mit ...b7-b5 gefolgt von ...c6-c5 zum Leben hätten erwachen können.

17...Sac5 18.Da3 Se6 19.Le3 Sb6

Schwarz scheint das Schlimmste überstanden zu haben, da der Springer auf c4 beseitigt werden wird, aber Kortschnoi hat einen kraftvollen Schlag im

Zentrum vorbereitet.

20.Sd5!

Eine drastische Ausnutzung der potenziellen Fesselung auf der c-Linie.
Schwarz wird nach 20...cxd5 21.exd5 Sg5 22.Sxb6 axb6 23.Tfd1, was die Figur
mit vernichtendem Spiel zurückgewinnt (dies ist besser als 23.d6 Lxd6!), in
Stücke gerissen. Nach 20...cxd5 wäre es ein peinlicher Fehler von Weiß zuerst
21.Sxb6? zu spielen, da dies Schwarz die Chance gibt, nach 21...axb6 22.exd5
Sc5! usw. die c-Linie zu blockieren.

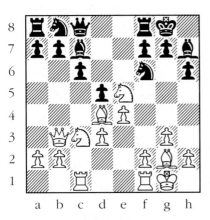

Diagramm 10

Weiß nutzt seine Bauern

Diagramm 11

Drei positionelle Vorteile

 **HINWEIS: Wenn man eine Kombination spielt, ist es wichtig, die
Züge in der richtigen Reihenfolge auszuführen.**

20...Sxc4 21.Txc4 Dd8

Hier ist 21...cxd5 22.exd5 Sg5 23.Tfc1 ebenfalls entscheidend.

22.Sxc7 Dxc7 23.b4 (Diagramm11)

Die weiße Kombination hat nicht zu Matt oder Materialgewinn geführt, aber
Kortschnoi hat jetzt drei positionelle Vorteile, die die Grundlage für einen
Sieg bilden:

1. Das Läuferpaar.

2. Die Möglichkeit eines Minoritätsangriffs am Damenflügel.

3. Die Möglichkeit dank seines Extrazentrumsbauern mehr Raum im Zentrum
zu gewinnen.

Die Kombination mit 20.Sd5 hat all diese Vorteile nicht von allein erzeugt,
aber hat die Lage geklärt und Schwarz eine schwere Verteidigungsaufgabe

ohne jedes Gegenspiel beschert. Besonders der Läufer ist vollkommen passiv.

23...De7 24.Dc3

Weiß bereitet b4-b5 vor, wonach er die c-Linie öffnen und kontrollieren wird.

24...Tfd8 25.f4

Als hätte Schwarz nicht bereits genug Probleme am Damenflügel, so muss er sich jetzt gegen 26.f5 und 27.f6 verteidigen, was die Verteidigung des Königs aufbricht.

25...f6

Dies pariert die Drohung, aber danach ist der Springer auf e6 nicht mehr länger sicher gedeckt.

26.b5 cxb5 27.axb5 Td7

Schwarz verteidigt seine zweite Reihe gegen eine zukünftige Invasion mit Tc7, aber am Ende verliert er einen Bauern. Allerdings ist es klar, dass er bereits strategisch verloren ist – nicht zuletzt, weil er ohne jede Hilfe des Läufers spielt.

28.Tc8+ Txc8 29.Dxc8+ Sf8 30.Dc4+ De6 31.Dxe6+ Sxe6 32.Lxa7

Weiß gewinnt einen Bauern, wobei er all seine positionellen Vorteile behält.

32...Sd4 33.Lh3 Se2+ 34.Kf2 Td2 35.Ke3 Tb2 36.Le6+ Kh8 37.Td1 g5 38.Td8+ Kg7 39.Lc5 gxf4+ 40.gxf4 Lg6 1-0

Der Läufer wacht erst auf, als Schwarz beschließt, dass es Zeit zur Aufgabe ist. 41.Lf8+ Kh7 42.Td7+ Kh8 43.Lg7+ Kh7 44.Lxf6+ wäre mörderisch.

Capablanca-System

Das Capablanca-System mit ...Lg4 ist positionell gut motiviert. Es ist sehr vernünftig, die Idee ...Lxf3 ins Spiel zu bringen, da der weiße Springer die zwei Zentrumsfelder kontrolliert, die das schwarze Bauernzentrum c6/d5/e6 nicht bewacht – d4 und e5.

Capa 1: Weiß handelt sofort im Zentrum

1.c4 c6 2.g3 d5 3.Lg2 Sf6 4.Sf3 Lg4 5.Se5

Der aggressivste und meiner Meinung nach beste Zug. Falls stattdessen 5.cxd5, mit der Absicht 5...cxd5 6.Se5, so hat Schwarz den Zwischenzug 5...Lxf3!?, der den weißen Plan durchkreuzt.

Nach 5.0-0 e6 6.d3 Le7 7.Le3, dem gegen das New Yorker System empfohlenen Kurs, kann Schwarz den Umstand, dass der Läufer auf g4 steht, ausnutzen, um eine Druckstellung auf den schwarzen Feldern mit 7...Lxf3! 8.Lxf3 d4 9.Ld2 a5!, was b2-b4 verhindert, aufzubauen. Ich denke, dass Schwarz dann sehr bequem steht.

5...Lh5 6.cxd5 cxd5 (Diagramm 12)

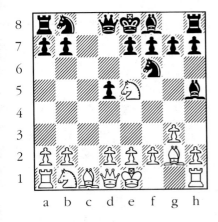

Diagramm 12

Weiß hat ein starkes Schach

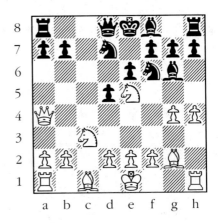

Diagramm 13

Der Läufer auf g6 wird belagert

7.Da4+! Sbd7 8.Sc3 e6 9.g4 Lg6 10.h4! (Diagramm 13)

Dies ist höchst unangenehm für Schwarz, da 11.h5 droht und Weiß nach 10...h6 die Bauernstruktur mit 11.Sxg6 zerstören kann. Im Falle von 10...Ld6 hält Weiß den Druck mit 11.d4 aufrecht, während 10...a6 dem Weißen gestattet, auf Läuferjagd zu gehen: 11.Sxd7 Dxd7 12.Dxd7+ Sxd7 13.h5 Lc2 14.d3 (die Schlinge um den Läufer zieht sich zu) 14...d4 (Schwarz ist gezwungen, die Diagonale zu öffnen, um seinen Läufer zu retten – ein sicheres Zeichen, dass seine Strategie schief gegangen ist) 15.Kd2!? (besser, als den Läufer nach 15.Se4 La4 entwischen zu lassen) und ganz egal, wie Schwarz spielt, Weiß erhält das Läuferpaar, während er den Angriff auf b7 aufrechterhält. In unserer Beispielpartie versuchte Schwarz seinen Problemen mit einem kleinen Trick zu entkommen.

Partie 43

☐ **V.Loginow** ■ **Schaposchnikow**

St. Petersburg 2000

1.c4 c6 2.g3 d5 3.Lg2 Sf6 4.Sf3 Lg4 5.Se5 Lh5 6.cxd5 cxd5 7.Da4+ Sbd7 8.Sc3 e6 9.g4 Lg6 10.h4 Lc2

Jetzt gestattet 11.Dxc2 Sxe5 dem Schwarzen unbeschadet davonzukommen, aber Weiß wartete seinerseits mit einer Überraschung auf...

11.Sxf7! (Diagramm 14)

Ein so genannter Desperadozug. Der Springer geht sowieso verloren, weshalb

Weiß ihn so teuer wie möglich verkauft, indem er die Basis der schwarzen Bauernstruktur am Königsflügel zerstört.

TIPP: Halten Sie bei jeder Abtauschfolge nach Desperadozügen Ausschau.

11...Kxf7

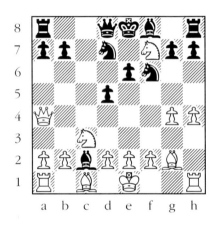 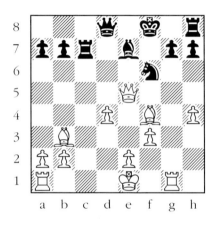

Diagramm 14	Diagramm 15
Desperado!	Weiß verliert keine Zeit

11...Lxa4 12.Sxd8 Kxd8 13.Sxa4 Sxg4 14.Lh3, mit der Absicht f2-f3, wenn nötig, ist für Schwarz ruinös.

12.Dxc2 Sxg4

Jetzt scheinen die Dinge für Schwarz gar nicht so schlecht auszusehen. Er steht bereit, Initiative mit ...Ld6 und ...Df6 zu entfalten, was das Feld f2 angreift. Währenddessen schläft der weiße Läufer auf c1 immer noch und seine Türme sind untätig. Allerdings ist die Schwäche der schwarzen Bauernstruktur wichtiger als diese Überlegungen und gestattet eine spektakuläre Kombination.

13.Sxd5!! exd5 14.Lxd5+ Ke8

14...Kf6 15.De4 Sge5 16.d4 Lb4+ 17.Kf1, wonach die schnellsten der vielen Gewinnmöglichkeiten des Weißen 17...Sf7 18.De6 matt und 17...Te8 18.Lg5 matt sind.

15.De4+ Sde5

Ebenfalls hoffnungslos ist 15...Sge5 16.d4.

16.f3

Weiß gewinnt seine Figur mit zwei Mehrbauern und gewaltigem Angriff gegen den exponierten König zurück.

16...Sf6 17.Dxe5+ Le7 18.Lb3 Tc8 19.d4 Kf8 20.Tg1 Tc7 21.Lf4! (Diagramm 15)

Weiß bereitet die Rückgabe eines seiner Mehrbauern vor, um den Weg für den Schlussangriff zu bereiten.

21...Td7 22.De6 Lb4+ 23.Kf1

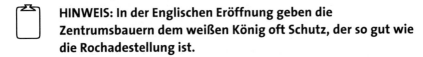

HINWEIS: In der Englischen Eröffnung geben die Zentrumsbauern dem weißen König oft Schutz, der so gut wie die Rochadestellung ist.

23...Te7 24.Df5 Dxd4 25.Td1 Db6 26.Dc8+ Te8 27.Dc4 Te7 28.a3 Lc5 29.Tg5 1-0

Dem schwarzen Läufer gehen die Felder aus und 29...Sd7 trifft einfach auf 30.La4.

Capa 2: Ein klassisches Vorgehen mit b2-b3

Die obige Variante ist überzeugend für Weiß, aber es könnte sein, dass Sie 1.Sf3 spielen möchte, zum Beispiel, weil Sie e5 kontrollieren und so die Vierspringervariante unterbinden wollen, die nach 1.c4 e5 möglich ist. Wenn Schwarz dann das Capablanca-System spielt, könnten Sie davon profitieren, den Vorstoß c2-c4 bis zum letzten Moment zurück zu halten.

1.Sf3 Sf6 2.g3 d5 3.Lg2 c6 4.0-0 Lg4 5.b3 Sbd7 6.Lb2 e6 7.d3 Le7 (Diagramm 16)

Diagramm 16

Weiß verzögert klug c2-c4

Eine aktivere Aufstellung des Läufers ist 7...Ld6, wo er das wichtige Feld e5 schützt und einen zukünftigen Vorstoß ...e6-e5 unterstützen könnte. Allerdings kann Weiß 8.e4! antworten, wonach 8...dxe4 9.dxe4 zu einem

Angriff auf den Läufer führt. Dann hat 9...Sxe4 10.Lxg7 Tg8 11.Lb2 (es gibt vielleicht schärfere Züge für Weiß) die Entwicklung des Schwarzen gestört, indem die Rochade unterbunden wurde. Dies scheint anzudeuten, dass Weiß eine geschickte Zugfolge angewandt hat, um sich beide Möglichkeiten, c2-c4 und e2-e4, offen zu halten, da dies Schwarz dazu gebracht hat, ein schlechteres Feld für seinen Läufer auszuwählen.

8.Sbd2 0-0 9.h3

Ein nützlicher kleiner Zug. Weiß plant Sh4 und zukünftiges Sf5, weshalb er den Läufer zwingt, die Deckung von f5 aufzugeben. Wenn Weiß diesen Zug hinausgezögert hätte, bis Schwarz zu ...e6-e5 gekommen wäre, hätte der Läufer die zusätzliche Möglichkeit gehabt, sich auf das freigewordene Feld e6 zurück zu ziehen.

9...Lh5 10.c4

Ein typisches Szenario ist entstanden. Weiß hat beide Läufer fianchettiert, während Schwarz den gleichen Anteil am Zentrum beansprucht.

Partie 44
☐ **Kosten** ■ **I.Farago**
Hyeres 1992

1.Sf3 Sf6 2.g3 d5 3.Lg2 c6 4.0-0 Lg4 5.b3 Sbd7 6.Lb2 e6 7.d3 Le7 8.Sbd2 0-0 9.h3 Lh5 10.c4 a5

Außer den weißen Damenflügel generell zu hemmen, stellt dies auch die positionelle Drohung 11...a4! auf, wonach 12.bxa4 Sc5 den Bauern leicht zurückgewinnt, während der weiße Damenflügel ruiniert wird, oder der Bauer andernfalls mit ...a4-a3!? weiter vorrücken kann, wonach er im Endspiel stark wäre.

11.a3!

Weiß unterbindet deshalb diese Idee, denn jetzt hält 11...a4 12.b4 seinen Damenflügel intakt.

11...Ld6

Farago 'korrigiert' seinen siebten Zug.

12.Dc2 e5!

Die gesamte schwarze Aufstellung war auf diesen Raum gewinnenden Vorstoß im Zentrum ausgerichtet.

13.e4

Dies ist notwendig, da sonst das weiße Zentrum wahrscheinlich irgendwann mit ...e5-e4 beeinträchtigt wird.

13...d4 14.Sh4 Se8! (Diagramm 17)

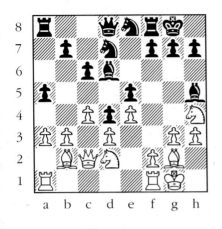

Diagramm 17

Strebt nach e6

Diagramm 18

Ein thematischer Vorstoß

Ein bewundernswertes Manöver. Weiß plant offensichtlich f2-f4, also überführt Farago seinen Springer nach e6 und macht den Weg für ...f7-f6 frei, um das Feld e5 zu festigen.

15.Sf5 Lc5 16.f4 f6 17.Tf2 Sc7 18.Taf1 Se6 19.Lc1 Dc7 20.Sh4

Ein seltsamer Rückzug, der nicht zum weißen Spiel auf der f-Linie passt. Vielleicht hoffte Weiß, mit f4-f5 und g3-g4 Raum zu gewinnen, aber unterschätzte die Kraft der schwarzen Antwort. Natürlicher war 20.Lf3, gefolgt von Lg4, wenn sich Schwarz zurückzieht.

20...exf4 21.gxf4 Ld6!

Der Angriff auf f4 wird stärker. Der Umstand, dass Weiß seinen anderen Springer dezentralisieren muss, um den Bauern geschützt zu halten, zeigt, dass seine Strategie schief gegangen ist.

22.Sb1 g5!

Schließlich glaubt Schwarz, dass alle seine Vorbereitungen abgeschlossen sind und startet seinen Versuch, die schwarzen Felder unter seine Kontrolle zu bringen.

23.e5! (Diagramm 18)

Ein ausgezeichneter Konter. Stattdessen verliert 23.fxg5? Lg3 Material, während 23.f5? positioneller Selbstmord wäre: nach 23...Sf4 hat Schwarz e5 und f4 eisern im Griff. Mit dem Textzug verwehrt Kosten einem gegnerischen Springer das Feld e5 und blockiert den schwarzfeldrigen Läufer des Schwarzen. Er hofft, dass das Feld e5 ein 'toter Punkt' im Zentrum wird – ein weißer Springer, der davor auf e4 platziert wäre, stünde auf einem wundervollen Feld.

23...fxe5 24.fxg5 Sf4!

Schwarz gibt seinem Gegner keine Zeit, in Ruhe Sd2 und Se4 zu spielen. Stattdessen ist Weiß verpflichtet, auf f4 zu tauschen, wonach das Feld e5 den schwarzen Figuren wieder zugänglich wird.

25.Lxf4 exf4 26.Sd2!

Weiß entscheidet, dass er dynamisches Spiel suchen muss, selbst auf Kosten eines Bauern, andernfalls würde sich die schwarze Präsenz im Zentrum mit ...Se5 und so weiter als entscheidend erweisen.

26...Lxa3 27.Se4 Kh8 28.Lf3 Le8 29.Lg4 Se5 30.Txf4 Txf4 31.Txf4 Sxg4

Nicht 31...Sxd3? 32.Dxd3 Dxf4 33.Dxd4+ Kg8 34.Sf6+ und gewinnt.

32.Txg4 Lh5 33.Tg2 Df4 34.Df2 Dxf2+ 35.Txf2 Lc1

Schwarz hat das Läuferpaar und eine Bauernstruktur am Damenflügel, aus der sehr leicht ein Freibauern mit ...b7-b5 und ...a5-a4 hervorgehen kann, aber selbst im Endspiel gibt die offene Stellung des schwarzen Königs dem Weißen jede Menge Gegenspiel.

36.Kf1 b5 37.cxb5 cxb5 38.Tc2! Le3 39.Tc7 Tf8+

Nicht 39...a4 40.Sf6 Lg6 41.Sxg6+ hxg6 42.Th7 matt.

 TIPP: Ein Turm auf der siebten Reihe kann Verwüstungen anrichten.

40.Sf6 Lf7 41.Sf3 Lf4 42.Tb7 Lg6 43.Ke2 Lxg5 44.Sxg5 Txf6 45.Txb5 Tc6 46.Txa5 Tc2+ 47.Kf3 Tc3 48.Kf4

Hier wurde Remis vereinbart, da alle Bauern verschwinden.

Eine interessante Anti-Slawisch Methode

1.c4 c6 2.Sf3 d5 3.e3!?

Diese Idee wurde mit großem Erfolg von dem ehemaligen UdSSR-Meister Mikhail Gurewitsch angewandt. Schwarz wird daran gehindert, im Stil des New Yorker oder des Capablanca-Systems fortzufahren, da sowohl 3...Lg4?! 4.cxd5 cxd5 (4...Lxf3! zieht die Notbremse, gibt aber das Läuferpaar auf) 5.Da4+ Ld7 (erzwungen) 6.Db3 als auch 3...Lf5? 4.cxd5 cxd5 5.Db3 unangenehm für ihn wären. Natürlich wird Weiß der Möglichkeit g2-g3 beraubt, aber Gurewitsch möchte den Bauern nicht ein, sondern zwei Felder nach vorne ziehen!

3...Sf6 4.Dc2 (Diagramm 19)

Weiß hat erneut ...Lf5 und ...Lg4 (4...Lg4 5.Se5 ist lästig für Schwarz) unterbunden. Der Damenzug verfolgt auch beachtlich giftige Absichten: Weiß bereitet die lange Rochade und den Angriff auf h7 mit Ld3 vor, sobald

Schwarz kurz rochiert hat.

Diagramm 19
Die weiße Dame hat große Pläne

4...e6 5.b3 Le7?

Wenn Schwarz die Pläne seines Gegners erraten hätte, dann hätte er 5...Ld6 6.Lb2 0-0 gespielt, wonach er mit ...Sbd7 und ...e6-e5 Gegenspiel im Zentrum hat, wenn Weiß wie in der Partie mit einem Flankenangriff fortgesetzt hätte. Alternativ erlaubt 5...Sbd7 6.Lb2 Ld6 7.g4, obwohl selbst das nach 7...0-0 für Schwarz auf eine bessere Version der Dinge hinausläuft.

6.Lb2 0-0 7.Tg1!

Ein bemerkenswerter Zug. Weiß möchte mit g2-g4 angreifen, aber nach 7.g4 hätte Schwarz den Bauern vielleicht nehmen können. Einmal mehr ist die Festigkeit des Englischen Aufbaus kein Hindernis für dynamisches Spiel – im Gegenteil, sie fördert es, indem sie es ermöglicht, taktische Operationen auf einer soliden Basis zu starten. Wenn Weiß mit seinen Zentrumsbauern nach vorne geeilt wäre, dann hätte er sich diese Freiheit nicht erlauben können.

7...Sbd7 8.g4

Dieser Angriffsplan ist ein Vergleich mit Krasenkows Vorgehen gegen Macieja in Kapitel Zwei wert.

Partie 45
☐ **M.Gurewitsch** ◼ **Wegerle**
Pardubice 2000

1.c4 c6 2.Sf3 d5 3.e3 Sf6 4.Dc2 e6 5.b3 Le7 6.Lb2 0-0 7.Tg1! (Diagramm 20) 7...Sbd7 8.g4 Se4

Schwarz versucht Gegenspiel im Zentrum zu organisieren, aber das erweist sich als schrecklich langsam. Bis er zu ...e6-e5 kommt, hat Weiß bereits eine offene h-Linie.

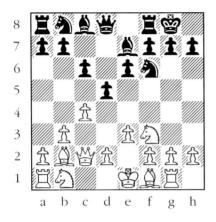

Diagramm 20	Diagramm 21
Bereitet einen Bajonett-Angriff vor	Der Fokus liegt auf g6

9.Sc3 Sxc3 10.Lxc3 Te8 11.Ld3 g6 12.h4!

Leichtes Schach: Der weiße Angriff rollt unaufhaltsam vorwärts.

12...Lf6 13.h5 Lxc3 14.dxc3 Df6 15.Tg3 Sc5 16.hxg6 hxg6 17.g5!

Weiß erlangt die Kontrolle über die schwarzen Felder am Königsflügel des Schwarzen. Jetzt hat Weiß einen potenziellen Stützpunkt für einen Springer auf f6 und einen Turm auf h6.

17...Dg7 18.0-0-0 e5 19.e4!

Das weiße Zentrum hält dem Versuch stand es aufzubrechen, was bedeutet, dass Schwarz keine Antwort auf die kommende Offensive auf der h-Linie hat.

19...dxe4 20.Lxe4 a5 21.Sd2 Le6 22.Th1 Ted8 23.Th6 (Diagramm 21)

Jetzt gibt es keine gute Antwort gegen die Drohung 24.Lxg6, denn nach 23...Sxe4 24.Sxe4 gelangt der Springer mit tödlichem Schach nach f6.

 TIPP: Wenn Sie die Felder einer Farbe beherrschen, dann halten Sie nach einem gewinnenden Durchbruch auf einem Feld der anderen Farbe Ausschau. Hier kontrolliert Weiß zum Beispiel die schwarzen Felder f6 und h6, aber es ist ein weißes Feld – g6 – was in der Schlussphase der Partie bröckelt.

23...f5 24.gxf6 Dxh6 25.Txg6+ Dxg6 26.Lxg6 Lf7 27.Sf3 e4 28.Lxe4 Td6 29.Sg5 Txf6 30.Dd2 Sxe4 31.Sxe4 Te6 32.Dg5+ Lg6 33.Sc5 Td6 34.Sxb7 Te6 35.Sd8 Td6 36.Sxc6!

Ein hübscher kleiner Scherz zum Abschluss (36...Txc6 37.Dd5+).

36...Te8 37.Se5 Kg7 38.c5 Tde6 39.f4 1-0

Die Damengambit Spielweise: 1...e6

Dies ist ein anspruchsloses Herangehen. Schwarz plant, ein solides Zentrum zu errichten und vermeidet die Probleme, die in den obigen Beispielen auf b7 entstanden sind, indem er den Läufer auf c8 lässt.

Theoretisch?

Nicht sehr, aber das verhindert nicht, dass die Variante Gefahren für Schwarz enthält, wenn er damit zufrieden ist, seine Figuren auf 'natürliche' Felder zu stellen, anstatt die Mühe auf sich zu nehmen, einen anständigen Plan zu finden.

1.c4 e6 2.Sf3 d5 3.b3

Das Gute daran, c4 direkt zu verteidigen, ist, dass es Varianten mit 3..dxc4 ausschaltet.

3...Sf6 4.g3 Le7 5.Lg2 0-0 6.0-0 c5 7.e3 b6

Schwarz hofft, dass er durch die Entwicklung des Damenläufers nach b7 sein ewiges Dilemma im Damengambit gelöst haben wird, nämlich, wie man den Läufer auf vernünftiges Feld bekommt, ohne seine Bauernstruktur zu schwächen. Wenn dies ein Damengambit wäre, dann würde Weiß versuchen, Schwarz für ...b7-b6 so schnell wie möglich zu bestrafen, indem er Druck auf der c-Linie oder gegen den Bauern d5 entwickelt, aber die Anhänger der Englischen Eröffnung mögen es, solche Dinge langsamer und zurückhaltender vorzubereiten.

8.Lb2 Lb7 9.Sc3 (Diagramm 22)

 TIPP: Beachten Sie, dass diese Variante auch ein Weg ist, um den Igel zu vermeiden. Betrachten Sie zum Beispiel die Zugfolge 1.c4 Sf6 2.Sf3 e6 3.g3 b6 4.Lg2 Lb7 5.0-0 c5 6.Sc3 Le7 7.b3 0-0 8.e3 d5 9.Lb2. Weiß hat entschlossen d2-d4 unterlassen und so den Igel vermieden.

Jetzt sieht **9...Sbd7** am genauesten aus. Dies behindert den Läufer auf b7 nicht, was nicht nur bedeutet, dass der Punkt d5 sicherer ist, sondern auch, dass Schwarz das Manöver ...Lc6, ...Dc7 und ...Db7 vorbereiten kann, wonach er beachtlichen Gegendruck auf der langen Diagonale ausübt. Dies sollte gut funktionieren, wenn Weiß ruhig mit 10.d3 spielt, zum Beispiel 10...Dc7 11.De2 Lc6 12.Tfd1 Db7 und Schwarz ist gut aufgestellt, um sein Anteil am Zentrum zu verteidigen. Stattdessen kann Weiß Schwarz mehr Probleme bereiten, wenn er sofortige Aktion im Zentrum mit **10.De2** gefolgt von Tfd1, Tac1 und d2-d4 anstrebt. Allerdings bleibt die schwarze Stellung solide und außer dem Plan mit

10...Dc7 könnte er auch **10...Se4!?** versuchen, um die Spannung zu reduzieren.

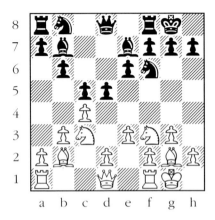

Diagramm 22

Eine Wartestellung im Zentrum

Partie 46

☐ **McDonald** ■ **Nicholson**

London 1986

1.c4 e6 2.Sf3 d5 3.b3 Sf6 4.g3 Le7 5.Lg2 0-0 6.0-0 c5 7.e3 b6 8.Lb2 Lb7 9.Sc3 Sc6

Ein natürlicher Zug, aber wie oben angedeutet, war 9...Sbd7! genauer.

10.De2 Dc7 11.d3 dxc4 12.bxc4 a6 13.Se1

Der weiße Aufbau sieht harmlos aus, aber zu der Zeit, als ich Réti gespielt habe, habe ich damit gute Erfolge erzielt. Wenn Schwarz unvorsichtig ist, kann er plötzlich in großen Schwierigkeiten stecken.

Der Plan ist, e6 mit f2-f4-f5 anzugreifen. Die positionelle Begründung lautet, dass Schwarz das Feld e6 geschwächt hat, indem er seinen Läufer mit ...Lb7 von dessen Deckung entfernt hat.

13...Sa7 14.a4! (Diagramm 23)

Weiß nimmt sich Zeit, um das schwarze Gegenspiel am Damenflügel zu hemmen, bevor er einen Königsangriff beginnt. Nicht nur bringt dieser Zug Schwarz dazu, mehr Zeit auf die Vorbereitung von ...b6-b5 zu verwenden, sondern er führt auch dazu, dass die a-Linie in die Hände des Weißen fällt.

14...Lxg2?

Ein nahe liegender Zug, aber er fügt sich in den weißen Plan ein, da der weiße Springer nach dem Zurückschlagen auf g2 gut platziert steht, um am

Königsangriff teilzunehmen. Hier war 14...Lc6 eine bessere Idee, wonach, wenn Weiß 15.Lxc6 spielt (um das Feld g2 für seinen Springer zu räumen), 15...Dxc6 16.Sg2 b5 möglich ist. In diesem Fall ist Schwarz mit Zeitgewinn zu Gegenspiel gekommen und musste die a-Linie nicht aufgeben.

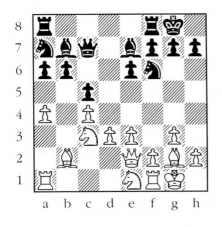

Diagramm 23
Umsichtiges Spiel

Diagramm 24
Weiß rückt näher

15.Sxg2 Tab8 16.f4 b5 17.axb5 axb5 18.f5 bxc4 19.dxc4

Schwarz hat eine schwierige Stellung, da er einen schwachen Bauern auf e6 hat, der mit Sf4 weiter angegriffen werden kann. Der Bauer erfüllt eine wichtige Aufgabe auf e6, die er nicht aufgeben kann, da sowohl 19...exf5 als auch 19...e5 ein hässliches Loch auf dem wichtigen Feld d5 entstehen lassen. Im Falle von 19...Sc6 hat Weiß 20.Sb5 oder 20.Sf4, wonach sich Schwarz wachsendem Druck gegenüber sieht. Deshalb versucht Schwarz einen Gegenangriff auf der b-Linie, hat aber wenig Erfolg damit.

19...Tb6 20.Ta2

Weiß sieht den Angriff auf seinen Läufer voraus und bereitet einen sicheren Rückzug vor.

20...Db8 21.Sf4 Td8 22.La1

Dies setzt das 'Safety First'-Spiel fort und räumt auch die zweite Reihe für den Turm, der, wenn erforderlich, zum Königsflügel hinüber schwenken kann.

22...Db7 23.g4!

Jetzt fühlt Weiß schließlich, dass alle seine Vorbereitungen abgeschlossen sind und es Zeit für einen direkten Bauernsturm ist.

23...Lf8?

Dies verliert ohne Kampf. Schwarz musste entweder 23...Sc8 oder 23...Td7 spielen, so dass 24.g5 mit 24...Se4 beantwortet werden kann. In diesem Fall würde Schwarz sich immer noch einem starken Angriff gegenüber sehen, z.B. 23...Sc8 24.g5 Se4 25.g6!, was die Deckung des Bauern e6 erschüttert.

24.g5 Se8

24...Se4 25.Sxe4 Dxe4 26.Txa7 verliert eine Figur.

25.fxe6 fxe6 26.Df2!

Mit der schrecklichen Drohung 27.Sxe6.

26...Sc7

Es gab keine große Wahl, da 26...Le7 27.Sxe6, mit der Absicht 28.Df7+, entscheidend ist, oder 26...Df7 27.Txa7! Dxa7 28.Sxe6 Le7 29.Df8+! matt setzt.

27.Sh5!

Jetzt ist Schwarz gezwungen, den Springer von c7 auf ein erbärmliches Feld (a6 oder a8) zu ziehen, um das tödliche Schach auf f7 zu verhindern.

27...Sa6 28.Td2! Tbd6

Ich war geschmeichelt, dass GM Ribli im *British Chess Magazine* Anmerkungen zu dieser Partie verfasste, aber hier war sein Vorschlag 28...Txd2, um den Druck zu mindern keiner seiner besseren Momente, da dies ein einzügiges Matt erlaubt!

29.Txd6 Lxd6 30.Se4! (Diagramm 24)

Schließlich ist der Läufer auf a1 freigesetzt. Wenn Schwarz den Springer nimmt, dann folgt Matt in zwei Zügen.

30...Lf8 31.Shf6+! gxf6

31...Kh8 32.Se8 und Weiß gewinnt mindestens eine Figur.

32.Dxf6 1-0

Die Doppeldrohung gegen den Turm und h8 ist entscheidend.

Kapitel Neun

Andere Varianten

- Einleitung
- Schwarz spielt Holländisch
- 1.c4 e5 2.Sc3 d6
- Pseudo-Grünfeld
- Die Englische Verteidigung
- Die Keres-Verteidigung

Einleitung

Dieses Kapitel betrachtet eine breite Auswahl an Verteidigungen für Schwarz – die Englische Verteidigung, Anti-Stonewall, Pseudo Grünfeld, Keres und 1.c4 e5 2.Sc3 d6 (oder 2...Lb4).

Theoretisch?

All diese Verteidigungen können zu scharfem Spiel führen, da sie Weiß provozieren, Raum im Zentrum zu ergreifen. Es gibt nicht viele lange taktische Varianten zu lernen, aber es gibt Fallen, die man vermeiden sollte.

 WARNUNG: Betrachten Sie diese Verteidigungen nicht als minderwertig, weil sie kein eigenes Kapitel haben: Grünfeld- und Holländisch-Spieler wenden sie an, während die Englische Verteidigung sehr populär wird.

Schwarz spielt Holländisch

1.c4 f5 (Diagramm 1)

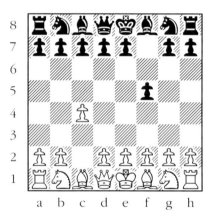

Diagramm 1
Freud und Leid für den Holländer?

Strategien

Wenn Schwarz im Stile des Leningrad-Holländers ein Fianchetto am

Königsflügel spielt, dann kann das Spiel sehr leicht in das Botwinnik-System übergehen: 1.c4 f5 2.g3 Sf6 3.Lg2 g6 4.Sc3 Lg7 5.d3 0-0 6.e4 und anstatt ein Bauernzentrum mit ...d7-d6 und ...e7-e5 zu errichten, empfehle ich hier in Kapitel Sieben 6...fxe4 7.dxe4 d6 8.Sge2 c5 9.0-0 Sc6 als ein aussichtsreicheres Vorgehen für Schwarz. Alternativ könnte Weiß 2.b3 versuchen, um das Fianchetto auf g7 für Schwarz weniger verlockend zu machen: 2.b3 g6 3.Lb2 Sf6 4.Lxf6 exf6 5.g3. Im Tausch für die Lockerung seines Königsflügels hat Schwarz das Läuferpaar, aber es gibt für seinen schwarzfeldrigen Läufer nicht viel anzugreifen. Deshalb sollte Schwarz einen Zug wie 2...e5 vorziehen, wonach 3.Lb2 Sc6 4.Sc3 Sf6 5.e3 g6 6.Sge2 Lg7 7.d4 exd4 8.Sxd4 Sxd4 9.Dxd4 0-0 ungefähr ausgeglichen ist.

Bis jetzt sieht der Holländer gut aus, aber der Stonewall-Variante ergeht es gegen die Englische Eröffnung schlecht, wie wir in der folgenden Partie sehen können.

Partie 47
□ Avrukh ■ Shachar
Tel Aviv 2002

1.c4 f5 2.Sf3 e6 3.g3 Sf6 4.Lg2 d5

Es war besser, sich mit 4...Le7 und 5...d6 bescheidener zu entwickeln, wonach wir die bewegliche Zentrumsversion des Holländers haben, wenn Weiß d2-d4 wagt. Natürlich würde dies einen Stonewall-Anhänger nicht sehr glücklich machen.

5.0-0 c6 6.d3!

Genau. Weiß hat d2-d4 vermieden, so dass er die Flexibilität besitzt, den Stonewall mit d2-d3 und e2-e4 anzugreifen.

6...Lc5

Nach 6...Ld6 7.Sc3 0-0 8.e4! ist der Läufer ein Angriffsziel für eine Gabel auf e5, und 8...fxe4 9.dxe4 dxe4 10.Sg5 führt dazu, dass Weiß den Bauern mit Vorteil zurückgewinnt. Aber wie wir sehen werden, ist der Läufer auf c5 ebenfalls anfällig, weshalb 6...Le7 am Besten aussieht.

7.Dc2!

Die weiße Zugfolge war wirkungsvoll. Hier gestattet ihm der Umstand, dass er Sc3 verzögert hat, den Läufer mit der Drohung 7.cxd5 zu terrorisieren.

7...Sbd7

Der Springer deckt den Läufer, aber unterbricht die Deckung von f5 durch den Läufer auf c8. Sie fragen sich vielleicht, warum in aller Welt ich das erwähne, aber nach...

8.cxd5! (Diagramm 2)

Diagramm 2

Ein Schlagen zur rechten Zeit

Diagramm 3

Weiß sichert d4 und e5

würde Schwarz gerne eine Barriere auf c6 behalten, indem er mit 8...exd5 zurückschlägt. Allerdings führt 9.d4 dann zu einem Doppelangriff auf c5 und f5.

8...cxd5 9.Lf4!

Weiß nutzt die offene c-Linie sofort aus.

9...0-0 10.Sbd2!

Der Springer strebt nach b3, um den Läufer zu zwingen, den Weg freizugeben.

10...Db6 11.Tac1 Sg4

Schwarz versucht Gegenspiel zu bekommen, aber das kann nur funktionieren, wenn Weiß unvorsichtig ist, da der Läufer auf c8 nichts tut.

12.e3 h6

Das schwarze Zentrum zerfällt nach 12...e5 13.Sxe5! Sgxe5 14.Lxe5 Sxe5 15.Dxc5 Dxc5 16.Txc5 Sxd3 17.Lxd5+ Kh8 18.Tc7.

13.Sb3 Ld6 14.Lxd6 Dxd6 15.Sfd4!

Der Springer findet einen ausgezeichneten Zentrumsposten, von dem er nicht vertrieben werden kann, da 15...e5 nach 16.Sb5 den Bauern d5 verliert (16...De6? 17.Sc7).

15...a6 16.Dc7!

Jetzt wird die c-Linie fest in weißer Hand sein.

16...Dxc7 17.Txc7 Sb6 18.h3

Nicht unbedingt gespielt, um den Springer zurück zu treiben: Weiß sieht einen Vorstoß am Königsflügel mit g3-g4 voraus.

18...Sf6 19.f4! (Diagramm 3)

Weiß verstärkt seinen Druck auf d4 und schafft einen weiteren Vorposten für einen Springer auf e5.

19...Tf7 20.Tc2 Te7 21.Sf3!

Eine bemerkenswerte Wachablösung auf d4.

21...Tb8 22.Sbd4 Ld7 23.Se5 Le8 24.Tfc1

Weiß hat eine wundervolle Stellung erreicht: seine Türme kontrollieren die c-Linie und die Springer beherrschen das Zentrum. Die einzige Figur, die keinen Beitrag leistet, ist der Läufer. Weiß korrigiert diesen Zustand, indem er seine Bauern benutzt, um den schwarzen Königsflügel aufzubrechen und so den Vorstoß e3-e4 zu erleichtern.

24...Lf7 25.g4! g6 26.Tc7 Tbe8 27.g5 hxg5 28.fxg5 Sh7 29.h4 Sf8 30.e4! dxe4 31.dxe4 fxe4 32.Lxe4

Jetzt ist alles perfekt für Weiß. Schwarz kann b7 nur verteidigen, wenn er einem Turm gestattet, nach c8 zu kommen.

32...Sd5 33.Txe7 Txe7 34.Tc8 Kg7 35.h5! 1-0

Ein hübscher Schlussakkord einer reizenden Partie. Weiß gewinnt nach 35...gxh5 36.Lxd5 exd5 37.Sf5+ einen Turm, während andernfalls 36.h6+ Kg8 37.h7+ möglich ist, wonach Schwarz den Springer auf f8 wird aufgeben müssen.

1.c4 e5 2.Sc3 d6

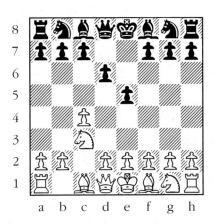

Diagramm 4

Eine Variante ohne Namen

Strategien

Schwarz ist bereit, Weiß das Zentrum zu überlassen, da er hofft, dass seine Figuren von den offenen Linien profitieren werden.

1.c4 e5 2.Sc3 d6

Eine ähnliche Alternative ist 2...Lb4 3.Sd5, wonach Weiß ein ziemlich nützliches Paar Läufer hat, sowohl nach 3...Le7 4.d4 d6 5.e4 Sf6 6.Sxe7 Dxe7 7.f3 als auch nach 3...La5 4.b4 c6 (der einzige Zug) 5.bxa5 cxd5 6.cxd5 Dxa5 7.e4 usw.

3.d4

Stattdessen führt 3.Sf3 zu einem vollkommen anderen Stellungstyp. Schwarz kann es nicht hinnehmen, dass Weiß 4.d4 spielt und nach 4..exd4 mit 5.Sxd4 wiedernimmt, wonach der Springer ausgezeichnet zentralisiert ist und Schwarz keine Zeit durch einen Angriff auf die weiße Dame gewinnt (was nach dem Textzug geschieht). Deshalb folgt gewöhnlich 3...f5 4.d4 e4. Das schwarze Zentrum sieht überdehnt aus, aber Weiß muss Zeit mit seinem Springer verlieren und nach 5.Sg5 c6! (überwacht d5 und räumt c7 für seinen Springer) 6.g3 Le7 7.Sh3 Sf6 8.Lg2 0-0 9.0-0 kann Schwarz 9...Sa6! und ...Sc7 spielen, um sein Zentrum weiter zu stützen. Unterdessen kann Weiß den Bauern e4 mit f2-f3 auflösen. Es kommt zu einem unklaren Kampf.

3...exd4 4.Dxd4 Sc6

Schwarz gewinnt Zeit mit dem Angriff auf die Dame. Außerdem kommt er zu einem Aufbau im königsindischen Stil, wobei alle seine Figuren aktive Felder finden. Dennoch bedeutet Raumvorteil immer etwas und Schwarz könnte Schwierigkeiten haben, einen Plan zu finden – es gibt keinen Bauern auf e5, der nahe legt, dass er einen Königsangriff entfalten sollte.

5.Dd2!

Dies ist gewöhnlich das beste Feld für die Dame bei diesem Typ von Zentrum. Die Spieler werden danach drängen, Läufer auf b2 und g7 zu fianchettieren, um die Kontrolle der Diagonale zu beanspruchen, die durch den Bauerntausch im Zentrum geöffnet wurde. Auf d2 unterstützt die Dame sowohl den Springer auf c3 als auch den Läufer, wenn er nach b2 kommt.

5...g6 6.b3 Lg7 7.Lb2 Sf6 8.g3 0-0

Schwarz hat Entwicklungsvorsprung, aber so lange die Bauernsituation im Zentrum ruhig bleibt, kann er das nicht ausnutzen.

9.Lg2 Te8

Dies ist ein kritischer Moment im Kampf zwischen der langsameren, aber besseren Aufstellung der weißen Figuren und den zeitweilig aktiveren schwarzen Figuren. Jetzt sollte sich Weiß mit 10.Sf3! Lf5 11.0-0 begnügen, was seine Entwicklung abschließt, und nach beispielsweise 11...Se4 12.Sxe4 Lxe4

13.Tfd1 kann er mit einem leichten Vorteil rechnen.

Allerdings ist das zeitraubende 10.Sh3 gefolgt von Sf4 ein strategisch wünschenswertes Manöver, da der Springer dann das Schlüsselfeld d5 kontrolliert und den Läufer auf g2 nicht blockiert. Schauen wir uns an, was geschah, als Weiß versucht hat, so gegen einen Großmeister zu spielen:

Partie 48
☐ Sadler ■ McNab
London 1989

1.d4 d6 2.c4 e5
Eine häufige, nicht-Englische Zugfolge.

3.Sc3 exd4 4.Dxd4 Sf6 5.b3 g6 6.Lb2 Lg7 7.g3 0-0 8.Lg2 Sc6 9.Dd2 Te8 10.Sh3?
Offensichtlich glaubte Matthew Sadler, die Stellung wäre ruhig genug, um diesen langsamen Plan zu rechtfertigen, aber eine Überraschung wartete auf ihn!

10...d5!! (Diagramm 5)

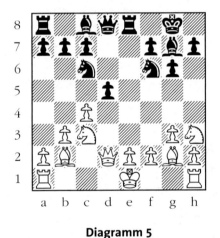

Diagramm 5
Ein energischer Vorstoß

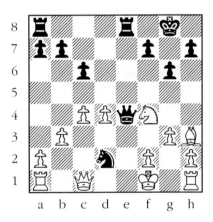

Diagramm 6
Ein angemessenes Finale

Ein explosiver Befreiungszug, der gerade rechtzeitig vor 11.Sf4 geschieht.

11.Sxd5
Nach 11.cxd5 Lxh3 12.Lxh3 Sxd5 13.Sxd5 Lxb2 14.Td1 (14.Dxb2 Dxd5 15.0-0 Dh5 16.Lg2 Txe2 gibt Schwarz eine starke Initiative) kann Schwarz seinen Angriff entweder mit 14....Lg7!?, mit der Absicht ...Sd4, oder dem sofortigen 14...Sd4, mit der Drohung 15...Dxd5 (15.Se3 Df6), aufrecht erhalten.

11...Lxh3!

Da der Gesamtplan des Schwarzen diesen Zug nötig macht, sind alle Einwände genereller Natur – wie einen Läufer nicht gegen einen Randspringer herzugeben – irrelevant.

12.Lxh3 Se4 13.Dc1 Sd4!

Die schwarzen Springer übernehmen die Zentrumsfelder mit gewaltigen Drohungen. Nach 14.Lxd4 Lxd4 greift der schwarze Läufer sowohl a1 als auch f2 an.

14.e3!

Kaltblütig. Weiß erkennt, dass er dem Springer entgegen treten muss und nicht zulassen kann, dass e2 fällt, also gibt er das Feld f3 bereitwillig auf.

14...c6! 15.Sf4 Sd2!? 16.Lc3! Se4 17.Lb2 Da5+ 18.Kf1 Sd2+ 19.Kg2 De5 20.Lxd4 De4+ 21.Kg1 Sf3+ 22.Kf1 Lxd4 23.exd4 Sd2+ 24.Kg1

Natürlich folgt nach 24.Dxd2 matt auf h1, weshalb ein Remis erzwungen ist.

24...Sf3+ 25.Kf1 Sd2+ (Diagramm 6) ½-½

Dies war eine haarsträubende Erfahrung für Weiß, aber auch eine Erinnerung an die Festigkeit seines zurückgehaltenen Zentrums in der Englischen Eröffnung: die e3-Barriere hielt stand und gestattete ihm, mit einem Remis davon zu kommen.

Pseudo-Grünfeld

1.c4 Sf6 2.Sc3 d5 (Diagramm 7)

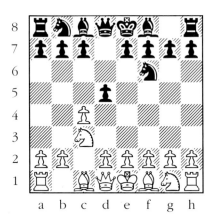

Diagramm 7

Schwarz möchte einen Grünfeld

Strategien

Dies ist eine wichtige Möglichkeit für Schwarz, da dies zu Stellungen führen kann, die denen aus der Symmetrievariante, wo Schwarz auf g7 fianchettiert und dann ...d7-d5 spielt, ähneln oder sogar identisch mit ihnen sind. Sie sind auch mit dem Drachen mit vertauschten Farben verwandt, aber mit dem schwarzen Läufer auf g7 statt auf e7. Beachten Sie, dass 2...g6, mit der Absicht 3.Sf3 d5, weiter unten nach der Beispielpartie erörtert wird.

3.cxd5

Nach 3.Da4+? Ld7 4.Db3 d4! sieht Weiß dumm aus, da 5.Dxb7?? Lc6 entscheidend ist.

3...Sxd5 4.g3

Wenn Weiß den Springer auf d5 zum Rückzug zwingen will, dann ist es eine gute Idee, Sf3 zu verzögern, damit er den Springer direkt mit Lg2 bedrohen kann. Es gibt verschiedene Versuche, nach 4.Sf3 g6 auf Vorteil zu spielen, zum Beispiel 5.Da4+ Ld7 6.Dh4, was die Dame sofort auf ein aktives Feld stellt. Alternativ gibt es 5.e4 Sxc3, wonach Weiß 6.bxc3 gefolgt von 7.d4 spielen sollte, was zur Hauptvariante der Grünfeld-Verteidigung überleitet, da 6.dxc3 Dxd1+ 7.Kxd1 Sd7 nur zu einem gleich aussehenden Endspiel führt. Wenn Sie dies mit der Partie Krasenkow-Protaziuk in Kapitel Zwei vergleichen, dann werden Sie sehen, dass es Schwarz hilft, noch nicht das schwächende ...c7-c5 gespielt zu haben: um nur eine Sache zu nennen, so kann er seinen Läufer nach ...e7-e5 auf das aktive Feld c5 stellen.

Ein anderes Vorgehen ist 5.h4, ein seltsam aussehender Zug, der Vorteil aus dem Umstand ziehen möchte, dass Schwarz seinen Königsflügel mit ...g7-g6 geschwächt hat. Die beste Entgegnung ist vielleicht 5...h6!, wonach 6.h5?! g5 den schwarzen Königsflügel sicher macht und der Bauer h5 eine Schwäche für Weiß darstellt. Stattdessen haben wir nach 6.e4 Sxc3 7.bxc3 Lg7 8.d4 c5 einen Grünfeld mit den Extrazügen h2-h4 und ...h7-h6. Ich vermute, dies wirkt nicht sehr verlockend auf den Englisch-Spieler, der seine Zentrumsbauern gerne zurückhält, um seinen König geschützt zu lassen, wenn er einen Flankenangriff beginnt.

4...g6 5.Lg2 Sb6

5...Sxc3 6.bxc3 Lg7 7.Tb1 gibt Weiß nützlichen Druck auf b7. Dann verliert 7...0-0? 8.Lxb7?? Lxb7 9.Txb7 Dd5 für Weiß, aber 8.Txb7! macht einen sehr schönen Eindruck und gewinnt einen Bauern. Stattdessen pariert 7...Sd7 die sofortige Drohung, da 8.Lxb7? Lxb7 9.Txb7 Sb6 den Turm fängt, aber Weiß kann den Druck mit 8.Sf3 usw. aufrechterhalten.

6.Sf3 Lg7 7.0-0 0-0

Der schwarze Springer auf b6 steht auf einem schlechteren Feld als in der

Symmetrievariante, wo 1...c5 den Weg für das bessere ...Sc7 freigemacht hat. Allerdings ist einen Bauern auf c5 zu haben zweischneidig, da er zwar um das Feld d4 kämpft, aber auch zum Angriffsziel werden kann, weshalb nicht klar ist, ob Schwarz mit dem Unterschied unzufrieden ist.

8.d3 Sc6 9.Le3 e5

Der Aufbau hier ähnelt dem im Drachen mit vertauschten Farben nach 1.c4 e5 2.Sc3 Sf6 3.Sf3 Sc6 4.g3 d5 5.cxd5 Sxd5 6.Lg2 Sb6 7.0-0 Le7 8.d3 0-0.

In der Grünfeld-Version ist der Bauer e5 sicher durch den Läufer auf g7 verteidigt, so dass Schwarz nicht gezwungen ist, auf jeden Versuch zu reagieren, den Springer auf c6 mit b2-b4-b5 zu vertreiben, indem er seine Königsflügelstruktur mit ...f7-f6 lockert. Tatsächlich kann er sogar ...Sd4 spielen und seinen Springer ins Zentrum stellen ohne den Bauern e5 zu verlieren. Andererseits kann der Läufer auf e7 um das Feld c5 kämpfen, und helfen, einen Konter zu unterstützen, bei dem ...a7-a5 (gegen b2-b4 von Weiß, was Raum gewinnt, gerichtet) geschieht. Schauen wir uns an, wie sich das Spiel in einer Großmeisterpartie entwickelte.

Partie 49
□ **Gelfand** ■ **Avrukh**
Israel 1999

1.c4 Sf6 2.Sc3 d5 3.cxd5 Sxd5 4.g3 g6 5.Lg2 Sb6 6.Sf3 Lg7 7.0-0 0-0 8.d3 Sc6 9.Le3 e5 10.b4! (Diagramm 8)

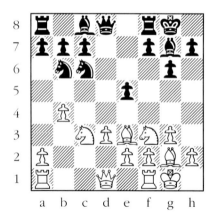

Diagramm 8

Weiß verliert keine Zeit

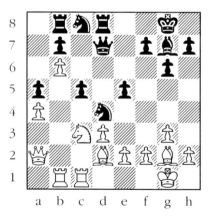

Diagramm 9

Ein störender Vorstoß

Weiß glaubt nicht einmal, diesen Zug vorbereiten zu müssen! Wenn der schwarze Läufer auf e7 stünde, dann würde der Bauer beseitigt werden, aber hier ist weder 10...Sxb4? (was nach 11.Lc5 die Qualität verliert) nach 10...e4? 11.Sxe4 Lxa1 12.Dxa1 (gewinnt die Qualität, aber schwächt seine schwarzen Felder fürchterlich) spielbar für Schwarz.

10...Sd4 11.a4 Le6

Der Läuferausflug nach b3 kann das weiße Spiel am Damenflügel nicht stören. Einfacher war 11...Sxf3+!, was den Springer beseitigt, der in der Partie so viele Probleme bereiten wird. Dann ist Schwarz nach 12.Lxf3 c6 bereit, das rezentralisierende 13...Sd5 zu spielen.

12.Sg5! Lb3

Nach 12...Ld5 13.Sxd5 Sxd5 14.Ld2 hat Weiß das nützliche Läuferpaar.

13.Db1

Weiß muss in den nächsten Zügen vorsichtig manövrieren, um zu vermeiden, einer Gabel auf e2, c2 oder b3 oder einem taktischen Schlag, der auf ...e5-e4 beruht, was den schwarzfeldrigen Läufer befreit, zum Opfer zu fallen.

13...a5 14.b5 c6 15.Sge4 Ld5 16.Tc1!

Weiß verfolgt weiter seinen Plan, da 16...Sb3? mit unterschiedlichen Graden an Heftigkeit widerlegt werden kann, vom einfachen 17.Lxb6?! Dxb6 18.Sxd5 cxd5 19.Dxb3 dxe4 20.Lxe4, was einen Bauern gewinnt, bis zum vernichtenden 17.bxc6! bxc6 (oder 17...Sxa1 18.Lxb6) 18.Sxd5 und Schwarz verliert eine Figur, egal wie er fortsetzt.

 TIPP: Wenn Sie einen guten Zug sehen, spielen Sie ihn nicht sofort – suchen Sie nach etwas Besserem.

16...Tb8 17.Db2 De7 18.Tab1 Lxe4?

Gelfand gibt im Informator 75 eine lange taktische Variante an, um zu zeigen, dass Schwarz hier 18...f5! hätte spielen sollen: 19.bxc6 bxc6 20.Lxd4 exd4 21.Sxd5 Sxd5! (gibt zwei Türme für die Dame) 22.Dxb8 Txb8 23.Txb8+ Lf8 24.Txc6 fxe4 25.Tcc8 Sc3! 26.Lxe4 Sxe2+ 27.Kg2 Sc3 28.Lc6 Dd6 'mit Ausgleich'. Die Idee ist, dass Weiß nach 29.Txf8+ Dxf8 30.Txf8+ Kxf8 31.Kf3 zwar einen Mehrbauern hat, aber Schwarz ein Remis erzwingen kann, indem er den Läufer angreift, der den Bauern a4 decken muss (31...Ke7 32.Kf4 Kd6 33.Le8 Ke7 etc.). Eine solche lange und komplexe Variante zu sehen, in der der Weg zum Remis durch einen Angriff auf den Läufer in einem Endspiel verborgen ist, in dem Weiß einen gesunden Mehrbauern zu haben scheint, ist allen außer den besten Großmeistern verwehrt, ganz zu schweigen von den durchschnittlichen Vereinsspielern. Ohne Zweifel fand Gelfand diese Variante in der post mortem Analyse – er hat nach der letztendlichen Wahrheit in der Stellung gesucht, und nicht angegeben, was er glaubt, dass Schwarz während der Partie hätte sehen sollen.

19.Lxe4 c5

Schwarz vermeidet eine Schwäche auf c6, aber bald wünscht er sich, sein Läufer stünde statt auf g7 auf e7, wo er c5 verteidigt.

20.Ld2 Tfd8 21.Da2 Dd7?

Schwarz vernachlässigt seinen Bauern c5 mit fatalen Folgen. Hier erlaubt es 21...Kh8! den Zug 22.Lg2 mit 22...f5! zu beantworten, was das Feld f5 vor dem Springer schützt.

22.Lg2!

Plötzlich gibt es die Drohung 23.Se4 mit Gewinn des Bauern c5.

22...Sc8?

Die einzige Hoffnung war 22...c4 23.dxc4 Sxe2+ 24.Sxe2 Dxd2, obwohl Weiß laut Gelfand nach 25.Tc2 klaren Vorteil hat.

23.b6! (Diagramm 9)

Es ist wichtig, 23...b6 zu stoppen, wonach a5 und c5 beide sicher gedeckt sind und dem weißen Turm das Feld b5 verweigert wird.

23...Se7 24.Lg5!

Jetzt beseitigt Weiß den wichtigsten Verteidiger des Feldes d5. Wenn 24...f6 ein legaler Zug wäre, dann könnten Sie darauf wetten, dass Schwarz ihn gespielt hätte!

24...h6 25.Lxe7 Dxe7 26.e3

Weiß fährt mit der Eroberung des Zentrums fort, indem er den schwarzen Springer von seinem Zentrumsfeld vertreibt: ein Kompliment, das Schwarz dem weißen Springer auf d5 nicht zurückgeben kann.

26...Se6 27.Sd5 Dd6 28.Tb5 Ta8 29.Sc7!

Jetzt fällt entweder b7 oder c5. Schwarz wählt das kleinere Übel, aber landet dennoch in einem verlorenen Endspiel.

29....Tab8 30.Sxe6 Dxe6 31.Dxe6 fxe6 32.Le4

Es wäre albern, den Bauern auf d3 als einen schwachen rückständigen Bauern zu bezeichnen, wenn er einen solchen Verteidiger hat. Gelfand gewinnt, weil er den Läufer auf g7, der kaum mehr als ein Zuschauer war, erfolgreich an den Rand gedrängt hat, während der weiße Läufer unerträglichen Druck auf b7 ausübt.

32...Lf8 33.Txa5 Ta8

Schwarz lässt die Bildung eines Freibauern zu, aber wenn er abwarten würde, dann hätte 34.Ta7 gefolgt von a5-a6 zu dem gleichen Ergebnis geführt.

34.Txa8 Txa8 35.Lxb7 Txa4 36.Le4 Tb4 37.b7 Ld6 38.Ta1 Kf7 39.Ta7 Kf6 40.Ta8 g5 41.Th8 Kg7 42.Th7+ Kg8 43.Td7 1-0

Der Läufer wurde verdrängt. Wenn er zieht, gewinnt 44.Td8.

Beachten Sie, dass es eine gute Idee ist, ...d7-d5 so schnell wie möglich zu spielen, wenn Schwarz mit einem Grünfeld-Zentrum spielen möchte, da 2...g6 das Risiko eingeht, dass Weiß 3.e4!? spielen könnte, wonach 3...d6 4.d4 plötzlich zu einer Hauptvariante des Königsinders führt.

Natürlich haben Sie wahrscheinlich gar nicht die Absicht, so mit Weiß zu spielen. Hier ist ein Beispiel, wie Weiß einen wunderbaren Erfolg erzielt, indem er das Spiel in den Strukturen der Englischen Eröffnung lässt.

Partie 50
□ Krasenkow ■ V.Michalewski
Saint Vincent 2000

1.c4 Sf6 2.Sc3 g6 3.Sf3 d5 (Diagramm 10)

Diagramm 10

Weiß hat eine Überraschung auf Lager

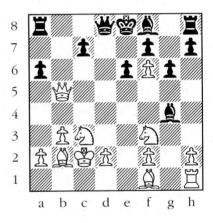

Diagramm 11

Ein hübsches Finale

Weiß kann mit 4.cxd5 Sxd5 5.g3 usw. in den Hauptaufbau überleiten. Aber er hat eine interessante Alternative im Sinn.

4.Da4+!? Ld7 5.Db3

Jetzt hängen b7 und d5 beide.

5...dxc4 6.Dxc4 a6?

Schwarz plant, Weiß zu stören, indem er die Dame angreift, aber Entwicklung mit 6...Lg7 war notwendig.

7.e4 b5 8.De2!

Die Dame findet einen unerwarteten und sicheren Posten im Zentrum.

8...Sc6 9.e5 Sb4?

Dies führt zur Katastrophe, aber Schwarz hatte bereits Probleme.

10.exf6 Sc2+ 11.Kd1 Sxa1

Schwarz hat jetzt eine Qualität mehr, aber der Springer entkommt nicht lebend.

12.b3 Lf5 13.Lb2 Sc2 14.g4! Lxg4 15.Kxc2 e6? 16.Dxb5+! (Diagramm 11) 1-0

Schwarz verliert nach 16...axb5 17.Lxb5+ Dd7 18.Lxd7+ Kxd7 19.Se5+ noch mehr Material.

Die englische Verteidigung

1.c4 b6 (Diagramm 12)

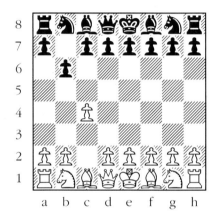

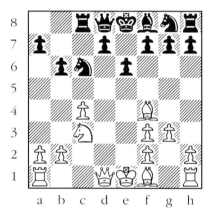

Diagramm 12
Englische Eröffnung gegen
englische Verteidigung!

Diagramm 13
Initiative gegen Solidität

Schwarz' erster Zug ist heutzutage ziemlich beliebt und eine gute Wahl gegen einen Spieler, der mit Weiß gerne zurückhaltende Eröffnungen spielt. Und zwar deshalb, weil Weiß gezwungen ist, Züge wie d2-d4 und e2-e4 zu spielen, wenn er den Anzugsvorteil behaupten möchte – was nicht jedem gefällt.

Wenn Sie bereit sind, 2.d4 in Betracht zu ziehen, dann ist 2...e6 3.a3!? (verhindert die Fesselung mit ...Lb4) 3...Lb7 4.Sc3, was Vorbereitungen trifft, um dem Läufer mit 5.d5 die Luft abzuwürgen, ein guter Weg, dies zu tun. Aber hier konzentrieren wir uns auf weiße Antworten im Stile der Englischen Eröffnung.

2.Sf3

Ein andere Herangehensweise für Weiß ist 2.Sc3 Lb7 3.e4!?, zum Beispiel 3...e6

4.Sf3 Lb4 5.Ld3. Weiß festigt seine Kontrolle über e4 und plant 0-0, Lc2 und d2-d4. Unterdessen plant Schwarz e4 mit ...0-0 und ...f7-f5 anzugreifen.

2...Lb7 3.Sc3

Nach 3.g3 Lxf3! 4.exf3 c5 hat Weiß die beiden Läufer, aber seine Bauernstruktur ist zersplittert. Ein Beispiel ist 5.d4 Sc6! (gewinnt Einfluss über das Feld d4) 6.d5 Sd4 7.Le3 Sf5 8.Ld2 g6!, womit Schwarz sein Zentrum intakt lässt und seinen Läufer auf eine starke Diagonale stellt. Knott-Summerscale, Millfield 2000, ging weiter mit 9.Lc3 Lg7 10.Lxg7 Sxg7 11.Lh3 Sh6! (besser als das automatische 11...Sf6 – der Springer wird auf f5 und später eventuell auch auf d4 ausgezeichnet stehen) 12.0-0 Shf5 und Schwarz hat eine gute Stellung. Es ist für Weiß besser zu warten, bis Schwarz sein Zentrum mit dem Zug ...e7-e6 geschwächt hat, bevor er zulässt, dass seine Bauern kompromittiert werden.

3...e6

Nach 3...Lxf3?! 4.exf3 muss Weiß nicht g2-g3 spielen. Stattdessen kann er sich mit 5.d4 und 6.Ld3 usw. entwickeln.

4.g3 Lxf3!

Der kritische Zug – wird die weiße Initiative seine gelockerte Bauernstruktur aufwiegen?

Nach 4...Sf6 5.Lg2 c5 kehren wir das stattdessen wieder auf das Gebiet des Igels (Kapitel Drei) zurück.

5.exf3 c5 6.d4!

Dies ist notwendig, bevor Schwarz 6...Sc6 spielt.

6...cxd4 7.Dxd4 Sc6 8.Dd1!

Die Dame tritt den vollständigen Rückzug an. Auf d2 stünde sie dem Damenläufer im Weg, während sie auf d3 dem Königsläufer in die Quere käme. Wenn nötig, wird die Dame nach a4 gehen, um Druck auf den schwarzen Damenflügel auszuüben und den Bauern c4 zu verteidigen.

8...Tc8 9.Lf4!? (Diagramm 13)

Hier verhindert der Läufer ...Se5 und steht Druck auf der d-Linie nicht im Weg.

Schauen wir uns jetzt an, wie sich das Spiel in einer kürzlich gespielten Partie entwickelte:

Partie 51
☐ **D.Fridman** ■ **G.Mainka**
Recklinghausen 2002

1.c4 b6 2.Sc3 Lb7 3.Sf3 e6 4.g3 Lxf3 5.exf3 c5 6.d4 cxd4 7.Dxd4 Sc6 8.Dd1 Tc8

9.Lf4 Lb4

Eine interessante Antwort auf 9...Sa5 ist 10.Da4.

10.Tc1 Sge7 11.a3 Lxc3+ 12.Txc3 d5!

Es sieht so aus, als ob Schwarz seine Stellung vollständig befreit, aber Weiß findet ein taktisches Mittel, um den Druck aufrecht zu erhalten.

13.cxd5 Sxd5 14.Txc6! (Diagramm 14)

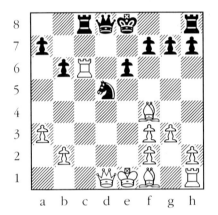

Diagramm 14

Kompromissloses Spiel

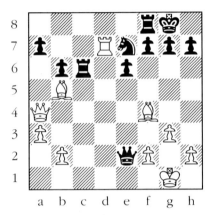

Diagramm 15

Die Spannung steigt

14...Txc6 15.Lb5 Se7 16.Da4 Dd5?

Danach erleidet Schwarz entscheidenden Materialverlust. Er musste 16...Dd7 spielen, obwohl Weiß nach 17.0-0 0-0 18.Td1 Db7 19.Lxc6 Sxc6 20.De4! usw. Vorteil behält.

17.0-0 0-0 18.Td1! Dxf3 19.Td3 De2 20.Td7 (Diagramm 15)

Jetzt hat Schwarz Qualität und Bauern mehr, aber seine Dame, sein Turm und sein Springer hängen alle.

20...De1+ 21.Kg2 Tfc8?

Der Springer musste preisgegeben werden.

22.Lxc6 1-0

Nach 22...Sxc6 23.Dxc6 Txc6 24.Td8 matt erleidet Schwarz ein Grundreihendesaster.

 WARNUNG: Achten Sie stets auf taktische Grundreihentricks.

Die Keres-Verteidigung

1.c4 Sf6 2.Sc3 e5 3.g3 c6 (Diagramm 16)

Schwarz kann dieselbe Idee mit ...c7-c6 gegen andere weiße Aufstellungen spielen, zum Beispiel 1.c4 e5 2.g3 Sf6 3.Lg2 c6.

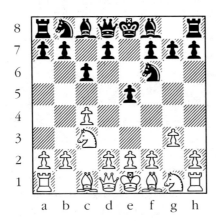

Diagramm 16

Schwarz strebt ...d7-d5 an

Strategien

Schwarz nutzt den Umstand aus, dass er nicht durch 2.Sf3 oder 3.Sf3 gezwungen wurde, den Bauern e5 mit ...Sc6 zu decken, und trifft Vorbereitungen, mit ...c7-c6 und ...d7-d5 ein großes Zentrum zu errichten. Als Folge davon muss er einen isolierten Bauern in Kauf nehmen, aber er erhält jede Menge Aktivität.

1.c4 Sf6 2.Sc3 e5 3.g3 c6 4.d4

Weiß trifft Vorbereitungen, um 4...e4?! mit 5.d5! zu beantworten, was die Unterstützung des Bauern e4 abschneidet. Stattdessen gibt 4.Lg2 Schwarz die Chance 4...d5 5.cxd5 cxd5 zu spielen, wonach ihm 6.d4 e4 ein solides Zentrum gibt. Weiß kann 6.Db3 probieren, aber dann verfügt Schwarz über ein kraftvolles Bauernopfer: 6...Sc6! 7.Sxd5 Sd4 8.Sxf6+ gxf6 9.Dd1 Dc7 und die Drohung 10...Sc2+ bereitet große Probleme. Auch nach 4.Sf3 e4 5.Sd4 d5 6.cxd5 Db6!? usw. entfaltet Schwarz Aktivität.

4...exd4 5.Dxd4 d5 6.Lg2

Weiß lässt seinen Gegner, den Damenspringer nicht sofort entwickeln, da er dann nach 6.cxd5 cxd5 7.Sf3 Sc6 8.Da4 d4! einen Ausbruch inszenieren kann, was das weiße Spiel nach 9.Sb5 Lb4+ 10.Ld2 Lxd2+ 11.Sxd2 0-0 usw. unterbricht.

6...Le6 7.cxd5 cxd5 8.Sf3 Sc6 9.Da4 Lc5!

Das aktivste Feld für den Läufer.

10.0-0 0-0

Mit einer zweischneidigen Stellung. Schauen wir uns an, wie Kasparow die schwarzen Figuren behandelt.

Partie 52
□ **Chabanon** ■ **Kasparow**
Französische Mannschaftsmeisterschaft 1993

1.c4 Sf6 2.Sc3 e5 3.g3 c6 4.d4 exd4 5.Dxd4 d5 6.Lg2 Le6 7.cxd5 cxd5 8.Sf3 Sc6 9.Da4 Lc5 10.0-0 0-0 11.Se1?

Dies ist genau die Art passiver Erwiderung, auf die die Nummer Eins der Welt bei der Wahl der Keres-Verteidigung gehofft hatte. Korrekt ist 11.Lg5, um mehr Druck auf das Zentrum auszuüben. Dann kann Weiß nach 11...h6 12.Lxf6 Dxf6 mit 13.Tfd1 nach Vorteil streben, aber ich bin neugierig, wie Kasparow die Stellung gegen einen Gegner, der fast 400 Elo-Punkte weniger hat, nach 13.e4!? komplex halten wollte, denn 13...d4 14.Sd5 ist schlecht für Schwarz und 13...dxe4 14.Sxe4 De7 15.Sxc5 Dxc5 ist vollkommen ausgeglichen.

11...d4 (Diagramm 17)

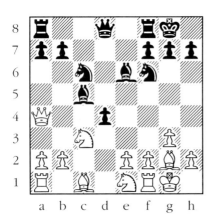

Diagramm 17

Schwarz genießt mehr Raum

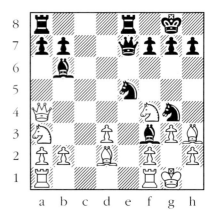

Diagramm 18

Schwarz zieht die Daumenschrauben an

Es ist gewöhnlich ein gutes Zeichen für Schwarz, wenn es ihm in einer Stellung mit isoliertem Damenbauern gelingt, den Bauern vorzurücken.

12.Sd3 Lb6 13.Sb5 Ld5 14.Lh3

Weiß möchte den Läufer behalten, damit er um die weißen Felder kämpfen kann, aber er verliert die ganze Zeit an Boden.

14...Te8

Nun erweist sich der Bauer auf e2 als anfälligeres Angriffsziel als der isolierte Damenbauer.

15.Sf4 Le4 16.Td1 De7 17.Sa3

Die weißen Figuren sind unorganisiert oder unentwickelt, während fast alle schwarzen Figuren zu Handlungen im Zentrum bereit stehen. Deshalb erachtet Kasparow den Moment für den Beginn eines heftigen Angriffs für gekommen.

17...d3!

Ein explosiver Zug, der das Feld d4 für den Springer, die Diagonale für den Läufer auf b6, um f2 anzugreifen, und nach der weißen Antwort, das Feld f3 für einen schwarzen Läufer oder Springer frei macht.

18.exd3 Lf3 19.Tf1 Sg4 20.Ld2 Sce5 (Diagramm 18) 21.Lg2

Es gibt so viele schwarze Figuren, die den weißen König bedrohen, dass es kein Wunder ist, dass nun eine Gewinnkombination auftaucht.

21...Sxf2! 22.Txf2 Lxg2 23.Kxg2 Lxf2 24.Kxf2 g5!

Der entscheidende Schlag, denn wenn der Springer zieht, folgt das vernichtende 25...Sxd3+ usw.

25.De4 gxf4 26.gxf4 Dh4+ 0-1

Weiß gab auf, da er eine Qualität bei ruinierter Stellung weniger hat.

Ein leichter Sieg für Kasparow, aber beachten Sie, dass er nicht zustande kam, weil er eine Kombination mit 21...Sxf2 gefunden hat – dazu ist jeder starke Spieler in der Lage. Seine Überlegenheit beruhte auf seinem feinen Positionsspiel, das mit ausgezeichneter Eröffnungsvorbereitung begann.

Ich hoffe, dieses Buch hat Ihnen geholfen, zu verstehen, wo die Figuren in der Englischen Eröffnung am wirkungsvollsten aufgestellt sind.

Index vollständiger Partien

Variantenindex

Symmetrievariante 1: Schwarz fianchettiert am Königsflügel

Symmetrievariante 2: Frühe Aktion im Zentrum

Symmetrievariante 3: Der Igel